“十二五”职业教育国家规划立项教材
21世纪高职高专规划教材·公共课系列

# 财经写作

主　编　杨文丰
副主编　阳　慧　李　裘

中国人民大学出版社
·北京·

# 前　言

中国高等职业教育经过多年的改革与发展，已进入非常重要的历史发展阶段，并形成和表现出许多重要特征。教育部颁布《精品资源共享课建设工作实施办法》后，“精品资源共享课程”建设，已成为促进教育教学观念转变、引领教学内容和教学方法改革、推动高等学校优质课程教学资源通过现代信息技术手段共建共享、提高人才培养质量、服务学习型社会的重要举措。在此过程中，教材作为重要的教学载体，其建设和发展，更体现出立足当代学生学习特点、纸质内容与数字资源高度集成的态势。

顺应这个态势，2013 年，我和同事们经过不懈努力，着力建设的“应用写作”课程通过了教育部“国家级精品资源共享课程”评审，在教育部“中国大学精品开放课程”共享平台“爱课程网”成功上线，免费向社会开放。作为国内首批 120 门上线的“国家精品资源共享课程”之一和首批上线课程中唯一的应用写作课程，反响甚好，令人振奋。这无疑为基于“精品资源共享课程”研发新型教材开启了机会之门。

本书作为通过教育部立项的“十二五”职业教育国家规划教材选题，与在中国人民大学出版社出版的本人编著的另两本教材《现代应用文书写作》、《实用经济文书写作》正好形成体系，内容各具特色。

总体说来，本书具有如下特色：

第一，本书优化“任务驱动”、“项目导向”的教学模式，编写体例突出并符合写作及教学规律，其中文种写作以“阅读与析评→必需知识→结构和写法→【相关链接】：写作模板→写作要求→复习与训练”为编写体例，此体例与本人主持的应用写作“国家精品资源共享课程”视频课的授课结构基本相同，便于课内外学习的融合。

第二，本书融入了本人主持应用写作“国家级精品资源共享课”建设的探索成果，与应用写作“国家精品课程”网站（http：//jpkc. gdit. edu. cn/e/index. htm）和应用写作“国家精品资源共享课程”网站（http：//www. icourses. cn/coursestatic/course _ 3995. html）内容相呼应，教学资源丰富。具体来说，基本资源包括：教学大纲、教学日历、演示文稿（PPT）、教学设计、考评方式与标准、学习指南、重点难点指导、在线学习、参考资料目录、课程全程教学录像 50 讲、例题、教学案例、媒体素材、电子教材、实验/实训/实习、专家讲座。拓展资源包括：案例库、专题讲座库、素材资源库，试题库系统、作业系统、在线自测/考试系统，课程教学、学习和交流工具及综合应用多媒体技术建设的网络课程等（见应用写作“国家精品课程”网站及应用写作“国家精品资源共享课程”网站相应栏目）。

此外，本书还配套开发了由出版社向订书院校免费赠送的电子教案（包含课程介绍、例文及例文析评、全书习题及参考答案等），供教师教学参考。

第三，本书注重学生写作思维的训练和培养，全书公文写作部分，以编著者创立的“公文正文基本内容显性结构模式”理论贯穿各文种结构、写法及例文析评等内容，公文和其他各应用文均以编著者开发的“写作模板”规范撰稿思路，实行便捷套写，其中“写作模板”由“框图”模式和文字“模板”构成，既是本书实行公文模块化写作的延续和扩展，亦是加强写作思维训练的有效举措。

第四，本书注重“如何写，写什么”的教学，也编配有足量的病文分析和病文修改训练题，以求学生在明确“不应该怎样写”的同时，更好地明确“应该怎样写”。

第五，本书着力体现“四个面向”，即面向经济、面向职业、面向企业、面向校园。

在本书付梓之际，我们衷心感谢所有关注和支持本书出版的各界朋友，感谢在众多教材中选用本书的师生们！

期盼同行专家、教师、同学们和各界读者多对本书提出宝贵意见！

应用写作“国家精品课程”主持人、<br>
应用写作“国家精品资源共享课程”主持人、<br>
二级教授、国家一级作家<br>
**杨文丰**<br>
2014 年 1 月

# 目　录

# 第一章 财经文书写作导论

## 第一节 财经文书的含义与特点

### 一、财经文书的含义

要了解财经文书，首先要了解什么是应用文书。

应用文书，又称文书，是机关、团体、企事业单位和个人在日常工作、学习和生活中，为办理公私事务而形成并使用的，具有实用价值和一定的惯用文章体式的文字信息载体。

在财经活动中形成并使用，以书面语言（包括图表、公式、数字、符号等）为表达手段，反映财经情况、处理财经事务、研究财经问题，具有实用价值和一定的惯用文章体式的应用文书，叫做财经文书。

财经文书是应用文书的重要分支。财经文书写作是写作学的一个重要组成部分，属于专业实用写作（又称专业应用写作）的范畴。

### 二、财经文书的特点

#### （一）内容的专业性

财经文书种类繁多，涉及范围广，而且每一种都有自己的特性。但无论哪种特性，其内容都离不开财经。

1. 内容围绕财经活动

财经文书直接服务于财经工作，不仅要反映财经领域各个环节的动态，而且要总结财经活动中解决各种实际问题的经验。

2. 内容讲求经济效益

财经文书以财经业务活动为写作内容。不以提高经济效益为目的，财经文书写作也就失去了意义。比如，招标书的写作，目的就是通过投标者的竞争，力求以最少的投资取得最佳的经济效益。财经文书写作还要顾及社会效益，诸如商品说明书等直接影响到企业在公众中的形象，而良好的社会效益又会赢得更多的经济效益。

3. 内容符合经济规律

财经文书要促进经济部门提高经济效益，关键在于内容要符合经济规律。经济规律是不以人们的主观意志为转移的，是客观存在的。只有遵循市场经济规律来写作，财经文书才能在经济活动中发挥应有的作用。

### （二）政策法规的制约性

政策法规的制约性是财经文书的突出特点。

一方面，财经文书写作只有以党和国家的方针、政策为指导，符合党和国家在一定时期内的经济决策，才能充分发挥其作用。其实，有些财经文书本身就是政策的体现。

另一方面，直接服务于财经活动的财经文书必须依法拟制，才能得到法律的保护。

当然，绝大部分财经文书并非法律规定的文种，如经济预测报告、市场调查报告、商品说明书等，但这些文书的内容仍然受法律法规制约，要依法、合法。

### （三）经济信息的时限性

财经文书是经济信息的载体。经济信息有两个突出特点：一是信息量剧增；二是市场信息瞬息万变。作为信息载体的财经文书，必须及时、准确地反映急速变化的经济活动情况。否则，时过境迁，成了明日黄花，财经文书也就失去了其实用价值。

### （四）运用数据的普遍性

运用翔实的数据是财经文书写作的突出特点之一。在生产、交换、分配、消费等各个环节中，无论是企业的产品产量、品种、质量、产值、成本、利润，还是国民经济的农轻重比例、国家的预算和决算等，无不建立在量化分析基础上，正是从量化的数据分析中发现问题，从而解决问题的。有时财经文书传递给人们的经济信息就是一组数据。

### （五）文字格式的规范性

财经文书文字格式的规范性与上述几个特点紧密相关。财经文书能否取得应有的写作效应，与文字格式是否规范密切相关。

文字格式的规范性体现为行文精当、平实和简明。财经文书中常常用到行话术语，这些术语有单义性、客观性的特点，不易产生歧义。财经文书既要惜墨如金，摒弃一切空话、套话，又要表达清楚明白。为达此目的，常常还需借助图表说明。

财经文书中有些文种已基本图表化，图表成为其主要的表达工具。如许多商品说明书基本上就是图表格式的。的确，有的财经文书以图表表述会更为准确、高效，也便于管理与归档，缩短行文周期，提高工作效率。

## 复习与训练

**一、名词解释**

应用文书 财经文书

**二、简答题**

1. 财经文书具有哪些特点？

2. 你如何理解财经文书内容专业性的特点？

**三、阅读与析评题**

选读报刊上的财经文书，分析其是否具有本教材介绍的财经文书的特点。

# 第二节 财经文书的主旨与材料

## 一、财经文书的主旨

### （一）财经文书主旨的含义及要求

1. 财经文书主旨的含义

财经文书的主旨又称主题、题旨、立意等。具体地说，财经文书的主旨就是通过文章的具体材料所表达的中心思想、基本观点或要说明的主要问题，是作者对经济事务的见解、评价和态度。

财经文书一般来自三个途径：单位领导、经济工作实践和党政机关文件。对财经文书主旨的要求与这些途径有关。

2. 对财经文书主旨的要求

（1）符合党和国家的政策、法令。主旨是财经文书的灵魂，必须与党和国家的法律、法令、方针、政策相符合。

（2）符合领导意图。领导意图就是领导对经济活动的基本目的、基本要求和基本主张。不符合领导意图的文稿，领导当然不会签发。

（3）单一、鲜明，有强烈的针对性。单一，就是一篇财经文书只有一个主旨，不能有两个或两个以上的主旨。鲜明，就是财经文书主旨肯定什么、否定什么、赞扬什么、批评什么、提倡什么要明确，不能含糊不清、模棱两可。有强烈的针对性，就是财经文书主旨包含的意见、主张、办法、措施是为什么人、对什么事和什么问题而提出的要清清楚楚。具备这些要求的财经文书主旨才能使人们容易理解、把握、贯彻、执行，才有利于人们提高按文办事的效率。

## (二) 财经文书的显旨艺术

文学作品的主题从审美的角度看，一般是越隐越好。财经文书的主旨不同于文学作品的主题，其主旨需要作者直陈文中，做到明白显露。

在“直陈文中，明白显露”这一显旨基本要求下，财经文书呈现出多姿多彩的显旨艺术形式。以下介绍财经文书显旨艺术的几种常用方法。

1. 标题点旨

标题即财经文书具体文章的名称。对于财经文书来说，完整的标题由发文机关名称、事由（或主题）及文种三部分构成。用标题概括点明主题，即为标题点旨。在经济工作中，许多财经文书都采用标题点旨的艺术形式。

2. 开宗托旨，开门见山

（1）使用主旨句，开宗托旨。在财经文书中，明白、准确地表达主旨的句子，叫主旨句。主旨句常以介词结构“为了……”作为特征。在财经文书正文开头用主旨句托出公文写作主旨，是一种开宗托旨、开门见山的方法。

（2）不出现主旨句，开宗托旨。有的财经文书开宗托旨，但首句并不出现主旨句，而是单刀直入，直接阐述意义、主张或基本观点。如一份通知的开头：

> 棉花是关系国计民生的战略物资，是产棉区农民收入的基本来源，是纺织工业的主要原料。做好棉花购销工作，对于稳定农业大局、保证纺织行业正常生产、安排好人民生活、增加出口创汇具有重要意义。现将做好××××年度棉花购销工作的有关事宜通知如下。

开宗托旨，可使公文一开头就“唤起阅者注意，使阅者脑子里先有一个总概念，不得不继续看下去”①。

3. 先写缘由，引出主旨

有些财经文书开头直陈制发文件的缘由，即原委、背景，然后顺笔而下，引出公文的中心思想、行文的目的和意义等，以显露文件的主旨所在，这是请求性、指令性文书显旨的主要形态。例如：

> 新的财税体制今年年初出台以来，运行基本正常，国家财政收入和支出均有较快的增长，预算执行情况比原来预料的要好。但与此同时也出现了一些新的矛盾和问题，其中一个突出问题是企业欠缴税款逐月增加，企业欠税的不断增加严重妨碍了国家财政预算收入任务的完成。为了确保完成今年国家财政收入任务，各地区、各部门要采取有效措施，把清理企业欠税作为当前一项重要工作来抓，务求取得显著成效。

这是某年财政部、中国人民银行、国家税务总局、海关总署上报国务院《关于抓紧清理企业欠税的紧急请示》的开头。

4. 以段旨、层旨整合出主旨

层次由一个或多个相邻的自然段组成。有的财经文书主旨并不是在文中一个地方集中

---

① 转引自别庆林：《消息要写好导语》，见圣才学习网，2010-05-21。

写出，而是由隶属于财经文书的若干个层次或自然段首句的观点句（即概括层次或段意的层旨句或段旨句）整合得出。层旨句和段旨句的结构、位置相同。段旨句的实例如下：

应当看到，在对外经济开放中，我们也干了不少蠢事。如购买了116条彩电装配线，等于西欧经济共同体几个国家总和的5倍，而元器件年产量只有100万台，不及设备生产能力的一半，也就是说有一半以上是多余的、不必要的。其他如收音机装配线、电冰箱装配线、席梦思生产线、铝压延加工生产线……也都超饱和地购买。其实装配线并不是什么先进技术，而是发达国家淘汰下来的，其技术也不难，可以在国内自己生产制造，不必进口。××××年福建莆田市就向菲律宾出口一条电视机装配线。大量购买器件，更加依赖外国，不少产品又不能出口，这与对外经济开放的原则背道而驰。

5. 小标题显旨

小标题显旨的形式是将财经文书主旨分解成几个部分，每个部分用一小标题来显示。值得注意的是，各个小标题的排序必须体现合理的逻辑关系。

6. 头尾呼应，显示主旨

采用这种显旨手法的多是一些内容比较复杂且文字较长的财经文书，如某些决定、意见、报告等，以及一些事务文书。由于文字较长、问题较多，既要有总的阐述，又要有细致的说明，既涉及大政方针，又牵扯具体的方法步骤，所以，其显旨方法便采用头尾相互呼应的做法。通常是在开头提出一个令人关注的问题，而在尾部对之作出明确的回答，或在财经文书的开头对某一情况作出多种解释，而将正确的结论置于文尾。

7. 转换揭旨

在财经文书内容的重大转换处提示主旨，即片言居要。转换揭旨可给读者以文意突兀的感觉，便于强化记忆。揭旨之前的文字可以视为提示财经文书主旨所做的准备、基础或铺垫。

8. 篇末点旨

在财经文书正文的结尾“卒章显旨”，点明写作主旨，即为篇末点旨。

值得说明的是，在财经文书写作中，为使主旨更加明白、显露和突出，常常是几种显示主旨的方法综合使用。

## 二、财经文书的材料

### （一）财经文书材料的含义和作用

财经文书的材料是指为了写作财经文书而采用的，用于提炼、确立、表现写作主旨的事实和观念。它包括的范畴分两类：一是作者在写作前收集、积累的各种事实、数据、意见、观点、经验、问题以及上级有关指示精神等；二是经过选择，写进文稿中的表现主旨的所有材料。

财经文书材料的作用主要表现在以下三个方面。

1. 材料是财经文书写作的前提

材料是构成财经文书内容的物质基础，是写作活动的前提。在写作学中，人们常将文章比喻成一个人：主题犹如人的灵魂，材料犹如人的血肉，结构犹如人的骨骼，语言犹如人的细胞，表达犹如人的外貌、衣饰。这是很有道理的。如果没有材料或材料很少，文章必然言之无物，虚而不实，流于空泛；勉强硬写，写出来的东西只会干巴巴的。所以，大量地占有材料，是古今写作经验中最基本、最重要、最需要掌握的一个环节。只有能够自如地掌握这一环节，再加上懂得写作方法和技巧，才能使写出来的东西言之有物，合乎客观的要求。

2. 材料是形成财经文书主旨的基础

材料和主旨同属于财经文书的内容，但主旨从材料中形成，材料是引发感受、提炼观点、形成主题的基础。主旨是对全部材料思想意蕴的高度概括。

3. 材料是说明财经文书主旨的支柱

材料不仅是形成主旨的前提，还是说明主旨的支柱。没有材料的支撑，主旨根本无法确立；没有恰当的、能够说明问题的材料的支撑，主旨即使树起来了也立不牢。如果没有材料，财经文书主旨就无从产生，也根本无法表现。

### （二）财经文书选择材料的标准

1. 确凿

确凿即真实、准确，是指写进财经文书里的材料必须做到真实、准确、确凿无误。这是财经文书选择材料必须坚持的一条基本原则。

2. 切题

切题是指写进财经文书里的材料必须有针对性，能紧扣写作主旨；有实用性，能具体显示或说明观点。材料是否切题实质上是观点和材料是否统一的问题，我们应当做到观点统率材料、材料表现观点。材料与观点分离是写作的大忌。

3. 典型

典型是指写进财经文书里的材料应该深刻地揭示经济活动的本质，具有代表性与说服力。典型的材料能以一当十，令人注目，具有支撑观点的基础作用。

4. 新颖

新颖是指写进财经文书里的材料必须有强烈而鲜明的时代感。为此，写作者要跟上时代步伐，以科学的思维、全新的眼光考察各种经济现象，以选出新颖的写作材料来。

### （三）财经文书材料处理的常用方法

1. 分类法

这是按材料的属性和特征将纷繁的材料进行分类，然后将具有共性的材料合并“同类项”，使之显示出“类”的特点。这个工作的关键在于确定一个能反映经济活动本质特征的、与分类目相适应的、始终一贯的标准；没有标准，分类是无从进行的。在财经文书写作中，通过分类可以找出各“类”间的内部联系，从而提炼出有价值的小观点甚至全篇的主旨。这种类化后的材料因其具有重要的类别特征而极具使用价值。

2. 筛选法

这种方法强调对材料的选用不能停留在一般的认识上，必须像掘土找矿、沙里淘金那样，反复多次地鉴别、筛选，力求从纷繁的材料中找到那些最切合财经文书主旨的材料及其彼此间的内在联系。

3. 浓缩法

这是把有价值但又非常详尽纷繁的材料去粗取精，使之更为凝练、更突出精华的材料处理方法。用这种方法处理材料要采用留主干、抓要点、除细节、科学抽象等手法，以凝聚出对表现事实或说明观点最有价值的内容。

4. 截取法

这是选用一个完整事件的片段或一个完整事物中的部分去表现观点的一种删繁就简的材料处理方法。用这种方法，不求事件的连贯、完整，只求能言简意赅地说明问题和阐明观点。那些叙事性较强的财经文书，如简报、通报、市场调查报告以及财经文书中的某些叙事性较强的部分，常用此法。运用此法要注意以下几点：

（1）要服从财经文书写作主旨的需要，从写作目的和材料本身的实际（诸如在文稿中的地位与作用、本身的构成与被读者接受的程度等方面）出发，综合考虑；

（2）不能断章取义，扭曲原意；

（3）要注意上下文衔接过渡的自然顺畅及表述角度的前后一致。

## 三、财经文书观点与材料的组织形式

### （一）先亮观点，后举材料

这是先概括出观点，然后列举理论材料或事实材料来陈述观点的方法。用这种方法安排材料的优点是观点鲜明，引人注目。

### （二）先举材料，后亮观点

这是先举事实、列举数字或说明根据，然后推导出结论、归纳出观点的方法。这种方法的优点是由事到理，说服力强。叙事性财经文书或文中叙事性较强的片段写作常用此法。

### （三）边举材料，边亮观点

这是一边举材料一边亮观点的夹叙夹议的方法。这种方法的优点是既摆事实又讲道理，行文层层深入，便于读者理解。财经文书中叙事说理较强的部分常用此法写作。

## 复习与训练

**一、名词解释**

财经文书的主旨　财经文书的材料　主旨句

**二、简答题**

1. 对财经文书的主旨有哪些要求？

2. 财经文书有哪些常用的显旨方法?
3. 主旨句常以什么结构为特征?使用主旨句有何作用?
4. 财经文书的材料具有什么作用?
5. 财经文书选择材料有什么标准?什么样的材料才够得上是典型材料?
6. 财经文书材料的处理有哪些常用方法?
7. 财经文书观点与材料的组织形式有哪几种?

**三、阅读与析评题**

1. 试找出下文的段旨句,并说明其作用。

城镇最低生活保障制度建设有了较大进展。截至去年年底,全国已有116个城市(直辖市2个,计划单列市5个,省会城市17个,地级市55个,县级市37个)建立了最低生活保障制度,山东、江苏、浙江、广东等省还整体设计,连片实施。目前用于保障群众最低生活的差额补贴资金已达数亿元,受益群众百万人。今年年初还将有一大批城市出台这项制度。实践证明,在城镇建立最低生活保障制度,有利于解决困难群众的生活问题、化解社会矛盾、理顺群众情绪,是维护社会稳定、促进经济和社会发展的重要举措。

2. 阅读下文,并按后面的要求做题。

反腐败必须依靠人民群众,这是党的群众路线所决定的,也是我们反腐败的一条成功经验。但我国国民的总体素质仍然偏低,这严重影响了他们参与国家和社会生活的能力和程度,不利于群众性监督和制约。只有加强精神文明建设,人民群众的思想文化素质提高了,参政议政的能力提高了,民主监督的意识增强了,才能更好更有效地对党员、干部实施监督,真正把中共中央提出的切实依靠群众反腐败的方针政策落到实处。

(1) 这段文字分为几层意思?在原文中用“‖”分隔开来。
(2) 这段文字提出的基本观点是什么?

## 第三节　财经文书写作的常用思路

思维是具有意识的人脑对于客观现实的本质属性和内部规律作出的自觉、间接和概括的反映。

人的思维与语言紧密联系。语言是思维的载体,人借助语言进行思维。丰富我们的语言,就相当于打磨了思维的“武器”。

思路,是思维活动的运行轨迹。

文章思路,就是作者构思和写作时,有规律、有条理、有方向、连贯的思维过程的“路线”。

如果财经文书结构杂乱无章,则表明作者的思路杂乱不清。如果文章结构不严谨、不清楚，则表明作者的思路不缜密、不清晰。要想写好财经文书，首先必须理清、理顺思路。

财经文书写作构思主要是运用逻辑思维来进行的。不同的文种、不同的写作意图，会运用不同的逻辑思维方法来构思，而这种思路又通常体现在财经文书的结构形式上。

## 一、递进思路

递进思路是运用递进思维方法而形成的一种文章思路，是财经文书写作的常用思路之一。递进思维是认识事物或事理由浅入深、由表到里、由低到高、由小到大、由轻到重，层层递进、循序渐进的一种思维方法。运用这种思维方法可以深入、清晰地阐释某些比较复杂的事理，说明某些比较复杂的关系，深刻认识事物的本质属性，使文章达到一定的深度。例如，调查报告《农村文化活动设施量少质差的现状亟待改变》的思路（见图1—1）。

××县农村文化活动设施量少质差

↓

“文化饥饿症”带来农村精神文明滑坡

↓

文化活动量少质差的原因

↓

采取有力措施进行农村文化活动阵地建设

**图1—1　递进思路**

运用递进思路时，各层次间要环环扣紧，先写哪一层次，后写哪一层次，顺序不能随意调换。

## 二、并列思路

运用平等、平行、并列的思维方式认识和对待事物或事理而形成的思路就是并列思路。并列思维认识事物或事理不存在由浅入深、由表及里的递进关系，而将事物或事理平等看待，横向发展。如通知、决定的诸多事项，规章文书的许多同类条文，体现的都是并列思路。并列思路是财经文书写作的常用思路之一。

## 三、比较思路

比较思路是运用比较和鉴别的思维方法而形成的一种文章思路。财经文书写作常常运用比较思路。

任何比较都要注意事物的可比性，即比较的标准（简称比标）要一致。一要注意抓住事物的本质特征进行比较，以便更深刻地认识和把握事物的异同和性质；二要注意比较的灵活性，根据实际情况和写作需要从多角度、多方面对事物进行比较，以便更全面、更准确地认识事物。

## 四、归纳和演绎思路

### （一）归纳

归纳，是从两个以上个别的、特殊的事物或道理的共同属性中，推出同一类事物或道理的普遍性结论的推理方法。它是从个别到全体、从特殊到一般的思维方法。财经文书写作中运用这种思维方法便形成了归纳思路。如对某类客观事物共同规律的探讨、对先进经验的提炼总结等都可运用这种思路。归纳又可采用以下几种方法。

1. 完全归纳法

即穷究同类事物中所有个别事物的共同属性，推出普遍性结论的方法。这种方法不允许漏掉任何一个性质相同的个别事物。

一般说来，运用归纳法来认识客观事物时，完全归纳法最可靠。但实际上，只在少数情况下才能做到完全归纳，在财经文书写作中实际上较少用到完全归纳法。

2. 简单枚举法

即根据对某类事物部分对象的概括，推出一般性结论的方法。这属于不完全归纳法。如《中共××县委员会关于向徐××、吴××同志学习的决定》一文，归纳出的结论是“徐××、吴××同志忠诚地为党和人民的事业奋斗了一生，他们的一生是光荣的一生。他们不愧是我党的优秀党员”。而归纳出这个结论的依据，就是选择他们一生中一些典型事迹来介绍，而没有罗列出全部事迹（那样写没有必要，也因篇幅所限而不可能）。不少市场调查报告、总结、情况报告、表彰或处分的文稿都运用这种方法或思路。

简单枚举法运用虽然很方便，但它极易出现轻率归纳，以偏赅全，结论片面性、绝对化等错误。运用这种归纳方法要注意两点：第一，不要轻易下结论，如果要下结论也不必因个别事物未能归纳而迟疑不决，可选择诸如“一般情况下”、“大体上”、“在一定条件下”等类限制词语，以表明其相对性，留有余地。第二，不要仅仅注意同类事物的数量或表面相似处而忽略了同类事物的本质属性，使结论偏离事物本质。要注意对重要的归纳对象或结论作进一步深入分析，充分考虑到时空变化后的情况，使归纳的结论更正确、更深刻。

3. 科学归纳法

即由某类事物部分对象与某种属性有必然联系推出这类事物都具有这种属性。它是以科学实验和科学分析的结果为主要依据，从研究同类事物的少数对象与某一属性之间必然的内在联系中，或探求现象之间的因果关系中，概括出普遍性结论。它比简单枚举法可靠，但其结论仍要受实践的检验。科学归纳法考察的对象要有代表性，才能使结论正确。说理性较强的财经文书常用此法展开思路。如《××市经济委员会关于国有大中型企业转换经营机制的调查报告》，正是通过对该市几个有代表性的国有企业的典型调查、科学分析，而得出该市国有企业转移经营机制的几条可行措施的。文章运用了科学归纳法，结论必然令人信服。

### （二）演绎

演绎是从普遍性的前提推出特殊个别性结论的思维方法。它与归纳的思维方向正好相反，是从全体到个别、一般到特殊。我们根据一般原理（公理、真理、常识或人们的共识等）可认识到包含在这一原理中的个别事物或道理，由此可形成财经文书的演绎思路。如《××市××局关于机关干部勤政廉政的规定》写道：

> 廉洁奉公是党的优良传统，是党的根本宗旨的具体体现，是党取信于民的根本保证，也是机关干部应具备的职业道德。只有做到高效廉洁，党的工作才能得到群众的信任和支持，党的事业才能得到群众的关心和拥护，党和政府才有可能带领和团结大家同心同德，共渡难关，深化改革。全局干部特别是党员领导干部必须“从我做起，从现在做起”，以身作则，勤政廉政。根据我局工作实际，特作如下规定。

这里采用的就是演绎思路。在说理性较强的财经文书中较多运用演绎法。

财经文书写作运用演绎法时，作为根据、前提的一般性结论必须正确无误，才能进行直接演绎。如果作为前提的一般性结论只是相对正确，那么在推理过程中，在肯定其大多数事物或道理的同时，也要考虑到个别事物的特殊性，才能避免结论的片面性。

至于演绎法常用的推理方法，本书就不作详细介绍了。

### （三）归纳和演绎的关系

归纳和演绎既是两种方向完全不同的对立的思维方法，又是互相依存的辩证统一体。归纳是演绎的基础，演绎的前提常常是依靠归纳而获得的。可以说，归纳的结论就是演绎的前提，离开归纳，演绎不可能进行。而归纳也离不开演绎，归纳时对个别事物的选择要达到准确、典型，得依赖演绎对这些个别事物进行检验、决定弃取，即根据尚未确定的、假设的一般去寻找、考察个别，才能正确地进行归纳；而归纳得出的一般结论也要靠演绎去验证，去推广扩大。财经文书写作中运用归纳思路或演绎思路时，一定要注意到这种联系，防止出现片面性。

## 五、总分思路

总分思路是运用分析和综合两种思维方法所形成的文章思路。总分思路在财经文书写作中也是最常用的思路。分析就是把事物分成若干部分，分别加以研究，也就是由总到分，化整为零，对实体事物进行分解，对抽象事物深入剖析。综合就是把事物的各个部分联合起来，从整体上加以考察，也就是由分到总，集零为整，对实体事物进行组装，对抽象事物进行概括。

分析和综合也是互相依存、互相联系、互相转化的。分析是综合的基础，没有分析，认识不可能具体、深入，也就无从综合；综合是分析的前导，没有综合，不能统观全局，就可能只见树木，不见森林，分析就缺乏方向和目标。分析重在发现事物的本质，分析不是目的，而是认识事物的手段。分析之后，又要把事物的各个部分放到事物的整体中，放到各个部分的相互联系、作用和矛盾中，放到事物的运动、变化中去考察它们的地位、作用，从而把握其本质。综合不是现象的罗列，也不是把事物各个部分机械地相加，而是按照事物各个部分间的内在联系，对事物各个方面作全面的、本质的反映，从而从整体上把握事物的特征，这也是分析的目的。

在财经文书写作中，文章要铺陈得开，关键在于构思时对客观对象要懂得分析，且在分析的基础上要善于综合。

## （一）善于分类和归类

把较为复杂的集合性事物中特征相同的类型划分在一起就是分类。从一定的写作意图出发，把散乱的材料归拢成若干并列的类别就是归类。分类、归类是分析、综合思维方法中的重要步骤。分类、归类是全面、深入分析事物的基础。善于分类、归类，有助于分析事物的条理化、系统化。例如，要就某市党政机关的后勤工作改革写个专题经验总结，如果笼笼统统地写，就会不深不透，甚至使人看后不得要领。而将机关后勤改革分为机关事务管理、财务管理、房产管理、车辆管理、膳食管理、物资管理等类型，分别介绍其改革的措施、办法，就会具体、深刻得多。分类、归类时要注意以下几点。

1. 分类要尽可能全面、深入

分类可以有一次分类（也称一级分类），也可有多次（多级）分类，即把事物分成若干大类之后，再对每个大类继续细分，实现多级分类。所谓全面，即不论是一级还是多级分类，每次分类都要尽可能周全，不要有遗漏，尽可能使分出来的各方面内容与事物的本来面貌相符合。如单位的全面工作总结，对各方面工作情况和成绩可分类加以总结，视其工作成效可有详有略，但不能遗漏掉某方面的工作。所谓深入，就是根据事物的实际情况和写作意图，凡对象能够分类的，应尽可能多级分类，以便于深入说明、深刻分析。事实上，分类级数少，易看出事物全貌；分类级数多，易深入分析出事物的本质属性。

2. 分类标准要一致、灵活

对事物分类时，既可以以事物表象等非本质属性为标准进行分类，也可以以事物本质属性为标准分类。但每一次对同一层级分类都要用统一的标准，以保证分类的正确。只有标准一致，才能使分出的各类事物具有并列关系、对立关系或矛盾关系，而不具有交叉关系。如果分类不正确，文章就会缺乏逻辑性。例如，某县政府在总结一年来深化改革、突出重点、各项工作均取得显著的成绩时，对多项工作作了分类，见图1—2。

工作总结
- 水利设施恢复发展
- 农业战线抗灾夺丰收
- 公交战线转换经营机制初见成效
- 清河大桥建成通车
- 财贸战线承包收效
- 教科文卫工作取得成绩
  - 计划生育上新台阶
  - 科技兴农促进丰收
  - 高考升学率提高
  - 实现“创卫”目标
  - 坚持“两手硬”，狠抓精神文明建设

**图1—2 某县政府一年工作总结**

无论是一级分类还是二级分类，其分类标准都不尽一致，因而内容显得凌乱、交叉。如果按照这个分类框架写成文章，其效果显然不佳。

强调分类标准一致，并不是说分类要永远坚持同一标准进行。有时对于较为复杂的同一事物，可以根据需要从不同角度、依照不同特点进行分类。例如，对某机关干部队伍现状的调查，可根据其年龄、文化程度、政治面貌、工龄等多项标准分别按项分类，但具体的每一项的分类标准仍须一致。这样就能更全面地反映出干部队伍的现状。

分类标准的灵活性体现在分类的相对性上。事物联系的相对性，决定了事物差异的相对性。有时在对事物分类时要划分得绝对分明是办不到的。有些具有特殊性而难于归入某一类的事物，可将这些个别事物归并为"其他"一类；有些事物难于归入某一类，但又渗入各类之中，处于各类事物边缘间的模糊状态，也可以将其单独列为一类，使分类更科学、周全。

### （二）学会纵剖和横断

分类是把复杂的事物分成若干相对独立的类型，各类型都没有改变原来事物的性质。而剖析和分解则是把相对独立的事物进行解剖，解剖分割后的每一部分都不具有原来整体事物的性质。运用剖析和分解，可以深入到事物内部结构研究事物，从而更深刻地认识事物的本质。

纵剖就是对事物的纵向剖析，即依时间的先后将事物的发展过程和演变情况分成若干阶段，逐段进行考察和分析。对于本身存在时间阶段和发展进程的事物，写作时可采用纵剖的方法。横断则是横向剖析，即将事物内部的各个侧面、各种因素分成若干部分，逐一考察和分析。对各种要素处于并列关系的事物，写作时则常用横断的方法来分析。比如要写一份做好环境保护工作大检查的总结，可采用纵剖法去分析各个阶段的工作，从中总结出检查工作的做法和成绩，见图1—3。

分析环保形势，认清检查意义
↓
加强舆论宣传，充分发动群众
↓
统筹组织力量，做好检查计划
↓
分步自查抽查，检查认真细致
↓
严肃执法执纪，奖惩等级分明
↓
总结经验教训，搞好环境保护
↓

**图1—3 采用纵剖法分析工作**

也可采用横断法分析各个侧面的经验，从中探索检查工作的规律，见图1—4。

—领导重视，各方配合，检查力量组织落实
—广泛宣传，重视舆论，强化全民环保意识
—重点突出，方法得当，检查工作不搞形式
—体现政策，奖惩分明，树立样板促优汰劣
—依法行政，综合治理，推动环境保护工作

**图1—4 采用横断法分析工作**

不难看出，用纵剖法分类，写出的总结侧重反映工作的进程、做法和成绩；而用横断法分类，写出的总结侧重探索工作中的经验和规律。两者的侧重点明显不同，实际上，写作中两种方法也可交错使用。

### (三) 注重定性分析与定量分析

对任何事物的分析都离不开定性分析和定量分析。定性分析是对分析对象的各种因素及其性质作出断定和分析。定量分析是对分析对象及其各种因素间的数量关系加以判定和分析。前者注重对事物质的断定，后者注重对事物量的判定。而任何事物都是质和量的统一体，因此，要尽可能将定性分析与定量分析结合使用，这样才可以使分析更加深入、准确，在表达上也更加直观，更有说服力。比如，要反映一个地区经济和社会发展的成就，如果只有定性分析，会显得空洞，说服力不强；如果只有定量分析，又势必显得枯燥，甚至使人不得要领。只有将两种分析方法结合起来，才能更准确、深刻、生动地说明事物的性质。

## 六、因果思路

因果思路是运用探因和寻果的思维方法形成的文章思路。在财经文书写作中，根据写作意图和民众接受心理，较多地采用由果溯因的思路。

财经文书写作采用因果思路时，一方面要全面分析导致事物的结果或现状的原因。在诸多原因中，先抓住主要的、根本的原因，同时也不忽视次要原因。要实事求是地、全面地分析事物的内因和外因，不能只抓一点不及其余，防止片面性和绝对化。另一方面要深刻地分析产生结果的原因，再深入分析，从原因中去探究产生原因的原因，这就是所谓因因分析。因为有时表面的原因也只不过是个现象，如果我们的分析浅尝辄止，只根据这个表层的原因得出结论，这个结论就可能是十分肤浅的。因此，要力求“打破沙锅问到底”，揭示出最深层的、最根本的、起决定作用的原因，这样才能抓住事物的本质。比如某厂生产的传统产品出现销售疲软势头，厂方要求进行调查并写出市场销售情况的调查报告。通过调查，发现销售疲软是由于广告宣传不力、营销渠道不畅、产品包装陈旧、产品式样单一、产品质量下降等多种原因造成的。经过分析研究，认定其中质量下降是关键。再进一步分析，发现质量下降的原因是生产第一线工人不顾质量，检验工不负责任。又深入分析，发现造成这种状况的是管理不善，制度不严，职工普遍缺乏质量意识。再追本溯源，认为关键在厂领导班子缺乏市场优胜劣汰的竞争意识，只抓产品数量、产值，忽视产品质量。这样层层深入，抓住了深层次的根本原因，提出了“领导重视，狠抓质量，注重宣传，打通渠道”的对策，从而更好地指导工作。

以上是财经文书写作中的常见思路。在财经文书写作中，常常是综合运用几种思路成文。

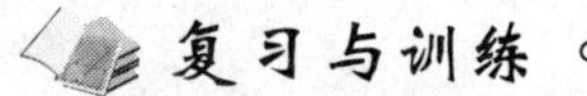

### 一、名词解释

思维　思路　文章思路

**二、简答题**

1. 如果财经文书结构杂乱无章，则表明作者的思路杂乱无章。为什么？
2. 写好财经文书的前提是什么？
3. 何谓递进思路？
4. 何谓比较思路？
5. 何谓归纳？归纳常见的有哪几种方法？
6. 何谓演绎？归纳与演绎有何区别？
7. 分类、归类要注意什么？
8. 何谓纵剖思路？
9. 何谓横断思路？
10. 何谓因果思路和因因分析思路？

**三、阅读与析评题**

选读报刊或教材中一两篇财经文书，试分析作者写作时运用了哪些常用思路。

## 第四节　财经文书的结构

财经文书的结构是指文章内容的布局和构造，即安排材料组织成文的方式。

### 一、对财经文书结构的要求

对财经文书结构的要求主要有如下四方面。

#### （一）要反映客观事物的本质联系和规律

客观事物本身有它的存在形式、特点和运动规律。文章表现的对象是客观事物，其结构形式应取决于内容，体现客观事物本身的内在本质联系。财经文书写作也是如此。如写“通报”，无论是用于传达重要情况，还是用于表彰或批评，都必须把事实叙述清楚。因此，写作财经文书就要依据事物的特征、事情发展的过程来安排正文结构，以反映通报对象的内在本质及变化规律。

#### （二）要服从表现主旨的需要

财经文书的结构安排，就是要把内容材料组合成一个统一的有机整体以表现主旨。因此，内容材料的详略、先后，层次、段落的划分等，都必须紧紧围绕主旨，让主旨贯穿全文始终。如写请示，顺序上，应先写理由，再叙事项，最后提出请求。详略上，理由部分应简明扼要，概括性强；请示事项部分包括意见与要求，是全文的重点，要详写，要写得具体明确；最后以模式化请求语结束。

#### （三）要做到层次清楚、思路清晰

财经文书写作要特别注意根据主旨的需要安排好层次段落，以清晰地展示作者的思

路。如写事件，一般有发生、发展、结局的过程；写问题，有暴露问题、认识问题和解决问题的过程。而这些都要求作者循着“开端—发展—结局”或“发现问题—分析问题—解决问题”的逻辑顺序安排层次。

### (四) 要适应不同文种的体式特点

凡文种都有相对稳定的结构体式，财经文书一般都具有严格的体式规范。财经文书的结构安排需适应体式的规范要求。这就要求注意研究、把握各种文书文体样式的规范。如写“通知”，要写通知的目的、依据、相关事项和执行的要求；写“经济活动分析文书”，要写基本情况、分析评价和建议；写经济法规、规章，则一般要以总则、分则和附则作总体布局。

## 二、财经文书结构的基本内容

财经文书结构的基本内容包括层次和段落、过渡和照应、开头和结尾等几个部分。

### (一) 层次和段落

#### 1. 层次

所谓层次，是指作者在表述主旨过程中形成的相对完整、独立的思想单位或意义单位。层次也称“结构段”、“意义段”。

层次的划分是有其客观依据的，有时按照事物发展的时间来安排层次；有时根据事物的空间来安排层次；有时按照事物的功能和特征的主次来安排层次；有时按照文章的逻辑联系来安排层次。比如写“请示”，“请示”的缘由是一个层次，要求又是一个层次，最后是结束语。具体如何安排层次，应根据不同种类的财经文书的内容来决定。

#### 2. 段落

所谓段落，是指文章布局谋篇的基本单位。段落习惯称为“自然段”。一般来说，层次小于篇章而大于自然段。有时一个层次也可以是一个自然段，也有的文章因其简短，全篇只有一个自然段，如各种条据、启事、简单的通知等。

### (二) 过渡和照应

#### 1. 过渡

所谓过渡，是指文章中相邻层次、段落间的衔接与转换。过渡犹如桥梁，在文章中起着承上启下、穿针引线的作用，使全文内容组织严密、浑然一体。

财经文书正文写作中过渡的方式有四种：一是以词语过渡，如“为此”、“对此”、“总之”、“由此可见”、“综上所述”、“但是”、“相反”等；二是用总结上文、提示下文等承上启下的句子过渡，这些句子可以放在前段的段尾，也可放在后段的段首；三是用一个相对独立的自然段来承转过渡；四是不用任何明显过渡标志，而是靠文中内容的内在联系过渡，即自然过渡。

#### 2. 照应

照应是指文中不相邻的层次、段落间的关照与呼应。它的作用是加强文章前后内容的联系，增强文章的整体感。常见的照应方式有：

（1）首尾照应。这种照应使文章首尾圆合，结构严谨。

（2）文题照应。应用文书的标题往往体现其主旨，照应标题有突出主旨的作用。

（3）针线照应。围绕主旨或基本事件，行文中针走线行。这种方式由于多处相互照应，可以起到强化主旨、突出中心事件的效果。

### （三）开头和结尾

1．开头

财经文书的性质和特点决定了其开头必须直截了当、开门见山，越简洁越好。开头应当点题或揭示财经文书的内容走向并领起下文。常用的开头方式有：

（1）概述情况。要求开头简明扼要地介绍有关情况或背景。报告、会议纪要、总结等常用此法开头。

（2）说明根据。开头即引用上级指示精神或有关法律、法规，常以“根据”、“遵照”、“按照”等词语领起下文，明确指出行文有据，表明财经文书内容的权威性。通知、批复、经济规章等常用这种方式开头。

（3）直陈目的。开头常用“为了”、“为”等介词构成的主旨句领起下文。法规、规章、决定、通知等经济文书常用此方式。

（4）交代原因。开头常用“由于”、“因为”、“鉴于”等词领起下文，也可直接陈述发文原因。

（5）阐明观点。开头先提出观点，或者点明主旨，接着加以解释说明，以引起读者的重视。

（6）表明态度。开头直截了当地对批转、转发或发布的文件或者有关的事项、会议表明态度，作出评价，提出看法。批转、转发性通知多如此开头。

（7）引述来文。开头引述对方来文、来电的标题、文号，然后引出下文。财经文书中的复函、批复普遍使用此方式开头。

（8）提出问题。开头提出问题，提示财经文书的主旨或主要内容，以引起阅读者的注意与思考。各类调查报告常用这种方式开头。

财经文书的开头有时是多种方式的综合运用。

2．结尾

财经文书常见的结尾方式有：

（1）强调式。正文结束时对文中的主要问题作强调说明，以引起阅读者的重视。

（2）请求式。正文结束时写上请求上级批复、批转、批准或请求对方帮助之类的话语。请示、函等普遍使用此方式结尾。

（3）总结式。正文结束时，对文中的主要观点或问题作出归纳或总结，使读者对全文有一个较完整的印象。

（4）要求式。正文结束时提出要求、希望或发出号召。

（5）补充式。正文结束时补充交代有关事宜。通知、经济规章文书等常用这样的结尾。

（6）显示文种式。以模式化的方式把名词性文种作动词用，并以此结尾。如“特此通告”、“特此通报”、“特此通知”、“特此报告”等。

除上述几种结尾方式外，还有祝贺、慰问式的结尾，以及主体部分意尽便不再另写结尾的方式。

## 三、财经文书结构的基本类型

财经文书种类繁多，内容不一，结构也不尽相同，各有特点。归纳起来，结构的基本类型有下述几种。

### （一）总分式

开头先对全文的内容作简要的概述，然后依次分别对其展开论述。如在“总结”中，先对全年生产完成的情况作简要介绍，而后对各方面生产情况作具体论述。总分式还可以分为先总后分式、先分后总式及先总后分再总的总分总式。总分总式通常适用于篇幅较长的财经文书，如“调查报告”、“经济活动分析文书”、“经济论文”等。总分式结构需采用总分思路。

### （二）并列式

文章中几个层次之间的关系是平行的、并列的，这样的结构方式为并列式，也称横式结构。比如对财务状况进行分析，可以从资产、负债、利润、成本、费用等诸方面展开具体分析，这几个方面的内容就是并列的关系。

### （三）递进式

递进式是以时间的先后，或由现象到本质、从因到果等逻辑关系为顺序，逐层深入展开的结构形式，也称纵式结构。比如开头提出问题，而后剖析、研究问题，再找出原因得出结果，最后提出解决问题的办法或建议，就是一种从因到果的递进式。

递进式结构采用的是纵剖思路或因果思路。

### （四）条款（项）式

财经文书中的条款（项）式结构，一般可采用以下两种。

1. 章断条连式

这种结构适用于内容多、篇幅长的经济规章，以章为序划分有关法规、规章的层次，各章下的“条”不以章断开另起开头，而是连续编号。这便于执行承办时援引有关条文。章下可分条，极少数还在章下分节，节下再分条。章、节、条均用汉码表示，如“第一章”、“第一节”、“第一条”。条下有的分款，款不带序码，一个自然段就是一款；条下有的列项，项冠以带圆括号的汉码，如“（一）”、“（二）”等。项下可分目，目冠以阿码，如“1.”、“2.”等。

2. 条文并列式

这种结构适用于内容不太多、篇幅不太长的法规、规章和其他应用文书。条下同样可分款或项、目。若是非法规、规章的其他财经文书，通常不用“第×条”形式标示，其标法形如：第一层为“一、”，第二层为“（一）”，第三层为“1.”，第四层为“（1）”；不另以其他数码为序数。若只有一层，则以“一、”这类数码为序数。

### （五）一段式

一段式即全篇文章只有一个自然段。由于内容少而简单，不便分开，往往采用一段式的写法。例如，日常财经文书中的便条、单据、介绍信、聘书、启事、海报，公文中的命令、通告、通知、批复、函等，常常采用一段式的写法。

## 复习与训练

**一、名词解释**

财经文书的结构

**二、简答题**

1. 对财经文书的结构有哪些要求？

2. 财经文书有哪些常用的开头方式？

3. 财经文书有哪些常用的结尾方式？

4. 财经文书的结构有哪些基本类型？各种类型的结构形式是怎样的？

**三、判断题**

1. 试判断下列各题是否属于递进式。

（1）按照时间先后顺序展开段落或层次。（　　）

（2）按照事物或矛盾发展的各个阶段展开段落或层次。（　　）

（3）按照作者认识的发展深化展开段落或层次。（　　）

（4）按照论证推理的各个步骤展开段落或层次。（　　）

2. 试判断下列各题是否属于并列式。

（1）按照观察者立足点的转移或空间位置的变换展开段落或层次。（　　）

（2）按照事物各个构成部分展开段落或层次。（　　）

（3）按照材料的类属展开段落或层次。（　　）

（4）按照论述、说明的问题或各分论点展开段落或层次。（　　）

**四、阅读与析评题**

1. 阅读下面段落的开头，试根据题后的答案提示判断它属哪一种（或哪几种）开头方式，并概括段落开头的立意。

近年来，全市酒类生产发展过快，已登记发照的社办酒厂有 37 个，国营酒厂 12 个。去年生产白酒 4 200 吨，酒类生产已处于饱和状态。目前申办酒厂的单位还在增加，特别是乡镇、个体户要求办厂的多。个别的未经申请办理执照，擅自开业；部分酒厂在质量上也未达到要求。为了使酒类生产健康发展，根据《工商企业登记管理条例施行细则》的有关规定，特提出如下请示。

（属________开头）

答案提示：

A. 概述情况式　　　　B. 说明根据式

C. 介绍目的式　　　　D. 交代原因式
E. 阐明观点式　　　　F. 表明态度式
G. 引述来文式　　　　H. 提出问题式

2. 阅读下面段落的结尾，试根据题后的答案提示判断它属哪类结尾方式。

到会同志一致表示，试点城市作为改革的先行者，必须加强党的领导，做好思想政治工作，统一和提高各方面的认识，勇于克服因循守旧的思想和传统观念，满腔热情地支持干部和群众的创新精神，从实际出发，精心研究改革中出现的新情况、新问题，努力做到方向准、决心大、路子顺、效果好。

（属________结尾）

答案提示：

A. 强调式　　　　B. 请示式
C. 总结式　　　　D. 希望号召式
E. 补充式　　　　F. 祝贺慰问式
G. 专门结尾用语式

3. 段落中的句子排列要合乎逻辑，意思要连贯而有序，要求段中句子的文义（包括概念）不能矛盾。阅读下面的段落，分析其句子是否有序，在表达文义上存在什么问题，应如何修改。

怎样对待工作和学习呢？‖“工作忙，没时间学。”有部分同志这样说，摆出了学习和业务的矛盾。可是雷锋是怎样处理“红”与“专”这对矛盾的呢？他说：“我们在学习问题上也是提倡这种钉子精神，善于‘挤’和善于‘钻’。”‖我们应该学习雷锋同志这种“钉子”精神。

## 第五节　财经文书语言的主要表达方式

财经文书的语言表达必须体现出实用语体的特点和风格。财经文书语言必须具有明晰、准确、简朴、庄重、得体的特点。

语言表达方式，古人称为“笔法”，今人称为表现手段。表达方式是运用语言来介绍情况、陈述事实、阐述观点、总结经验、探索规律、表达情感的具体方法、手段。

人们通常使用的语言表达方式有五种，即叙述、议论、说明、描写、抒情等。受财经文书作用（或写作目的）的制约，其语言的主要表达方式为说明、叙述、议论和图表。这四种表达方式在不同的财经文书中，或交替使用，或以一种为主。下面分别具体介绍。

### 一、说明

说明，是用简洁明了的文字，对事物或事理的各种属性，如性质、特征、形状、成因、结构和功能等，进行客观的解释和介绍。

在财经文书中，说明是主要的表达方式之一。财经文书中的说明常与叙述同时使用。

### （一）财经文书常用的说明的种类

1. 举例说明

举例说明是列举具体的例子说明事物特征的方法。其作用是把比较抽象、复杂的事物和事理解说得更加具体而明晰。通常有典型举例和列举举例两种。前者能使被说明的事物更为具体、清楚；后者能使被说明事物的范围更清楚。举例说明要求所选例子真实、具体，有代表性，否则达不到变抽象为具体、变复杂为简明的目的。

2. 数字说明

数字说明是用确凿的数据来说明事物和事理。用数字来说明事物，能更科学、精确、简洁地勾勒出事物的客观面貌，给予读者十分具体的印象。

3. 比较说明

比较说明是将相似或不同的事物进行类比、对比来说明事物的特征的方法。例如，国家统计局有一年介绍我国邮电通信业发展时指出：

> 全年完成邮电业务总量 1 335 亿元，比上年增长 35.4%。全国城乡电话交换机容量达到 10 864 万门；其中局用交换机容量达到 9 318.5 万门，比上年增加2 107万门，程控化比重达 99.4%……

通过上例不难看出，在财经文书中，比较说明常常与数字说明同时使用。通过数字对比反映出量的变化，将客观事物的变化特征给予鲜明的展示。使用比较说明时，必须注意比较的事物之间要有可比性，比较的标准应一致。

在财经文书中，除经常使用上述几种说明方法外，还常用图表说明、引用说明，在特殊情况下还选用比喻说明、描写说明等。

### （二）财经文书说明的特点

（1）财经文书行文往往是说明与议论、叙述结合使用，只用“说明”一种表达方式的情况较少。即使是以说明为主的一些文种，也大都离不开议论、叙述。各种表达方式结合使用，相辅相成、相得益彰，可以使表达清楚、有力。

（2）多种说明方式常常同时使用。如数据说明和比较说明结合运用，可以从定量、定性两个方面把工作、生产、经济活动情况的历史、现状和发展变化解说得更为具体、确切，加深人们对事物的认识。

（3）财经文书在使用说明时更讲究说明的客观性、内容的科学性和语言的准确性。

## 二、叙述

叙述是有次序地叙说交代人物的经历、言行和事件发生、发展变化过程的一种表达方式。完整的叙述一般有六要素，即时间、地点、人物、事件、原因、结果。

叙述是最基本的表达方式，在写作中的使用频率最高，不论是非文学作品还是文学作品都离不开它。在财经文书中，它是表彰或处分通报、调查报告、情况报告、工作报告等文种的主要表达方式，多用于交代背景，介绍文章涉及的人、事、单位的概况，记叙事件的发生、发展、结局，以及为议论文提供事实依据等。

### （一）叙述的人称

人称是指作者叙述的观察点、立足点。选用第一人称叙述能给读者真实、亲切的感受，这是主观性叙述；选用第三人称可不受时空和是否亲身经历限制，因而叙述面较广、较自由，这是客观性叙述；使用第二人称叙述，有直接对话的亲临感，让读者感觉像在面对面地交流。

在财经文书中，三种人称都各自单独使用。如撰写总结、拟订计划必须采用第一人称，而市场调查报告主要使用第三人称。在有些文种中，三种人称须同时使用，如涉及第三单位的来函、去函、情况通报，常出现"我们"、"你们"、"他们"。

### （二）叙述的方法

1. 顺叙

顺叙是按照人物经历或事件发生、发展的自然时序进行的叙述。

2. 倒叙

倒叙是把事件的结局或事件中最突出的片段提到前面来叙述，然后再以顺叙的方式进行的叙述。

3. 插叙

插叙是在叙述主要事件的过程中，因为需要，暂时中断叙述主线，插入与中心事件有关的内容叙述。插叙可以对人、事、景物做说明、补充和解释。

### （三）财经文书叙述的特点

（1）以概括叙述为主，一般不使用具体叙述。财经文书的叙述要求概括准、线条粗，着重事件的整体勾画，不要求具体、详尽。着眼于显示原委，表明事理。掌握这种叙述方法的关键在于对事件要有整体、清晰的认识，否则难以把握好取舍详略的尺度。

（2）以顺叙为主，讲求平铺直叙，注重事件的过程性特点，以符合人们的认识规律，让读者尽快了解所叙内容。

（3）常与其他表达方式结合运用。如夹叙夹议、叙事论理、叙述说明等。

## 三、议论

议论是作者就某个问题、事件进行评论、分析，表明自己的立场、观点和态度的一种表达方式。

### （一）议论的构成

完整的议论由论点、论据和论证构成。

1. 论点

论点是议论价值的体现，是作者的观点、主张和态度，常常由作者直截了当地提出。

论点分为中心论点和分论点。中心论点是文章论述的核心，也称为基本论点、大论点。分论点是围绕并支撑中心论点的小论点。

2. 论据

论据是论点成立的理由和依据，即证明论点的材料。论据包括事实论据和理论论据。事实论据指客观存在和依据，即证明论点的材料。理论论据即指导性理论依据，如科学原理、定律、公理、格言、警句等。论据支撑论点，论点统帅论据，两者相辅相成。

3. 论证

论证是组织和运用论据证明论点成立的过程和方法。

在三要素中，论点是核心，论据是基础，论证是连接论点和论据的桥梁。

### （二）议论的类型

从证明论点的方式来分，议论的类型有立论和驳论两种。

立论又称证明，是针对问题或事件，运用论据从正面证明自己的见解和主张。财经文书在写作时往往省略论证过程，直接写出结论、结果。

驳论是反对对方观点，证明对方观点错误，从而确立自己观点正确的论证方法。

立论和驳论是相辅相成的，其划分并不是绝对的。在立论文章中，常有驳论。同时，要确立任何一个观点、主张，便意味着否定、批驳与之相对立的观点，破与立是辩证统一的，只不过在运用时有所侧重而已。

### （三）论证的方法

财经文书常用的论证方法有如下四种。

1. 例证法

例证法是用事实作论据，直接证明论点的方法。

运用例证法应做到选用的论据无论是具体事例、统计数据，还是概括的事实，都要真实典型，为论点服务，有说服力，防止以偏赅全。量要适度，不能太少，亦不可过多，以免冲淡论点。

2. 引证法

引证法是引用经典性言论、党和政府的文件、科学上的公理和定理、格言、谚语来直接证明论点的正确性的方法，具有极大的权威性和鲜明的理论性。

引证法在财经文书中被广泛使用，在使用这种方法时，要完整、准确地把握原义，不能断章取义。在引用原文时，要做到引用的语句、标点都完全正确。只有这样，才能使引证为文章增强表现力和说服力。

3. 对比法

对比法是将性质相反、相对或有区别的事物进行比较、对照，以证明论点的论证方法。

运用对比法时，要注意事物之间是否具有可比性。

4. 因果法

因果法是通过分析事理，揭示论点和论据之间的因果关系来证明论点正确的方法。

因果分析是说明的重要方法，因为事物发展没有无因之果，也没有无果之因，因果联系是事物的客观联系，采用这种论证方法便于阐明道理、说明原因、指明发展趋势。

### (四) 财经文书议论的特点

(1) 常常采用不完整论证，以简化论证过程，直接表明论证结果、立场、主张等。

(2) 多以正面论证为主，旗帜鲜明地表明观点。

(3) 往往与其他表达方式结合使用，夹叙夹议是最常见的方式。这样可以节约叙述、说明的笔墨，又使言论适宜地突出矛盾的焦点、问题的中心，使文章的篇幅、行文节奏得到较好的控制。

## 四、图表

图表是财经文书常用的表达方式之一。图表表达方式，即利用图形和表格以表达、反映经济信息的方式。

### (一) 图表的类型

1. 表格式

表格式即将各种数据进行有序排列，填入编制的表格中加以反映的形式。

2. 图形式

图形式即将各类数据以一定的形状在平面上加以直观表现的形式。常用的图形有圆饼图、折线图、条线图、柱形图、曲面图等。

3. 表格图形结合式

表格图形结合式即图和表同时反映数据信息的形式。

### (二) 财经文书图表的特点

1. 直观性

在财经文书中，有许多数据、资料单用文字难以说清。如名目繁多的商品价格、数量、所占比例的情况；各类人员的工资收入、消费支出的变化；产量、投资额、利润；物价指数的上升、下降趋势变化等。而借助于图表的形式，形象直观，一目了然，给人印象深刻，又便于分析、评价、判断，具有文字无法取代的表现力。图表的表达方式不仅在财务、审计、统计、税务、金融等经济部门广为使用，也在其他诸多领域中广泛使用。

2. 与说明方式结合运用

在财经文书中，图表总是与说明方式结合运用，尤其常与数字说明、比较说明方式结合运用，相辅相成。

## 复习与训练

**一、名词解释**

表达方式　定义说明　分类说明　举例说明　比较说明　图表表达方式

**二、简答题**

1. 财经文书的语言具有什么特点？

2. 财经文书的语言有哪些主要表达方式？
3. 财经文书的说明表达方式具有什么特点？
4. 财经文书的叙述表达方式具有什么特点？财经文书为何以概括叙述为主？
5. 财经文书常用的论证方法有哪几种？各种论证方法是怎样的？
6. 财经文书的议论表达方式有什么特点？
7. 财经文书的图表有哪些类型？
8. 财经文书的图表有哪些特点？

**三、阅读与选择题**

1. ××市从抓文明言行入手，着力提高市民素质，精神文明建设取得丰硕成果，社会步入良性发展轨道，同时也进一步促进了全市社会经济的大发展。五年来，全市国内生产总值年均增长 14.5%。××××年综合经济实力在全省各地市中位居第二。今年 1—6 月，实现国内生产总值 113 亿元，比去年同期增长了 17.4%；财政收入 9.5 亿元，比去年同期增长了 24%，高于全国甚至沿海发达地区的平均水平。

这段文字使用的说明方式是（　　）。

A. 数字说明　　B. 分类说明
C. 数字说明和比较说明　　D. 举例说明

2. 道德教育最有效的方式是真诚。只有真诚而不是做戏，才能使教育者与受教育者之间形成道德情感与道德信念上的共鸣。而现代道德教育最大的误区是受教育者与教育者之间缺乏真诚的交流。一面是振振有词的官话套话，另一面是装模作样的"雷厉风行"（缺乏信念投入），双方似乎都是让对方"听"、让对方"看"的。结果使道德教育与道德一样，成为一种外在的功利价值，而不是圆满自足的内在价值。古人说得好："德者，得也，有得于己是谓有德。"道德之谓道德，就在于它是一种真诚的自觉的向善，而不是一种虚伪手段。现代道德的说教式，是导致现代道德教育扭曲变形的一个根本因素。

这段文字使用的论证方式是（　　）。

A. 例证法　　B. 对比法
C. 因果法　　D. 引证法

**四、病例析改题**

1. 峨眉山市的矿泉水的主要的消费者是前来旅游的港澳台和侨胞、华侨和外国人。
2. 厂里收到《关于举办质量检查科（股）长培训的通知》一文，派张员同志 3 月 14 日前来参加培训。
3.《关于清理整顿基金联谊会等社会团体乱拉赞助问题的通知》。
4. 对纪律松弛现象，经过贯彻中央有关文件，有了显著改变。
5. 组织行为学，对我们青年秘书工作者是陌生。
6. 应聘的外国专家的工资，一般应高于或维持试用期工资而不低于试用期工资。
7. 年终，某工厂对上级规定的任务已基本上差不多全部完成了。
8. 领导们严肃地研究了这个问题，提出了处理意见。

# 第二章 大学生校园文书

## 第一节　竞聘辞

### 一、阅读与析评

**例文 1**

**班长竞选辞**

同学们：

你们好！

今天，我走上演讲台的唯一目的就是竞选“班级元首”——班长。我坚信，凭着我可行而不俗的“官念”，凭着我的勇气和才干，凭着我与大家同舟共济的深厚友情，这次竞选演讲给我带来的必定是下次的就职演说。

我之前从没有担任过班干部，缺少经验，这是劣势。但正因为从未在“官场”混过，一身干净，没有“官相官态”、“官腔官气”，更不可能是“官痞官油子”。少的是畏首畏尾的顾虑，多的是敢作敢为的闯劲。正因为我一向生活在“底层”，从未有过“高高在上”的体验，对摆“官架子”看不惯，弄不来，也不想弄，而是特别推崇并实行民主作风。因此，我的口号是“做一个彻底的平民班长”。

班长应该是老师与同学之间的一座桥梁，是一个班级的领头羊，能向老师反映同学们的合理建议，向同学们传达老师的想法。我保证做到在任何时候、任何情况下，都“想同学们之所想，急同学们之所急”，积极为同学们谋求正当的权益。

班长应该具有统御全局的能力。我相信自己竞选一班之长是够条件的。我会在以“情”联谊的同时以“法”治班，最广泛地征求全体同学的意见，在此基础上制定出班委会工作的整体规划，并严格按计划行事，推选代表对每个实施过程进行全程监督，责任到人。

我准备在任期内与全体班委一道为大家办八件好事：

1. 借助科学的编排方法，减轻个人劳动卫生值日的时间长度和工作强度，提高效率；
2. 联系有关商家定期送纯净水，解决饮水难的问题；
3. 建立班级互助图书室，并强化管理，提高其利用率；
4. 组织双休日城乡同学“互访”，沟通情感，加深相互了解；
5. 在得到学校和班主任同意的前提下，组织社区参观考察活动；
6. 利用勤工俭学收入买三台电脑，建立电脑兴趣小组；
7. 在班级报廊开辟“新视野”栏目，及时追踪国内发展动态和变幻的国际形势；
8. 设一个班长意见箱，定时开箱，加速信息反馈，有问必答。

我会是一个最民主的班长，常规性的工作要由班委会集体讨论决定，而不是由我一个人说了算。班级的重大决策必须经由“全民”表决。如果同学们对我不信任，随时可以提出“不信任案”，对我进行“弹劾”。

同学们，请信任我，投我一票，给我一个舞台，我会为我们班的发展尽一份责任！我会经得住考验的，相信在我们的共同努力下，充分发挥每个人的聪明才智，我们的班务工作一定会搞得十分出色，我们的班级一定能跻身学校先进班级的行列，步入新的辉煌！

谢谢大家！

**析 评**

在这篇竞选班长的竞选辞中，竞聘者客观地分析了自己的优劣势所在，不回避问题，并机智地变劣势为优势。竞聘者提出以“情”联谊的同时以“法”治班，民主制定班委会工作规划并责任到人，以及任期内将为大家办八件好事的一系列“施政方略”；还提出了希望大家支持的请求。

文章对竞选的职位认识到位、见解独到，语言简洁，力求口语化，竞选态度鲜明，信心十足，有较强的感染力和说服力，有利于得到听众的认同并拉到选票。

由于听众是同班同学，彼此熟悉，因而文章不必介绍自己的政治面貌、学历、职务等。

## 二、必需知识

### （一）竞聘辞的含义和特点

竞聘辞，也叫竞选辞，是竞聘者为了竞争某岗位或职位而向领导、评委和听众展示自己的优势条件，介绍自己假如受聘之施政方略的演讲稿。

竞聘辞具有如下几个特点。

1. 自评自荐性

竞聘者在演讲中介绍自己参与竞聘的缘由，并对自己的经历、能力、性格和优势作出自我推介和评价。

2. 目标指向性

竞聘辞的内容无论从主旨到材料，乃至心态，都要为实现成功受聘服务，表达志在被聘的意愿。

3. 期冀认同性

竞聘者期冀假如竞聘成功，自己和自己的施政方略能得到听众的认同、得到大家的支持。

### （二）竞聘辞的种类

1. 技术岗位竞聘辞

竞聘的岗位技术含量高，重在表述自己的技术能力和推进技术工作的方略。

2. 行政职务岗位竞聘辞

竞聘行政岗位，重在表述自己的行政能力和施政方略。

## 三、结构和写法

### （一）标题

标题通常有两种写法：一是文种式标题，如“竞聘学生工作部长的演讲”；二是文章式标题，如“实实在在做事——办公室主任竞聘辞”。

### （二）正文

正文主要包括以下几方面：

（1）引言。在对评委或听众的称谓之后，开门见山叙述自己竞聘的职务和竞聘的缘由。

（2）主体。首先，简介自己的年龄、政治面貌、学历、现任职务等情况。其次，自评自荐自己优良的竞聘条件，如政治素质、业务水平、工作能力等。最后，提出自己任职后的施政目标、构想和措施。

在主体部分，竞聘者需表述对竞聘岗位的客观理解和独到的认识。

（3）结尾。用简洁的话语表明自己竞聘的决心、信念和请求。

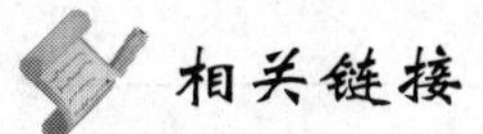

## 相关链接

### 竞聘辞的写作模板

| 模板 | 框图 |
| --- | --- |
| 竞选学习部部长的竞聘辞<br>同学们：<br>你们好！<br>今天，我走上演讲台的唯一目的就是竞选学生会学习部部长。（引言：竞聘职务、竞聘缘由）<br>××××××××××××××××××××××××××××××××，×××××××××××。（个人简况）<br>学生会学习部部长是××××××××××××××××××××××××××，×××××××××××××××××××。（对竞聘岗位的理解，以及独到的认识）<br>我认为自己竞选学生会学习部部长是够条件的。首先，×××××××××，其次，××××××××××××，最后，我有×××××××××××。（自评、自荐自己的竞聘条件，如工作经历、能力等）<br>假如大家信任我，我上任后将和学生会学习部的同学们认真做好如下八项工作：<br>一、×××××××××××××××；<br>二、×××××××××××××××；<br>…………<br>八、××××××××××××××××××××。（提出施政目标、构想和措施）<br>今天您给我一个舞台，明天我还给大家一份成就！（表达决心、信念）<br>同学们，请投我一票！（表达请求）<br>谢谢大家！（鸣谢） | 竞聘职务、缘由<br>↓<br>个人简况<br>↓<br>对竞选岗位的认识<br>↓<br>评荐自己的条件<br>↓<br>施政方略<br>↓<br>决心与信念<br>↓<br>投票请求<br>↓<br>鸣谢 |

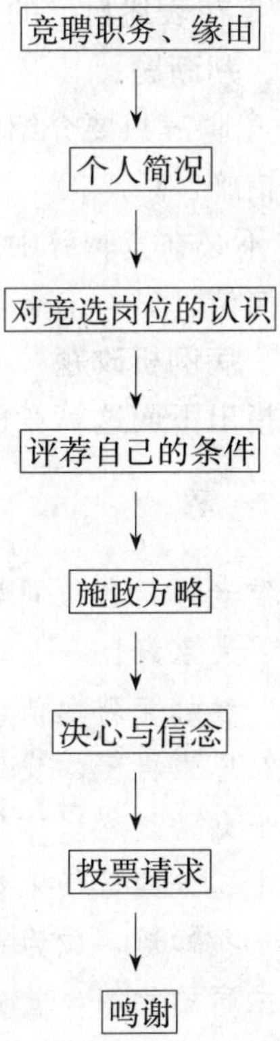

## 四、竞聘辞的写作要求

（1）介绍个人简况。个人简况要真实、简要，与竞选职务无关的一般不介绍。

（2）突出自己的优势。优势往往是“人无我有”或“人有我强”的特殊能力，以求更好地引起评委和听众的特别关注。

（3）阐述对竞选岗位的认识。对竞选岗位的职能、职权、工作范围、权利义务等必须有客观、深入而且独到的认识。

（4）表明施政目标、构想和措施。切忌信口开河，必须切实可行，能够得到听众最大限度的认同。

（5）语言诚挚、朴实，力求口语化。

## 复习与训练

**一、名词解释**

竞聘辞

**二、填空题**

1. 竞聘辞具有________、________和________三个特点。

2. 重在表述自己的行政能力和施政方略的竞聘辞，为________。

**三、判断题**

1. 竞聘辞只要介绍好自己的优势和工作能力即可，不必提出自己任职后的施政目标、构想和措施。（　　）

2. 不必在竞聘辞中表述对竞聘岗位的理解和认识，因为听众都知道竞聘者所竞聘的是什么岗位。（　　）

**四、病例析改题**

试指出下面这篇竞选辞的主要毛病，并补写文章缺写的主要内容。

### 院学生会主席竞选辞

各位老师，各位同学：

大家好！

参加竞聘之前，我一直在想：我应不应该参加这次竞聘？我靠什么来参加这次竞聘？思索再三，我想，我愿意把这次竞聘当成争取尽自己一份责任的机遇，更愿意把这个竞聘过程当作我向各位同学学习、接受各位评判的一个难得的机会。因为我是鼓着十二分的勇气来参加竞聘的。

我知道，成为一名合格的院学生会主席很不容易。我之所以鼓起勇气参加院学生会主席的竞聘，首先缘于我对同学们的热爱和对学生工作的执著。我相信，一个人，只要他执著地热爱自己的事业，他就一定能把他的事业做好。当然，我也有过一些学生工作的经历，我曾经在高中时当过班长，对组织管理工作并不陌生。有人说，经历是一笔财富，而我更愿意把自己的经历当作一种资源，一种在我今后工作中可以利用、可以共享、可以整合的资源。

当然，我更清楚，成绩也好，经验也罢，它只能说明过去，并不能证明未来。

假如我能竞聘成功，我将做好自己应该做的工作。

说到这里，我想起了阿基米得的一句名言：“给我一个支点，我可以撬起整个地球。”但在这里，我不敢高喊这类豪言壮语，我只想表达一个愿望，请投我一票，我会尽自己有限的能力给大家回报！

谢谢大家！

×××

××××年×月×日

# 第二节　社会实践报告

## 一、阅读与析评

### 例文 2

#### 暑假社会实践报告

大学生参加社会实践，一方面可以锻炼自己，使自己在实践过程中学会如何独立生活，如何独立面对生活中的困难与挫折；另一方面可以锻炼分工协作能力，在这个信息瞬息万变、知识日新月异的时代，我们更需要合作精神。

日常生活中我常感受到广告创意的魅力，我很早以前就产生了更深地了解它、接触它的愿望。

7 月 16 日，学校召开以“青春励志奉献，共建和谐社会”为主题的社会实践动员大会，学校领导宣布社会实践活动自即日起正式启动，我和另两位同学（经济管理学院的××和人文学院的×××）一起到××广告有限公司进行了为期二十多天的社会实践活动。

一、前期准备工作

由于我们三人是自由组队，所以所有的事情都得靠自己解决，当然很多的麻烦是不可避免的。又由于时处期末，我们每天都处于紧张的复习之中，但我还是抽出时间在放假前联系实践单位。由于偶然原因，我联系了××广告有限公司，前几次前往该公司联系都未果。最后一次我终于见到了公司总经理，我向他表达了想去进行社会实践的强烈愿望，并谈了十几分钟，他被我的热情和渴望所感动，同意给我们一次实践的机会，条件是得听从公司的安排。总经理答应我一放暑假就可去公司报到。

二、开展实践的情况

7 月 17 日，我们一行三人穿着统一的服装来到了××广告有限公司，公司负责人×××小姐给我们开了一个小会，讲了具体工作计划及要求。我和××同学被分配到了媒介部实践，×××同学到设计部实践。第一天，我们熟悉了公司的有关情况。

7 月 18—22 日，我们学习并使用 Coreldraw、Adobe 等软件制图。公司的户外广告媒体位置遍布市区，所以需要一份集大成的公司广告位置地图，若客户对广告位置感兴趣，可点击该位置，在另外的页面有图片及其详细的资料介绍。我跟××同学对照市区地图，边学习使用软件边画图。花了五天时间，一份不甚专业的地图终于出炉了。最后我们还把它做成了 Powerpoint。完成这项工作时心中不免闪过喜悦，因为这是我们合作并辛苦工作的结果。

7 月 23—30 日，我们负责市场调研。调研目的是了解××产品的代理商有无恶意竞争。我们在调研中第一步是对所有的代理商进行电话采访；第二步是扮成顾客去销售中心进行咨询。调查对象涉及市区的11家经销商，共22款办公设备。

调查结果表明，有些公司存在着严重的恶意竞争现象。一些公司为了提高公司销售额，不惜加大折扣，以骗取总公司高额的回扣。

7月31日—8月5日，我们去市场访问收银系统，并对办公设备、电脑和餐厅音响、灯光系统及其价位进行市场调研。调研目的是了解市场价格，与各家代理公司所报价格进行对比，查看是否有谎报价格现象。

调查结果表明谎报价格现象十分严重，有些产品的价格虚报达一倍。

三、收获和体会

通过这次社会实践，我最大的感受就是锻炼了自己，使自己成熟多了。年幼时渴望长大，但那仅仅是年龄上的成长，而现在是渴望更深层次的思想上、行为上的成长。每个人成长的方式不可能完全一样，但相同的是我们都能体会到成长的快乐，在生活中体验成长的艰辛，在收获中体验成长的喜悦。也许人的一生是由酸甜苦辣交织、喜怒哀乐相汇而成，苦中有甜，甜中有苦，笑中有泪，泪中有笑。只有如此才能造就丰富多彩的人生。人生体验多，各种滋味都品尝过了，各种感觉都体验过了，才能真正认识到人生的丰富。我渴望着丰富的人生阅历，这次社会实践使我真正体验到了成长的快乐。

这二十多天的社会实践，虽然时间不算长，但使我确确实实学到了很多在学校及书本上不曾学过的东西，尽管我以前也有过实践经历，但这次社会实践的感觉与前几次却有很大的不同（以前都是一个人去做促销或者家教），感觉比以前的收获更多。比如，在人际交往方面，书本上只是简单告诉你要如何做，而社会上的人际交往其实非常复杂，这是在学校里无法感受到的。社会上有各种各样的人，每一个人都有自己的思想和个性，要跟他（她）们处理好关系还真的需要许多技巧，而这种技巧是来自社会阅历与社会实践经验的。在社会生活中，有关心你的人，有对你无所谓的人，有看不惯你的人，这就看你自己如何把握了。实际的社会生活或实际的交际，要求你在并不改变某些东西的时候，学着去适应它；如果不适应，那就得改变一下再去适应。

这二十多天来的社会实践，还锻炼了我不管遇到什么困难都不退却、不轻言放弃的品格。人要想实现自身的价值一定要有顽强的意志、坚强的品格、勤奋的品质和严谨的作风，需要有一个积极向上的心态。只有这样，你才可以做到不管遇到什么挫折、什么困难，甚至失败，都不怕，你都可以吸收经验教训，再次站起来向前。

## 析 评

这份摘自网上的“大学生社会实践报告优秀范文”，其实是优缺点并存的文章。

文章的开头写了社会实践的目的，写了公司的基本情况和实践的基本形式与内容，不足之处是开头部分缺写作者简况，前期准备工作可以放入前言简写，缺写对社会实践单位的评价，如果对实习单位有建议也可写上。

文章中的有些词句还有待修改。比如，“所有的事情都得靠自己解决”中的“事情”应改为“困难”，而“当然很多的麻烦是不可避免的”却成了赘语；“由于偶然原因，我联系了××广告有限公司”应改为“一个偶然的机缘我去了××广告有限公司”。文章中还存在一些过于口语化的字句，如“总经理答应我一放暑假就可去公司报到”中的“答应”

应改为“同意”。

## 二、必需知识

### （一）社会实践报告的含义和特点

社会实践报告是学生在参与社会实践活动之后，对社会实践进行分析总结，对实践单位（地点）或实践事项作出基本评价，汇报收获，提出有关意见和建议的书面报告。

通过学生提交的社会实践报告，学校可以了解学生对社会或有关物事的认识水准，以及学生的素质和技能水平。

社会实践报告具有如下特点。

1. 实践性

社会实践报告以学生亲身参与社会生活的有关方面的实践为基础。

2. 调研性

社会实践报告需依托深入细致的调查研究，并将调研情况真实地诉诸文字。

3. 评价性

社会实践报告必须反映有关问题和矛盾，并且力求向实践单位提供可资借鉴的经验和可参考的工作建议。

4. 个人素质体现性

社会实践报告非专业实习报告，也非学生毕业实习报告，相对来说专业性较弱，或者说专业性较为宽泛，但需包括社会实践对个人素质提高等实践成效。

### （二）社会实践报告的种类

社会实践报告有多种分类，其中，按学生开展社会实践活动的类型，可分为学生深入社区、街道、农村开展学习落实科学发展观等活动，开展“真情进万家”的志愿服务活动，赴企业进行就业实践，开展“感恩”社会系列调研活动和社会调查等类型。

## 三、结构和写法

### （一）标题

社会实践报告的标题一般有两种写法：

（1）由实习地点和文种构成，如“赴××××××开展社会实践报告”；

（2）正副标题式，正标题概括社会实践的主题，副标题标明进行社会实践的单位名称和文种，如“质量为本，服务社会——×××××集团社会实践报告”。

### （二）正文

一般来说，学生实践的单位或实践的内容不同，会使社会实践的正文的写法有所差异，但基本结构一般包括以下几个方面：

（1）前言。一般写社会实践的缘由、目的，实践单位（地点）情况或实践事项、时间、背景，介绍学生本人的情况。

（2）主体。主体包括如下几方面内容：

1）介绍社会实践的形式和具体的实践内容等。

2）对实践单位（地点）或实践事项的基本认识和基本评价。具体内容为对实践单位（地点）或实践事项的认识，或反映其问题，或揭示其矛盾，乃至揭示有关事物的规律。

如果有必要，社会实践报告还可对进行社会实践的单位提出富于专业性、建设性的工作意见或参考性的工作建议。

3）介绍学生参加社会实践的收获，包括个人在思想、人生体验、个人素质以及专业技能方面的提高。

假如社会实践的内容与专业结合得比较紧，也可以根据社会实践的情况，对学校的专业教学提出建议。

## 相关链接

### 社会实践报告的写作模板

**模　板**

××××社会实践报告

我是××××××学院××××专业××××级××班的学生。我响应学校的号召，于今年×月至×月到××××××公司进行了社会实践。（作者简介及社会实践的缘由、时间）

×××××××公司主要从事×××××××××××××。（社会实践单位基本情况）

此次社会实践的主要目的是×××××××××××××。（社会实践目的）

现将本次社会实践的情况报告如下：（文种承启语）

一、社会实践的形式和主要内容

1.××××××××××××××××。（形式）

2.××××××××××××××××。（内容）

二、对实践单位（地点）或实践事项的基本认识和基本评价

1.××××××××××××××××。（基本认识）

2.××××××××××××××××。（基本评价）

3.××××××××××××××××。（视需要对单位提出有关建议）

三、本次社会实践的收获和体会

××××××××××××××××。（包括作者在思想上、人生体验、个人素质乃至专业技能提高上的收获，以及对专业教学提出建议）

**框　图**

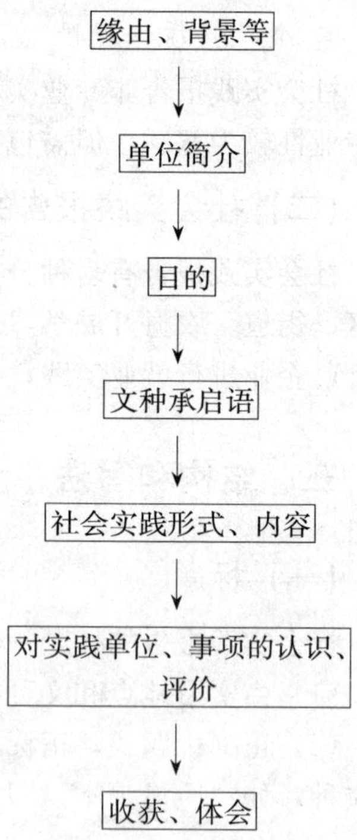

缘由、背景等
↓
单位简介
↓
目的
↓
文种承启语
↓
社会实践形式、内容
↓
对实践单位、事项的认识、评价
↓
收获、体会

## 四、写作要求

（1）明确实习报告与社会实践报告的异同。相同点是实习报告与社会实践报告都要对实习（实践）的内容进行介绍，都注重实践。不同点是实习报告专业性强，对学生的专业学习质量具有检视性；而社会实践报告专业性相对比较弱，但注重调研性，注重对社会实践点进行评价，注重体现学生个人素质的提高而非专业技能的提高。在具体的写法上，实习报告需表述学生的专业知识与技能能否适应实习的内容；而社会实践报告一般不涉及对专业能力的评价，却需写对社会实践单位的评介，以及提出建设性的建议等。

（2）不缺写社会实践报告的各项内容，尤其是主体内容。

（3）在实践过程中注重调查研究，注重收集有关撰写资料，比如注意收集社会实践单位的基本情况，注意了解其工作规程、效益、前景和存在问题，以及员工的评价等。

（4）社会实践报告是写实性文书，必须言之有据，切忌凭空杜撰。

## 复习与训练

**一、名词解释**

社会实践报告

**二、填空题**

社会实践报告具有________、________、________和________四个特点。

**三、判断题**

1. 调研对社会实践报告有时不是必需的。（　　）
2. 社会实践报告不必对实践单位作出基本评价。（　　）
3. 社会实践报告主要写自己的实习内容、专业知识与技能应用情况及收获。（　　）

**四、简答题**

试述实习报告与社会实践报告的异同。

**五、病例析改题**

下面是一则病文，试指出其毛病。

### 我在××木业有限公司实践的报告

我于8月2日到××市××木业有限公司进行了暑期社会实践。

公司宏伟的发展目标、先进的管理、一流的生产设备都给我留下了深刻的印象。

××市××木业有限公司是一家从事板材出口的民营企业，坐落于××市东城工业园内。该工业园基础设施比较完备，距市中心不足十分钟车程，地处××出口处，西距××港3千米，距××机场1小时的车程，与×港相距只有500米。

公司占地200亩，拥有4个标准厂房，总面积55万平方米，职工830人，固定资产600万元，板材加工生产线2条，高档板材加工线3条。公司是××市取得出口资格的企业之一。

公司前身是一家专门从事板材加工的小企业，始建于1995年，从木材的长途贩运到粗加工、半成品的加工，直到现在的板材出口，公司的资产从开始的几万元发展到现在已达数百万元。

公司虽然是民营企业，但并非家族式管理，而是采用法人治理结构。公司的日常事务由总经理负责，下设人事、财务、生产、采购四大机构。各车间设有专门负责人，对总经理负责，同时设有副总经理，协调各车间与上级部门关系。公司发展目标明确，即“争创国际品牌”。

公司同样有着和谐的企业文化。在公司里，不管是管理层，还是普通工人，都统一着装、佩戴胸卡，显示出了积极的工作状态、良好的精神面貌。这些都给我留下了深刻的印象。

公司成就不小，但我也发现了公司的一些不足之处，仅个人意见而已。

公司虽然是一家有出口资格的企业，但是毕竟从事国际贸易出口仅有两三年的时间，可以说公司从事国际贸易运作经验还不足，是摸着石头过河，而且公司在我国加入世界贸易组织后才开始板材出口，对国际贸易规则及利用规则的自我保护意识还不强，而且公司以欧美为主要的市场，这些地区的行业准入制度相当完善，这对企业要求更高，出口难度较大。

我发现公司缺乏国际贸易专业人才，公司过去只是通过外贸中介机构来实现外贸，这样就失去了主动权，增加了风险，公司应该吸引有外贸出口并熟知国际贸易规则的专业人才，这样才能为企业实现国际化目标保驾护航。

公司产品结构比较单一，主要是瞄准欧美市场，对中东、东南亚市场不是太重视。目标市场太小，某种程度上加大了风险，而且公司重视国外、轻视国内市场发展，忽视了有着巨大商机的国内市场。

该公司的出口板材全部是由海运完成的，加上国际石油价格一涨再涨，引起了企业物流成本的上升，一定程度上增加了企业的成本。

当然，我也看到了企业面临的机遇，从国家到地方的扶持政策力度进一步加大，财政部、税务部恢复对板材出口的退税13%，××市把板材产业发展作为全市支柱产业之一，在税收方面给予一定优惠。

公司发展机遇难得，国际市场对板材的需求进一步扩大，特别是周边国家的需求增长很快，可以看出公司产品前景看好，特别是公司引进的具有国际先进水平的高档板材生产线，使公司的产品在同行业竞争优势明显。

另外，公司的区位优势将更有利于公司降低成本。×市的劳动力价格相对较低。公司在原料采购上更具有优势，大家知道，×市以交通发达闻名，××市的原木市场早在20世纪80年代就形成了。这里又是苏、鲁、豫、皖木材集散地，可以说是原料十分充足，这对公司降低成本极为有利。

另外，×市高校云集，其人才高地早已形成，这为企业挑选优秀的外贸人才提供了机会。

我认为公司有一个非常正确的竞争战略——品牌化战略。公司早已将自己的核心品牌同时在几个国家注册，这为企业实施国际化战略铺平了道路，也有力地保护了自己的利益，同时也是自主知识产权保护意识加强的表现，公司已经迈出了走向国际化的第一步，也是坚实的一步。

正如汽车制造业有日本丰田、德国大众，快餐业有美国的肯德基、麦当劳，我相信，经过努力，世界板材业将会有一个中国品牌，我希望是××木业有限公司。

通过这次进厂进行社会实践，我深刻体会到了知识在企业发展中的力量，激发了我的学习热情，更加明确了学习的目标。作为一名国际贸易专业的大学生，我还要有扎实的英语功底、过硬的专业知识，才能在将来的工作中纵横驰骋。

**六、写作训练题**

试根据自己的社会实践，撰写一份社会实践报告。

# 第三节　实习报告

## 一、阅读与析评

### 例文 3

**会计电算化专业实习报告**

一、引言

实习是每一个学生必须拥有的一段经历，它使我们在实践中了解社会，让我们学到了很多在课堂上根本学不到的知识，也使我们打开了视野、增长了见识，为我们以后进一步走向社会打下坚实的基础。做好会计工作不仅要学好书本里的各种会计知识，而且也要认真积极地抓住各种会计实习的机会，让理论和实践有机结合在一起，只有这样才能成为一名高水平的会计专业人才。为此，根据学习计划安排，我于今年 12 月专门到一家已实施了会计电算化的单位——××××实业有限公司进行了为期一个月的实习。

××××实业有限公司主要从事电线电缆的生产和销售业务，公司的规模较大，关于财务的分工也比较明细。在此次实习中，我的指导老师是一位姓赵的师傅，实习岗位是财务会计。有些时候我还会做些杂务，比如打扫卫生和撕贴纸，这并没有谁要求我去做，是我自己自觉去做的，而且尽自己的努力做到最好。

此次实习的主要目的是初步掌握会计的各项基本工作，尝试把学校里学习的会计电算化专业的相关理论运用到实习过程中，熟悉会计工作的方法和程序步骤，培养人际交往能力，为成为一名合格的财务会计作准备。

二、实习内容

（一）根据经济业务填制原始凭证和记账凭证

1. 原始凭证是指直接记录经济业务、明确经济责任具有法律效力并作为记账原始依据的证明文件，其主要作用是证明经济业务发生和完成的情况。填写原始凭证的内容为：原始凭证的名称、填制凭证的日期、编号、经济业务的基本内容、填制单位及有关人员的签章。

2. 记账凭证是登记账簿的直接依据，在实行计算机处理账务后，电子账簿的准确和完整性完全依赖于记账凭证，操作中根据无误的原始凭证填制记账凭证。填制记账凭证的内容有：凭证类别、凭证编号、制单日期、科目内容等。

（二）根据会计凭证登记日记账

日记账一般分为现金日记账和银行存款日记账，它们都由凭证文件生成。计算机账务处理中，日记账由计算机自动登记，日记账的主要作用是输出现金与银行存款日记账供出纳员核对现金收支和结存使用。输出现金日记账和银行存款日记账，要求系统初始化时，现金会计科目和银行存款会计科目必须选择“日记账”标记，即表明该科目要登记日记账。

（三）根据记账凭证及所附的原始凭证登记明细账

明细账即明细分类账簿，它是根据明细分类账户开设账页进行明细分类登记的一种账簿，输入记账凭证后操作计算机则自动登记明细账。

（四）根据记账凭证编制科目汇总表

科目汇总表也由凭证文件生成，其编制方法为：用户输入需汇总的起止日期，计算机自动生成相应时间段的科目汇总表。

（五）根据科目汇总表登记总账

根据得出的科目汇总表操作计算机，计算机生成对应的总账。

（六）对账（编试算平衡表）

对账是对账簿数据进行核对，以检查记账是否正确，以及账簿是否平衡。它主要是通过核对总账与明细账、总账与辅助账数据来完成账账核对。一般来说，计算机记账后，只要记账凭证录入正确，各种账簿应该是正确的、平衡的，但由于非法操作、计算机病毒或其他原因有可能会造成某些数据被破坏，因此引起账账不符。为保证账证相符，应经常进行对账，每月至少一次，一般在月末结账前进行。

三、实习结果

此次实习，不仅让我培养了实际动手能力，增加了实际的操作经验，缩短了抽象的课本知识与实际工作的距离，对实际的财务工作有了一个新的认识，同时也让我认识到了传统手工会计和会计电算化的共同点和不同点。

（一）共同点

1. 二者的最终目标都是加强经营管理，提供会计信息，参与经济决策，提高经济效益。

2. 二者都遵守会计法规，会计法规是会计工作的重要依据。

3. 二者都遵循基本的会计理论与会计方法及会计准则。

4. 二者的基本功能相同，包括信息的采集与记录、存储、加工处理、传输、输出。

（二）不同点

1. 运算工具不同：传统手工会计的运算工具是算盘或电子计算器等，计算过程每运算一次要重复一次，由于不能存储运算结果，人要边算边记录，工作量大，速度慢。电算化会计的运算工具是电子计算机，数据处理由计算机完成，能自动及时地存储运算结果，只要输入原始数据便能得到所希望的信息。

2. 信息载体不同：传统手工会计的所有信息都以纸张为载体，占用空间大，不易保管，查找困难。电算化会计除了必要的会计凭证之外，均可用磁盘、磁带做信息载体，占用空间小，保管容易，查找方便。

3. 账簿规则不同：传统手工会计规定日记账、总账要用订本式账册，明细账要用活页式账册；账簿记录的错误要用画线法和红字法更正；账页中的空行、空页要用红线划销。电算化会计不采用传统手工会计中的一套改错方案，凡是登记过账的数据，不得更改(要辅以技术控制)，即使有错，只能采用输入“更改凭证”加以改正，以留下改动痕迹。对需要打印的账页的空行、空页可以用手工处理。

4. 账务的处理程序（会计核算形式）不同：传统手工会计处理账务的程序有4种，但都避免不了重复转抄与计算的根本弱点，随之而来的是人员与环节的增多和差错的增多。成熟的电算化会计的账务处理程序用同一模式来处理不同企业的会计业务，成本核算程序以软件固化形式存在，从会计凭证到会计报表的过程都由计算机处理完成，任何要求的输出都能得到满足。

5. 会计工作组织体制不同：传统手工会计的会计工作组织体制以会计事务的不同性质作为制定的主要依据；电算化会计组织体制以数据的不同形态作为制定的主要依据。

6. 人员结果不同：传统手工会计中的人员均是会计专业人员，其中的权威应是会计师；电算化会计中的人员由会计专业人员，电子计算机软件、硬件及操作人员组成，其中权威应为掌握中级电算化会计的会计师。

7. 内部控制不同：传统手工会计对会计凭证的正确性，一般从摘要内容、数量、单价、金额、会计科目等项目来审核；对账户的正确性一般从三套账的相互核对来验证；还通过账证相符、账账相符、账实相符等内部控制方式来保证数据的正确，堵塞漏洞。电算化会计由于账务处理程序和会计工作组织体制的变化，除原始数据的收集、审核、编码由原会计人员进行外，其余的处理都由计算机部门负责，内部控制方式部分被计算机技术替代，由手工控制转为人机控制。

以上种种区别，集于一点，就是由于电算化会计数据处理方式的改变，引起了传统手工会计各个方面的变化，这一变化将使得系统功能更为加强、系统结构更为合理、系统管理更为完善。

四、实习体会

下面是我在这次会计实习中领悟到的很多书本上学不到的知识。

首先，我以前总以为自己的会计理论知识扎实，所有工作都一样，只要掌握了规律，照葫芦画瓢准没错，当一名出色的会计人员应该没问题。现在才发现，会计其实更讲究的是它的实际操作性和实践性。离开操作和实践，其他一切都为零！

其次，会计工作具有很强的连通性、逻辑性和规范性。每一笔业务的发生，都要根据其原始凭证，一一登记入记账凭证、明细账、日记账、三栏式账、多栏式账、总账等可能连通起来的账户，这为其一。会计的每一笔账务都有依有据，而且是逐一按时间顺序登记下来的，极具逻辑性，这为其二。在会计实践中，漏账、错账的更正，都不允许随意添改，不容弄虚作假。每一个程序、步骤都得以会计制度为前提和基础，体现了会计的规范性，这为其三。

最后，会计本来就是烦琐的工作。在实习期间，我曾因整天对着那枯燥无味的账目和数字而心生烦闷、厌倦，以至于登账登得错漏百出。越错越烦，越烦越错，这只会导致“雪上加霜”。但只要你用心地做，反而会左右逢源，越做越觉得有乐趣，越做越起劲。因此，做账切忌粗心大意、马虎了事、心浮气躁。做任何事都一样，需要有恒心、细心和毅力，才会到达成功的彼岸！

我在这次会计实习中，可谓受益匪浅。仅仅一个月的实习，将使我受益终生。

析 评

这是一篇专业实习报告。介绍实习目的、实习内容条理清楚，能根据实习对所学专业的知识和技能进行总结和思考，正视自己的不足，提出努力方向。由于实习内容比较充实、具体，因而文中的实习收获与体会能够令人信服，文章还能体现实习报告的专业性和检视性特点，是一份写得比较好的实习报告。

需要指出的是，引言（前言）部分，从“实习是每一个学生必须拥有的一段经历……只有这样才能成为一名高水平的会计专业人才。为此……”和“有些时候我还会做些杂务，比如……做到最好”这些文字可删去。如果实习报告在封面中未介绍实习生个人情况，则应在引言部分作出简介。“三、实习结果”应改为“三、实习收获”。

## 二、必需知识

### （一）实习报告的含义和特点

实习报告是学生接受专业教育后，到实习单位进行实践锻炼，对专业实习情况、收获体会和有关专业问题进行分析总结而向学校提交的专业文书。

通过撰写实习报告，学生可以理性地检视自己专业学习的水准；学校可以通过实习报告，了解专业设置和建设的相关情况。

实习报告具有如下特点。

1. 专业性

实习报告反映学生在自己所学的专业领域实习的实际情况，是对所学过的专业知识的运用及检视。

2. 检视性

实习报告必须对学生自己的真实实习情况进行总结检视，梳理收获，找出不足。

### （二）实习报告的种类

实习报告按照内容划分，有生产实习报告、课程实习报告和毕业实习报告等。

## 三、结构和写法

### （一）标题

实习报告的标题一般有三种写法：

(1) 由实习地点和文种构成，如“××宾馆实习报告”；

（2）直接写实习报告，如“实习报告”；

（3）正副标题式，正标题概括实习报告的主题，副标题标明实习的单位和文种，如“质量是企业的命根子——××集团服务公司实习报告”。

## （二）正文

一般来说，实习报告的正文因实习的内容和过程的不同而在写法上会有些差异，但基本结构包括以下几个方面：

（1）前言。一般写实习的缘由、实习单位和时间、背景，交代实习目的。也可顺便介绍实习生本人的情况。

（2）主体。

1）实习内容、实习过程。实习内容要求写得具体而明确，因为这部分内容既是整个实习报告的重要组成部分，也是产生实习收获和体会的基础。对实习过程作简要交代即可。

2）实习收获。具体内容包括完成了哪些实习任务、实习结果如何、取得了什么成绩、专业知识与技能能否与实习的内容相结合，抑或是否适应实习等。

3）实习体会。包括自己的专业技能存在什么问题，今后有何努力方向，对所学专业有何思考和认识，对专业课程设计和知识结构方面的建议等。

（3）尾部。一般是对实习指导老师和实习单位的鸣谢。

## 相关链接

### 实习报告的写作模板

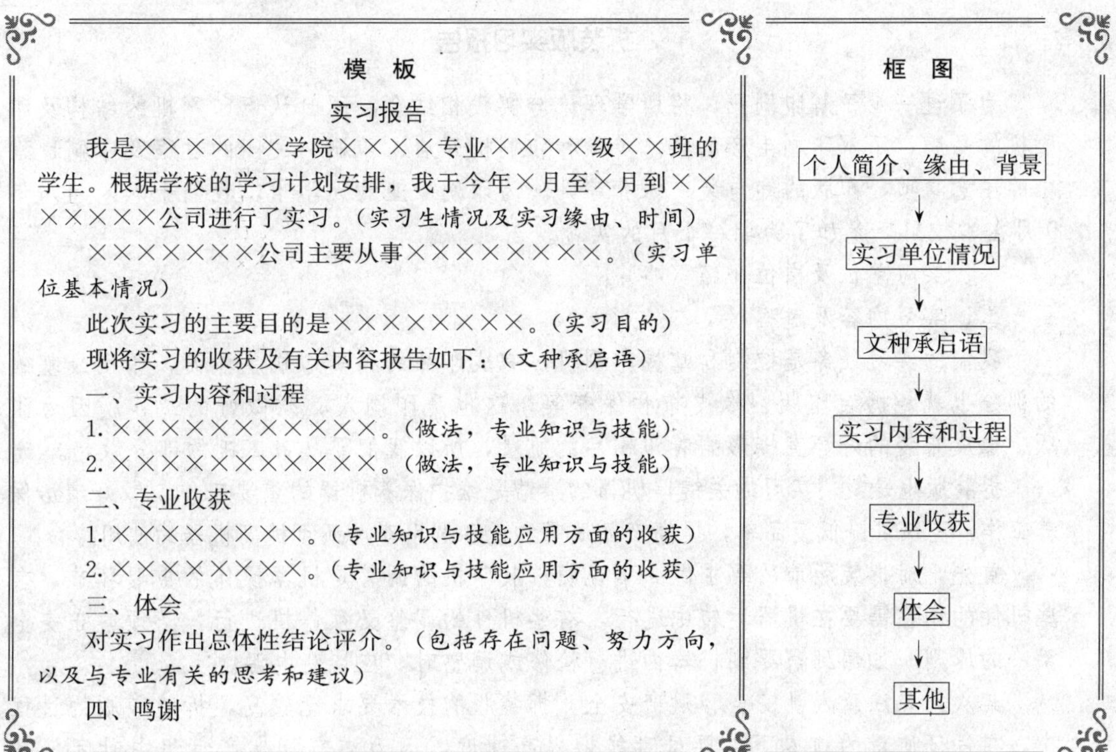

| 模　板 | 框　图 |
| --- | --- |
| 实习报告<br>我是××××××学院××××专业××××级××班的学生。根据学校的学习计划安排，我于今年×月至×月到××××××××公司进行了实习。（实习生情况及实习缘由、时间）<br>××××××××公司主要从事×××××××××。（实习单位基本情况）<br>此次实习的主要目的是×××××××××。（实习目的）<br>现将实习的收获及有关内容报告如下：（文种承启语）<br>一、实习内容和过程<br>1.×××××××××××××。（做法，专业知识与技能）<br>2.×××××××××××××。（做法，专业知识与技能）<br>二、专业收获<br>1.×××××××××。（专业知识与技能应用方面的收获）<br>2.×××××××××。（专业知识与技能应用方面的收获）<br>三、体会<br>对实习作出总体性结论评介。（包括存在问题、努力方向，以及与专业有关的思考和建议）<br>四、鸣谢 | 个人简介、缘由、背景<br>↓<br>实习单位情况<br>↓<br>文种承启语<br>↓<br>实习内容和过程<br>↓<br>专业收获<br>↓<br>体会<br>↓<br>其他 |

## 四、写作要求

(1) 写作实习报告，必须在实习过程中注重收集有关的资料，比如收集实习点的基本情况、专业或行业的基本情况。

(2) 注重专业知识和技能在实习中的运用情况。

(3) 实习报告是写实性文书，要注重对材料的概括总结，体现综合性和真实性，文章内容须依托自己的实习经历，切忌凭空杜撰。

## 复习与训练

**一、名词解释**

实习报告

**二、填空题**

实习报告具有________和________两个特点。

**三、判断题**

1. 实习报告与社会实践活动报告是同一种文书。( )
2. 实习报告不必对所学的专业提出有关建议。( )
3. 实习报告是主要写专业实习情况的专业文书。( )

**四、病例析改题**

下面是一则病文，试指出其主要毛病。

### 拆装版实习报告

为了进一步了解印刷业，将所学理论与实践相结合，同时认识印刷机的结构及印刷机的品牌，了解印刷生产的具体步骤和印刷机开启、印刷、关闭的过程及印刷过程中的注意事项，印版的卸与装、保养等，作为印刷专业的大学生，我们于××××年9月在本校工厂参加了为期一个月的实习。

一、实习单位及岗位介绍（略）

二、实习内容及过程

我们的实习任务是控制和掌握印刷机，完成印品的精美印刷。然而，印刷最基础的部分也就是拆装印版、橡皮布和保养等，这也是印刷人必须做好的工作。因为印版、橡皮布装的好坏直接影响着印刷品的质量，所以我们要从最基础的部分做起。

拆装版也是我们实习的关键，机器的清洁是维护保养机器的重要工作。做好清洁保养工作，不仅可降低废品率，提高产品质量和设备利用率，还可提高机器的使用寿命。

首先，对拆装版前的要求做一下说明，胶印机的调整是机器操作的重要环节。有些机件的调整需要在机器运转中进行，有些机件的调整必须停机进行，必须遵守安全第一的原则。如遇到需要到机器内进行检修或调整时，应切断电源。

其次，要注意人身安全、财产安全。拆装版的技术要求比较高，拆装印版的过程中，在保证质量的前提下，要尽可能地提高速度，因为在实际生产过程中时间就是金钱。

再次，调节机器也是关键。为了更好地利用机器印出好的印刷品，就需要调节印版和橡皮布之间的压力、橡皮布和压印辊筒之间的压力，压力大小、水墨平衡、印刷色序等，这些都是要印前处理的。

最后，拆装印版是印刷中重要的一部分，若装印版不正确或没有装好，会直接影响印刷的套印，严重的甚至会影响到机器的安全。

1. 安装印版时注意事项：（略）

2. 拆装版步骤及流程如下：

拆版流程：（略）

装版流程：

（1）为了避免装印版时发生糊版，装印前要检查着墨棍、着水棍等。

（2）转动机器使其印版转到空白处。

（3）装版前，要手动压印开关到合压位置。

（4）把印版咬口位置仔细插入与印版滚筒相应的位置，直至印版两定位孔完全卡住印版。

…………

3. 机器保养及清洁：

机器清洁工作是维护保养机器的重要方面。做好清洁保养工作，不仅可降低废品率，提高产品质量和设备利用率，而且能及时发现事故隐患，保证机器正常运转，提高机器使用寿命。

胶印工人务必养成干净利落的操作习惯和认真细致的工作态度，在进行清洁保养工作时，应注意下列事项：

（略）

此外，还应保持机器四周及工作环境的整洁，每天下班前，应该打扫干净。如果机器长期停止运转，应用机罩罩好，以防灰沙落入机内，加速机器的磨损。

三、实习总结及体会

通过实习，我了解到了印刷的基本流程和在印刷过程中应注意的事项，从中体会到，理论仅仅是基础，而实践才是理论的练武场。作为印刷人，必须要学好扎实的基础课，并及时把所学专业知识应用到实践中去。

实习中，我认为印刷的难点是控制水墨平衡、压力调节、多色印刷的套印、拆装印版及调节等工作，难点涉及技术含量和印刷人的经验。而这些，都是一个高技术的印刷人才必须具备的。

实习是不可缺少的一部分。实习可以把学到的印刷知识应用到实际当中，并在实践中提高发现问题、分析问题、解决问题的能力。只有理论与实践结合，才能够更好地体会理论的精髓所在，使理论与实践真正融会贯通，从而提高自己的实践能力。

## 五、写作训练题

假如你参加过有关课程实习或专业实习，请依据自己的实习经历，撰写一份实习报告。

# 第三章 大学生就业文书

## 第一节 简　历

### 一、阅读与析评

**例文 1**

<table>
<tr><td rowspan="4">个人信息</td><td>姓　名</td><td>××</td><td>性　别</td><td>男</td><td>出生年月</td><td>1992 年 9 月</td><td rowspan="4">相片</td></tr>
<tr><td>民　族</td><td>汉</td><td>户　籍</td><td>广东广州</td><td>目前所在地</td><td>广东广州</td></tr>
<tr><td>政治面貌</td><td>中共党员</td><td>学　历</td><td>大学专科</td><td>所学专业</td><td>法律事务</td></tr>
<tr><td>毕业院校和专业</td><td colspan="5">××××××学院××××专业</td></tr>
<tr><td rowspan="2">联系方式</td><td>电　话</td><td colspan="3">××××××××××××<br>×××××××××</td><td>E-mail</td><td colspan="2">×××@163.com</td></tr>
<tr><td>通讯地址</td><td colspan="3">××××××××××××<br>××××××××</td><td>邮政编码</td><td colspan="2">××××××</td></tr>
<tr><td rowspan="2">教育简历</td><td colspan="7">2007 年 9 月至 2010 年 7 月，就读于××市×××××中学</td></tr>
<tr><td colspan="7">2010 年 9 月至 2013 年 7 月，就读于××××××学院××××专业</td></tr>
</table>

<table>
<tr><td rowspan="3">个人能力</td><td>能力证明</td><td>拥有全国计算机一级、英语八级、办公自动化（高级）等证书，通晓普通话、粤语、潮汕方言</td></tr>
<tr><td>其他特长</td><td>有较强的组织沟通与协调能力，具备较强的责任心和集体主义感</td></tr>
<tr><td>求职意向</td><td>行政助理、人事文员</td></tr>
<tr><td rowspan="6">社会实践经验</td><td colspan="2">2011 年 9 月至 2013 年 7 月，任 10 法律 3 班团支部书记</td></tr>
<tr><td colspan="2">2012 年 9 月至 2013 年 7 月，任××系学生会副主席、普法协会副会长</td></tr>
<tr><td colspan="2">2012 年 9 月至 2013 年 7 月，任××系学生党支部支委会委员</td></tr>
<tr><td colspan="2">2012 年 3 月至 2013 年 3 月，任××市××中学初二 4 班法制助理班主任，从事法制宣传</td></tr>
<tr><td colspan="2">2012 年 7 月至 2012 年 8 月，在×××市××电子有限公司实习，从事办公室工作</td></tr>
<tr><td colspan="2">2012 年 3 月至 2013 年 6 月，在××市××区司法局顶岗实习，从事司法行政工作</td></tr>
<tr><td rowspan="6">获奖情况</td><td colspan="2">2012 年 5 月，获××区××街道 2012 年度“优秀青年志愿者”称号</td></tr>
<tr><td colspan="2">2012 年 7 月，获××市 2011—2012 学年度“优秀学生干部”称号</td></tr>
<tr><td colspan="2">2013 年 5 月，被评为“优秀社团会员”、“优秀法制助理班主任”</td></tr>
<tr><td colspan="2">2013 年 5 月，获校诗歌征文比赛二等奖、校“团支部风采大赛”团体第二名</td></tr>
<tr><td colspan="2">2013 年 7 月，获校“优秀共产党员”荣誉称号</td></tr>
<tr><td colspan="2">2013 年 11 月，获校奖学金“精神文明奖”、校“十佳团支书”称号</td></tr>
<tr><td>自我鉴定</td><td colspan="2">本人性格开朗、稳重、有活力，待人热情、真诚。对工作认真负责、积极主动，吃苦耐劳，有较强的组织能力、实际动手能力和团队协作精神，能迅速适应各种环境，并融入其中。曾多次组织、策划学院学生会、社团的各类活动，具备相应的组织领导能力。积极参加社会实践活动，先后于××中学、××电子有限公司、××区司法局等单位进行实习，锻炼自己不怕苦、不怕累的作风精神。注重自身道德的修养，热心公益事业，多次参加无偿献血、义务劳动及捐款活动，主动向党组织靠拢，在大学期间终于成为一名共产党员，并获得学校“优秀共产党员”的光荣称号。<br>学校的一切只能代表以往的行为与成绩，一纸虔诚的写照，能否打动您那颗炽热的心？<br>我的座右铭是：常怀感激之心，一生快乐无穷……</td></tr>
</table>

## 析评

这份表格式求职简历，介绍了求职者的个人信息联系方式、教育简历、个人能力、社会实践经验、获奖情况以及自我鉴定等情况，不尚空谈而注重以事实说话，结构清晰，信息具体。

这份简历还有不足之处。由于整份简历皆属于个人信息，所以表格首栏设“个人信息”栏便在逻辑上不合理，应删除。如果一定要设栏，则设以“基本信息”为宜。“求职意向”应独立成栏并置栏尾。“社会实践经验”应改为“实践经历”并独立成栏。为使聘用单位更好地了解求职者的知识技能，最好补充“主要学习课程”栏。此外，“个人能力”

栏中的“其他特长”内容与“自我鉴定”栏的内容存在冲突。属于特长的“有较强的组织沟通与协调能力”如果在“自我鉴定”中表述，则不合适再设“其他特长”栏目，何况“具备较强的责任心和集体主义感”属于个人思想品格，并非特长，不合适写入“其他特长”栏中。“自我鉴定”栏最后两句的内容可不写入。“自我鉴定”改为“个性评价”更好。

## 二、必需知识

### （一）简历的含义和特点

简历是求职者客观简要地介绍自己的学习经历、实践或工作经历、能力、个性、业绩等个人基本情况，突出个人特长或特点，以达到求职或应聘目的的文书。

简而言之，简历是一份关于求职或应聘的个人情况简介。

一般简历通常含“个人基本情况”、“履历”、“能力和特长”、“求职意向”、“联系方式”等基本要素。

简历具有如下特点。

1. 真实性

简历必须客观真实地叙述个人学习经历、实践或工作经历等情况，任何编造都可能给求职或应聘造成难以预料的不良后果。

2. 自评性

简历需对个人的专业特长等作出自评，突出个人特点，毛遂自荐，让他人了解自己，达到求职或应聘目的。

3. 简要性

顾名思义，简历就是简明扼要地介绍个人的学习经历等相关情况。

### （二）简历的种类

按写作方式分，简历可分为表格式简历、文字式简历和文字表格综合式简历。

学生求职通常选用表格式简历。

## 三、结构和写法

### （一）标题

简历标题，一般有“个人简历”、“简历”、“求职简历”和“×××（姓名）简历”等写法。

### （二）正文

(1) 基本信息。包括姓名、年龄或出生年月、性别、出生地、民族、政治面貌、身高、专业、学历、毕业院校和毕业时间等。

(2) 教育履历。包括个人从高中阶段至所获最高学历阶段之间的就读学校及专业，需注意按时间顺序排列。

（3）主要学习课程。包括主要的学习课程及其成绩。

（4）实践、社会工作经历。突出大学阶段所担任的社会工作，在各种实习中担当的工作。如果有职务也应具体写明。

（5）获奖、获取职业技能证书情况，各种获奖项目、等级或名次。相关职业技能证书可作为附件。

（6）能力、特长及个性评价。内容的介绍要恰如其分，尽可能使你的专长、兴趣、性格与你所谋求的职业特点、要求相吻合。

事实上，“教育履历”、“实践、社会工作经历”已隐含了个人的能力、特长等，因而必须前后照应。

（7）求职意向。简短清晰地表明本人对哪些岗位、行业感兴趣及相关的要求。

（8）通联方式与备注。即写明电话号码、E-mail、QQ、详细通信地址、邮政编码等。

简历通常有一个封面，封面上的通联方式必须和内文中的一致。

## 相关链接

### 简历的写作模板

**模　板**

<table>
<tr><td>姓名</td><td></td><td>性别</td><td></td><td>出生年月</td><td></td><td rowspan="4">照片</td></tr>
<tr><td>民族</td><td></td><td>籍贯</td><td></td><td>目前所在地</td><td></td></tr>
<tr><td>政治面貌</td><td></td><td>学历</td><td></td><td>所学专业</td><td></td></tr>
<tr><td>毕业院校</td><td colspan="5"></td></tr>
<tr><td rowspan="2">联系方式</td><td>电话</td><td colspan="2"></td><td>E-mail</td><td colspan="2"></td></tr>
<tr><td>通信地址</td><td colspan="2"></td><td>邮政编码</td><td colspan="2"></td></tr>
<tr><td>教育简历</td><td colspan="6"></td></tr>
<tr><td>主要学习课程</td><td colspan="6"></td></tr>
<tr><td>实践经历</td><td colspan="6"></td></tr>
<tr><td>在校期间任职情况</td><td colspan="6"></td></tr>
</table>

**框　图**

基本信息 → 联系方式 → 教育简历 → 学习课程 → 实践经历 → 任职情况 →

| 获奖情况 | | |
|---|---|---|
| 个人能力 | 职业证书 | |
| | 其他特长 | |
| 个性评价 | | |
| 求职意向 | | |

获奖情况 → 个人能力 → 个性评价 → 求职意向

## 四、写作要求

（1）实事求是，切忌凭空杜撰。

（2）突出亮点。多表述自己的优点和长处，并注重适当自我评价。

（3）针对性强。注意介绍与自己谋求的职位相关的学习课程、专业知识和个人特长。可以在简历前置一封求职函。

（4）注意装帧，图文美观。各证书应附复印件，并附上自己的免冠近照。

## 复习与训练

**一、名词解释**

简历

**二、填空题**

简历具有________、________和________三个特点。

**三、判断题**

1. 简历必须客观全面地介绍自己的学习经历等情况。（　　）

2. 简历如果对自己的情况能够客观如实地介绍，则不必再在文字中作自我评价。（　　）

**四、病例析改题**

下面是一则内容不够完整的简历，试指出其主要毛病。

# 个人简历

## 基本信息

<table>
<tr><td>姓名</td><td>×××</td><td rowspan="2">联系电话</td><td rowspan="2">158××××115</td><td rowspan="7">照片</td></tr>
<tr><td>性别</td><td>女</td></tr>
<tr><td>出生年月</td><td>1993年10月</td><td rowspan="2">E-mail</td><td rowspan="2">×××@yahoo. com. cn</td></tr>
<tr><td>最终学历</td><td>大学专科</td></tr>
<tr><td>目前职业</td><td>无（应届毕业生）</td><td rowspan="2">QQ</td><td rowspan="2">×××××××</td></tr>
<tr><td>目前所在地</td><td>广东珠海</td></tr>
<tr><td>户口所在地</td><td>广东珠海</td><td>邮编</td><td>××××××</td></tr>
</table>

## 教育经历

| 教育时间 | 最终学历 | 毕业学校 | 所学专业 | 专业描述 |
|---|---|---|---|---|
| 2011年9月到2013年7月 | 大学专科 | ××××<br>×××学院 | 行政管理 | 1. 专业背景：掌握本专业必备的行政管理与办公自动化基础理论、专门知识和技能，是能够在行政机关、企事业单位、“三资”企业从事管理工作的技术应用性专门人才。<br>2. 专业课程：行政管理实务、行政管理办公自动化、人力资源开发与管理、组织行为学、企业会计实务、公共英语、秘书实务、计算机网络应用技术等。<br>3. 专业特长：行政、人事管理、文秘管理和计算机操作等。 |

## 求职意向

| 工作性质 | 全职 |
|---|---|
| 从事行业 | 计算机（软件、数据库、系统集成），咨询（顾问、会计师、审计师、法律），金融（投资、保险、证券、银行、基金），办公设备、文化体育休闲用品，政府公用事业、社区服务 |
| 职能职位 | 人事助理、人事文员、行政助理、高级秘书以及其他相关职位 |
| 工作地点 | 广东珠海 |

## 所获证书

| 获证时间 | 证书类别 | 获证成绩 |
|---|---|---|
| 2012年1月 | 全国计算机等级一级 | 合格 |
| 2012年5月 | 全国高级办公自动化技能合格证书 | 良好 |
| 2012年12月 | 高等学校英语应用能力B级证书 | 合格 |
| 2013年6月 | 国家四级秘书技能合格证书 | 良好 |
| 2012年9月 | 会计资格从业上岗证书 | 合格 |

**五、写作训练题**

试为自己撰写一份求职简历。

# 第二节　求职函

## 一、阅读与析评

### 例文 2

**求职信**

××公司董事长：

您好！

我是××秘书学院即将毕业的涉外企业秘书班的学生。贵公司是一所闻名遐迩的中外合资企业，董事长知人善用，我慕名已久。未知贵公司有空缺否，我渴望加盟贵公司，为贵公司服务。

在校学习期间，我注重思想品德的修养，严格要求自己，积极参加社会实践活动，努力提高思想政治水平。我学习成绩优秀，两次获得优秀学生奖学金。两年来，我系统地学习了秘书学、应用写作、管理学、公共关系学和对外经贸基础等二十多门专业课程，熟悉文章写作和公文处理知识，曾获本校征文比赛三等奖。我还熟练地掌握了中英文打字和电脑操作技术，能适应现代化办公的需要。

我性格开朗，热情诚实，通晓普通话、粤语，懂得一些潮州话、客家话，日常英语的听力和口语也较好。在校期间历任班长、学生宣传部长，工作积极肯干，交际广泛，曾利用假期做过社会调查和社会兼职工作，积累了一些实践经验。我爱好广泛，特别喜欢文娱、体育活动，课余时间多次参加文艺演出，曾获本校第二届"卡拉OK"歌唱大赛第二名，还多次代表班级参加篮球比赛。我是本市户口，已有住房，无须公司安排，至于福利、待遇问题，按国家及贵公司的规定办理即可，没有特殊要求。本学院×××教授愿作我的推荐人。如能录用，即可上班。敬请函告或电话约见。谨候回音。

即颂

大安！

×××敬上<br>××××年××月××日

附件：

1. 本人简历及近照一张。
2. 各科成绩登记表。

3. 推荐信一封。

4. 通信地址、电话、电子邮箱、邮政编码。

析 评

本篇求职信写得规范典型。求职者在开头的礼貌称呼之后，首先表达了对所求职单位及其领导的仰慕之情，简洁地表达了求职的愿望；然后将自己的品德、学业、特长、性格、能力等作了适当的介绍，在简单说明了自己的条件后利落地收尾；最后还在文后制作了附件，以更详尽地展示自己。

全篇结构严谨，表达流畅。从用语上来看，不卑不亢，礼貌有加，字字都透出热情，句句都透出诚意，既展现了特长和实力，又表现出温文尔雅的气质风度。从各方面来看，都是一篇较好的求职信。

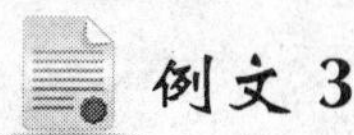

## 例文 3

**求职函**

××公司：

从×月×日《××报》的招聘广告上，得知你们正在招聘公司业务部经理。我认为，我非常适合这个职位，希望在面试的时候，能够亲自向你们表明我能为公司作出怎样的贡献。

我于××××年×月毕业于××大学××专业，取得××学位。毕业后一直在××单位担任××工作，于××××年×月取得××职称。有关个人业绩、证件等材料随函附上。

请公司考虑我的求职，并将面试时间通知我。

此致

敬礼！

×××<br>××××年××月××日

析 评

这是一份求职函。正文首先写缘由，接着写求职意愿、个人简历，最后提出要求。全文语言简洁，态度自信、恳切，礼貌而又不卑不亢，是一篇写得较好的求职短函。不足之处是函中应写上通信地址、电话号码等信息。

## 二、必需知识

### （一）求职函的含义

求职函是求职者向有关企事业单位介绍自己的基本情况，提出供职请求，并要求对方考虑答复的文书。

### （二）求职函的特点

1. 针对性

求职函的针对性体现在三个方面：一是针对用人单位的实际情况；二是针对读信人的心理；三是针对自己的实际情况。

2. 自荐性

不论求职者与用人单位的人员是否认识，求职者在信中都必须毛遂自荐，恰当地介绍自己。

3. 竞争性

择人与择业的双向选择机制决定了求职行为本身就是一种竞争。自用人单位收到你的求职函起，竞争就展开了。

### （三）求职函的种类

常见的求职函有以下两种。

1. 应聘式求职函

这是求职人根据用人单位招聘人员的条件向用人单位进行自我介绍而谋职的书信。

2. 非应聘式求职函

这是不知晓对方单位是否有用人需求而径自投递过去的求职信。

## 三、结构和写法

### （一）称呼

写给国有企事业单位时，称呼写单位名称或单位的人事部。写给民营、私营或合资独资企业时，称呼一般写公司老板或人事部负责人个人姓名。

### （二）正文

首先，要侧重说明你能为招聘单位做些什么事。一般要说清楚，你求职不只是考虑经济上多一点收入，你注重的是这个职位更适合你发挥个人的才能，为企业的发展作出贡献。其次，介绍个人基本情况，如学历、年龄、个人简历、健康状况等，这类情况要视对方要求作简要介绍，或附上有关业绩材料。最后，以诚恳的态度表达自己希望被择优录用的愿望，如“希望领导给我一次面试的机会”、“静候佳音”等。

### （三）敬语

按信函的格式写上“此致敬礼”一类的敬语。

### （四）落款

按信函格式写上个人姓名、日期。之后另起一行，写上附件名称及联系地址、电话等通联信息。

**相关链接**

### 求职函的写作模板

| 模板 | 框图 |
|---|---|
| 求职信 | |
| 尊敬的××公司总经理：（称谓） | 称谓 |
| 我怀着对贵公司的无比信任与仰慕，邮上求职信，企盼能成为贵公司的一员，为贵公司服务。（导言：写求职、应聘缘由） | 求职缘由 |
| 我是××××××学院××××专业学生××，将于今年7月毕业。<br>在大学学习期间，我努力学习各门课程，并取得了良好的成绩（见附件）。我还自学了×××、×××等，曾获××××××等奖项，有比较强的×××××技能。（个人的学历、年龄、专长、业绩） | 学历、专长、业绩 |
| 作为新时代的大学生，我非常注重社会实践，曾在×××××做过业务员，在×××做过星级训练员，还在×××××技师，本人对××××××具有浓厚的兴趣，具有良好的团队合作精神。（个人的志向、兴趣、性格） | 志向、兴趣、性格 |
| 本人期盼能成为贵公司的一员，从事××××××××××。如果贵公司能给我机会，我会用××××××××××××××来回报贵公司的赏识。（求聘工职位；写待遇与否视情况而定） | 求聘工职位 |
| 期望您能给我一次面试的机会。随信附上简历、英语等级证书、获奖证书等。（结尾：以诚恳的态度表达求职意愿，写上附件名称） | 求职意愿 |
| 此致<br>敬礼！（信函格式，敬语） | 信函格式敬语 |
| 附件：×××××××××××××× | 附件 |
| ××敬上<br>××××年×月×日<br>联系地址：××市××路×××××学院××××专业××级×班××（邮编：××××××）<br>电话：×××××××××（通联地址、电话、电子邮箱等） | 通联方式 |

## 四、写作要求

（1）语言要简洁、集中，文面要整洁。

（2）提出供职请求，态度要自信、恳切，又能尊重对方，礼貌而又不卑不亢。

（3）介绍自己的基本情况，既要符合实际、客观，又要注重多写自己的优势，展示自己的业绩和能力。如果是应聘式求职函，则应严格依据招聘条件，有针对性地逐条如实地表述。

（4）函中要留下自己的联系电话、地址等通联信息。

## 复习与训练

**一、名词解释**

求职函

**二、填空题**

1. 求职函具有________、________和________三个特点。

2. 求职函可分为________和________两种。

**三、判断题**

1. 写求职信时，为增加成功机会，应尽可能夸大自己的长处，回避谈自己的短处。（　）

2. 为表明自己才高志远，写求职信时不必向对方表达仰慕之情。（　）

3. 为把自己的情况介绍给对方，必要时可以将自己的学历、经验、重要成就及相关证书等制作成附件，附在求职信的后面。（　）

**四、简答题**

1. 求职函的"称呼"通常如何选择？

2. 试述求职函正文的内容。

3. 试述求职函的写作要求。

**五、病例析改题**

认真阅读下面一封求职函，看其内容和语言方面是否妥当，如有不妥，请指出并修改。

××食品厂：

前天接到我一位同学的来信，说贵厂实力雄厚，企业信誉也好，且工资待遇也不错，我对此颇为心动，不知贵厂有空缺否？

我是××学校企业管理专业的毕业生，在校读书时，学习成绩优秀，爱好也广泛，尤其是体育方面，我还是学校篮球队的成员呢！贵厂离我的家乡不远，我想，要是能到贵厂工作，对我个人的生活会非常方便，那可是再合适不过了。不知贵厂是否同意，无论同意与否，都请你们立即给我回信。

好了，不耽误领导的时间了，就写到这里吧。

顺致

商安

×××敬上

××××年××月××日

**六、写作训练题**

试结合自己的实际情况给某公司写一封求职函。

# 第四章 通用经济公文

## 第一节　公文正文基本内容模块及结构模式[①]

国际劳工组织研究开发出一种模块式技能培训法，其基本思想是：每个职业都可看成是由可分解的若干个被称为“模块”的工作任务构成。职工通过培训，逐个掌握各个模块所包含的知识内容之后，就能够上岗从事这一职业。这种模块式技能培训法，与《国家行政机关公文处理办法》规定的现行公文的写作，存在着一定的关系。之所以如此说，是因为公文本身就具有显著的规范化格式的特点。存在规范化格式特点，必然存在内层结构上与之相应的深层结构构成成分；每一个基本构成成分，必然包含有相对固定的构成内容，而这种包含相对固定内容的基本构成成分即可视作模块。

本节以公文具有基本构成模块为基础，探讨公文内容的一般结构模式。

### 一、公文正文基本内容模块及其界定

公文正文存在哪些基本构成模块？对公文正文基本内容构成模块的认识，同样得遵循马克思关于一般规律只有在对偶然性进行大量概括的基础上才能产生的思想而进行。唯有分析、研究大量的公文实例，方可概括、提炼出公文正文基本内容的构成模块。

---

① 本节内容节选自本书主编杨文丰撰写的论文《公文结构模块模式之建立及其教学》（《写作》，1997 年第 2 期）和《公文正文内容显性隐性结构模式及教学意义》（《秘书》，2002 年第 2 期），后一篇论文获中国公文写作研究会优秀学术论文评选一等奖。

下面是能说明公文正文基本内容模块的典型例子。

### 关于表彰袁汉辉同学和华师大附中等单位的决定

各市、县、自治县人民政府，省府直属单位：

袁汉辉同学在第34届国际数学奥林匹克竞赛中获得金牌，为广东省争了光。为
(1)
表彰袁汉辉同学及华师大附中等单位的突出成绩，为促进我省的数学奥林匹克竞赛活
(2)
动，培养青少年热爱科学、勇于进取的精神，省人民政府决定：
(3)

（一）给予袁汉辉同学颁发奖状和奖金1万元；
(4)

（二）给予华师大附中和中山市教委颁发奖状和奖金各5 000元；
(4)

（三）给予省数学学会和广东省数学奥林匹克业余学校颁发奖状和奖金各5 000元。
(4)

希望袁汉辉同学和受表彰的单位，戒骄戒躁，再接再厉，争取更大成绩。
(5)

广东省人民政府

××××年八月十五日

注：① 例文中的序号（1）、（2）、（3）、（4）、（5）为本书作者所加。

② 2012年6月29日起施行的国家标准《党政机关公文格式》(GB/T 9704—2012) 规定，成文日期中的数字改用阿拉伯数字，将年、月、日标全。

公文正文的基本内容模块一般有五个，即“依据”、“目的”、“文种承启语”、“事项”、“要求”。在上例中，“(1)”所标的内容为依据；“(2)”所标的内容为目的；“(3)”所标的内容为文种承启语；“(4)”所标的内容为事项；“(5)”所标的内容为要求。

(1) 所谓“依据”，即公文制作的缘由、现实根据或法律根据，以及有关事件的情况交代等公文制作的出发点。每一篇公文的制作皆有依据。在上例中，袁汉辉同学获奖是发文的依据。“依据”体现了制发公文的根据以及必要性、适时性和针对性。

(2)“目的”，即制发公文的目的。目的有时表现为惯用语“目的句”（或称为“主旨句”）。目的句常用带“为”、“为了”等介词的提示语句表达。每一篇公文皆有发文目的。目的其实也包括了发文的意义。目的句的作用主要是开宗明义，提示发文的目的、意义或动机，以引起并集中受文者的注意力。

(3)“文种承启语”为一种承上启下、启示事项的过渡句子。之所以叫文种承启语，是由于这个句子包含着对所发公文属于何种文种的提示。如上例中的“省人民政府决定”为“决定”这一文种的文种承启语。

(4)“事项”是一篇公文的重点，是公文制作者围绕或根据主旨而展开的内容，如叙述的情况，分析的问题，提出的做法、措施或执行的方案等。“事项”集中体现了行政机关对某项工作具体的政务行为和态度措施。在例文中，“事项”表现为受表彰的对象、奖

状和奖金。

(5)“要求”，是文末针对或围绕事项而提出（或补充）的希望、号召、倾向、强调的问题以及面向全局而作的指示等。在例文中，“要求”表现为对袁汉辉同学和受表彰单位的希望。

## 二、公文正文基本内容的模块排序及显性结构模式图

公文正文基本内容模块构成一篇公文，必定存在特定的、内在的逻辑关系，这种逻辑关系的外在形式表现为一定的排列顺序。

“依据”是一篇公文之所以出现的理由、根据，为公文制作的出发点，按逻辑关系，应排首位。“目的”，提示在特定的背景之下制作公文的考虑，表明动机，以依据为前提，自然与“依据”紧邻，且必须在“依据”之后。为达到“目的”而采取具体措施、方法和意见的“文种承启语”，必然在“目的”之后、“事项”之前。“事项”之后需要进一步强调、提示，或为落实具体的做法而发出希望及号召等，这些针对事项而发的意见性“要求”，只能排在“事项”之后的文末。上面例文所呈现的实际上便是这种排序。

图 4—1 表现的是完全式或标准式公文正文基本内容模块的排列格式，属于最规范的格式。凡是规范的格式，都可称为模式。由于模式显明了构成公文内容基本的、完全的模块及其排序，因而可将之定义为“公文正文基本内容显性结构模式”。

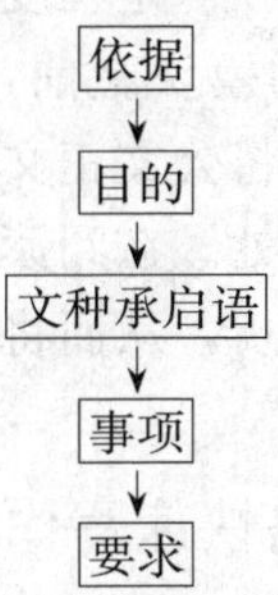


**图 4—1 公文正文基本内容显性结构模式图**

## 三、公文正文基本内容隐性结构模式

在现行公文中，公文正文基本内容显性结构模式是一种完全式模式。而实际流通的公文常常可省略部分结构模块。被省略的结构模块类似于高等数学中的隐函数，是一种隐性模块。隐去了部分结构模块的公文结构模式，可以定义为“公文正文基本内容隐性结构模式”。

公文部分结构模块能否隐去，需遵循四个原则：一是利于突出主旨的原则；二是适应文种特点的原则；三是服从内容表达需要的原则；四是简明精练的原则。

在公文正文五个基本内容模块之中，“事项”是核心，因而绝对不能省略，也无法省略。

单一模块模式，即只有唯一不能省略的模块——“事项”。从理论和实例上看，周知

性公文公告和通告能够出现这种模式。例如：

中共中央、全国人大常委会、国务院
关于宋庆龄副委员长病情的公告
（第一号）

宋庆龄副委员长患冠心病及慢性淋巴性白血病，经多方治疗，未见好转。曾多次出现发热、呼吸困难、心跳加快等症状。二月十四日晚，突发寒战高热，热度达摄氏四十点二度，有严重心力衰竭。目前病情危急，正在积极抢救治疗。

1981 年 5 月 15 日

一般来说，公文正文基本内容隐性结构模式有单一模块模式、两模块模式、三模块模式和四模块模式四种类型。由于该内容超出了教学大纲的范围，不作赘述。

## 四、认识公文正文基本内容结构模式的意义

### （一）利于循格阅读，强化对公文正文内容结构的认识

认识和掌握公文正文基本内容显性和隐性结构模式，尤其是在明确了公文基本结构模式图后，由于图形直观、形象、具体，在一定程度上能较强烈地刺激视觉、强化记忆，因而利于记牢。如果说在未引入公文结构模块之前，阅读公文尚不太容易把握格式化的思想，那么引入之后再阅读公文，就容易将公文正文基本内容结构模块与所阅读的公文正文内容结构进行比照，找出对应处和相异处。在阅读和析评现行公文正文的结构时，亦易于对之作出是显性还是隐性结构模式的分析，从而将本来较为被动和较混沌的学习，变为有格可循、较能发挥主观能动性的学习。

### （二）利于规范撰稿思路，循格快速写作

公文正文基本内容显性和隐性结构模式的引入，有利于写作训练的两个改进：一个是能够将整篇公文的写作训练，改成类似于“模块式技能培训”，即将整篇公文的写作训练分为两步：第一步进行各单项模块的写作训练，有很强的针对性。第二步进行组合式整体公文写作训练。另一个是将比较无序的谋篇布局思路变成规范性较强的撰稿思路，甚至可以在下笔前对显性结构模式的五个模块皆进行全面的考虑，然后对符合隐性原则能够隐去的模块考虑是否作出隐性处理。实践证明，利用这种做法能较快地循格写出较好的公文。

## 复习与训练

**一、简答题**

1. 公文正文基本内容模块一般有几个？各模块的基本内涵是什么？
2. 公文正文结构模块能否隐去？要遵循哪四个原则？
3. 认识公文正文基本内容结构模块有何意义？

## 二、阅读与析评题

阅读下面这篇公文，并完成如下练习。

1. 拟写这篇公文的标题，填写在文中预留的标题横线上。
2. 在正文序号（1）、（2）、（4）后的横线上各拟一个适当的小标题。
3. 在正文序号（5）后的横线上写出恰当的结束语。
4. 用框图标出这篇公文正文的基本结构。

________________________________

市人民政府：

根据省人民政府侨务办公室、省统计局、省财政厅《关于××省首次侨情普查的通知》的精神，为进一步做好我市侨务工作和对台工作，把侨、台工作重点转移到为经济建设服务上来，促进我市对外开放和外向型经济的发展，现拟订在全市开展侨、台情况普查工作。有关工作安排请示如下：

（1）________________________________

凡我市的归侨、侨眷和港澳台同胞的亲属以及他们在海外的亲属，均属于这次普查对象，要对他们的基本情况进行一次普查。凡我市长驻户口的居民在港澳台及国外有亲属关系的，为本次普查摸底的范围。其中属于动迁户的，以户口所在地为准，调查人员可与当地派出所联系，进行登记。

（2）________________________________

根据省侨情普查办的要求，各乡、镇、街道要根据本地普查工作量情况，培训一定人数的调查员。各县、区侨台情普查办公室对普查登记表要进行认真审核，无误后，于××××年7月30日前报市侨台情普查办公室，由市侨台情普查办公室组织会审和验收。

（3）普查经费来源

（略）

（4）________________________________

为加强对这次普查工作的领导，市成立侨台情普查领导小组。领导小组组长由×××副市长担任，副组长由×××秘书长担任。各有关领导同志为领导小组成员。市侨台情普查办公室负责日常工作。各县、区政府要重视这项工作，成立相应的领导机构，抽调必要的人员，保证高质量地完成普查任务。

（5）________________________________

××市侨务办公室<br>××市台湾事务办公室<br>××市统计局<br>××市财政局<br>××××年4月10日

# 第二节　决　定

## 一、阅读与析评

### 例文 1

**红日实业集团公司关于表彰黎明服装分公司的决定**

（××××年 11 月 6 日）

黎明服装分公司是我集团公司 18 家企业之一。近年来，该分公司在全国“十大女杰”之一王宏明同志的带领下，始终坚持外向牵动的发展方针，加速与国际经济接轨的步伐，以超常的胆识和气魄，内转机制，外闯市场，挺进国际，开拓进取，拼搏实干，创产品名牌，树企业形象，取得了令人瞩目的成绩，从一个原有 80 余人的集体企业，一跃发展成为拥有 5 000 余名员工、年销售额近 9 亿元、年利税超亿元的企业，为我集团公司的发展作出了重要的贡献。特别是今年 10 月中旬，黎明服装分公司生产的系列晚礼服参加法国高级成衣展示周活动，不但使我集团公司服装第一次进入世界顶级服装艺术展示的殿堂——巴黎卢浮宫，而且黎明系列晚礼服还被评为本届展示周服装银奖，这不仅弘扬了中华民族古老悠久的服装艺术和辉煌灿烂的历史文化，而且展现出当代中国日新月异的文明成果和奋发向上的精神风貌，产生了巨大影响，受到了国际服装界的高度赞扬，为本集团公司赢得了荣誉。

为此，本集团公司研究决定，对黎明服装分公司予以表彰，并奖励 10 万元人民币，以资鼓励。

希望黎明服装分公司再接再厉，不辱使命，勇攀高峰，为振兴我集团服装产业、服务全国、走向世界再立新功。同时，希望各分公司、各部门、各单位向黎明服装分公司学习，学习他们放眼世界、走向国际的开放思想；学习他们勇立潮头、敢超一流的争先精神；学习他们不畏风险、敢为人先的开拓气魄；学习他们努力拼搏、追求卓越的实干行为。高举邓小平理论伟大旗帜，进一步加大“创新争优”的力度，继续参与国际竞争，开拓奋进，为全面完成今年的各项工作任务，为实现“一三五”发展目标而努力奋斗！

**析评**

这是一份写得不错的企业表彰决定。正文首先简写被表彰者近年取得的基本成绩和企业概况，即表彰决定的间接缘由，继而写被表彰者生产的服装首次进入巴黎卢浮宫参展，作为行文的直接缘由，接着对参展事项进行了恰当的评价，最后用“为此”两字引出决定事项，提出希望。

全文层次分明，结构完整，语言简洁、流畅。末段“学习他们”的排比句，增加了文章的气势，同时表现出与表彰决定相和谐的热情。

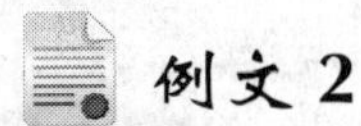

例文 2

### 关于撤销××缝纫机厂“文明单位”称号的决定

××缝纫机厂××××年××月被市人民政府授予“文明单位”称号之后，放松管理，无视法规，现经查实，该厂自去年3月以来，盗用牡丹缝纫机厂“牡丹牌”注册商标，推销自己的产品，欺骗群众，侵犯了商标专用权，违反了商标法，经市政府办公会议研究决定撤销××缝纫机厂“文明单位”称号，违反商标法行为由市工商行政管理局按有关法规处理。

××市人民政府

××××年××月××日

析评

这是一则撤销性决定。文章开头先交代行文的缘由、背景，接着写明撤销决定的依据和事项。思路明晰，事项明确，语言准确、果断、简练。

## 二、必需知识

### （一）决定的适用范围及特点

决定适用于对重要事项作出决策和部署、奖惩有关单位和人员、变更或者撤销下级机关不适当的决定事项。

决定属于经济活动中常用的具有规定性、强制性和领导指导性的公文。企事业单位、社会团体使用决定时，其内容应为本单位相对重要的事宜。

一般来说，只有事关全局、政策性强、任务艰巨、执行时间较长的重要工作，才适合使用决定行文。

决定主要有以下两个特点。

1. 制约性

决定是下行文，一般由领导机关制发，要求下级机关贯彻执行。决定的制约性主要表现在领导性、指挥性和强制性上。比较起来，决定的制约性没有命令那么强硬，但比其他公文要强。因为决定比较集中地体现了上级领导机关对重要事项和重大行动的指挥意志、处置意图和倾向，要求下级机关无条件执行。另外，决定有时还起法规作用，可以是法规的延伸和补充，具有强制性和行政约束力。

2. 稳定性

决定的稳定性主要表现在内容上。某个问题一旦经领导机关作出决定，就要求相当长时期内贯彻执行。例如，1984年10月20日的《中共中央关于经济体制改革的决定》，一直是我国经济体制改革的主要政策依据。

### （二）决定的主要类型

1. 指挥性决定

指挥性决定也叫部署性决定，多为对重要事项和重大行动作出部署的决定。这类决定政策性强，要求坚决贯彻执行。

2. 法规性决定

法规性决定是指为规范人们的社会行为和为国家某一方面的管理工作要求而制定的类似法规的重要决定。

3. 知照性决定

知照性决定是指把决定的事项简要地传达给有关地区、单位和人员，多数没有执行要求，少数兼有事项安排。

4. 表彰与处理性决定

表彰与处理性决定是指对人或事进行表彰或处理的决定。

5. 更变或撤销性决定

更变或撤销性决定是指对下级机关不适当的决定事项或有关事项作变更或撤销的决定。

## 三、写法和结构

决定的写法主要表现在对缘由和事项写作的详略处理上。在决定写作的详略处理上，主要有三种写法：

一是略写缘由，详写事项。这是决定的一般写法。

二是详写缘由，简写事项。这种写法要求把情况写清楚，尽可能详细，因为它是决定事项的依据、前提。

三是不写缘由，只写事项。有些缘由若是法定的或众所周知的，可略。缘由省略与否以是否影响决定事项的权威和效用为依据。

决定的结构由标题、正文和落款三部分组成。

### （一）标题

标题有以下两种写法：

（1）发文机关＋事由＋文种，如“中共中央关于科学技术体制改革的决定”。

（2）事由＋文种，如“关于环境保护工作的决定”。

有的标题下面标明“××××年××月××日×××会议通过”字样，并用括号括住。

### （二）正文

正文内容包括：作出决定的根据和缘由；决定的事项、处理的问题或部署的重大行动；执行决定的要求和提出号召。

（1）指挥性决定正文的写作一般都要讲明道理、布置任务、指出原则、拟出规定、交代办法、提出要求。其决定事项往往采取分条列项式写法，把复杂的事情、众多的问题写得条理分明，眉目清楚，使下级机关易于把握，便于执行。

（2）法规性决定的正文开头一般写行文目的，其后以条款式逐条写出类似法规的决定内容。

（3）知照性决定的正文多数一段到底，不分条目，没有明显的两段式特征。

（4）表彰与处理性决定的正文实际上可分成两种：表彰决定的正文，主要写被表彰者的身份、事迹，对被表彰者的评价，表彰的决定事项，希望与号召等；处理决定由于是针对人和事，故先要把错误的事实说明，并分析其性质、根源、责任及后果，而后要交代被处理人对所犯错误有无认识和悔改表现，再写处理决定，最后还要总结教训、提出希望，起到警戒作用。

（5）更变或撤销性决定的正文，一般只要写明更变或撤销有关事项的原因、依据和决定事项即可。

### （三）落款

如果标题已有发文机关名称，落款处则一般不再写发文机关名称。

决定的日期是写公布此项决定的年、月、日，其位置通常写在标题下的小括号内。如果是会议通过的决定，需要在标题下的小括号内写明这一决定是在什么时间、什么会议通过的。

有的决定，通过的日期与发布的日期不一致，在小括号内还要写上何时发布。有的为了给执行决定有一段准备时间，同时还写上决定的生效日期。

也有的决定把施行日期作为决定事项的一项内容，写在最后的条文里。有的决定生效期与公布日期一致，在决定的末尾写上一句：“本决定自公布之日起施行。”有的决定在落款处发文机关名称下面写成文时间。

**相关链接**

**决定的写作模板**

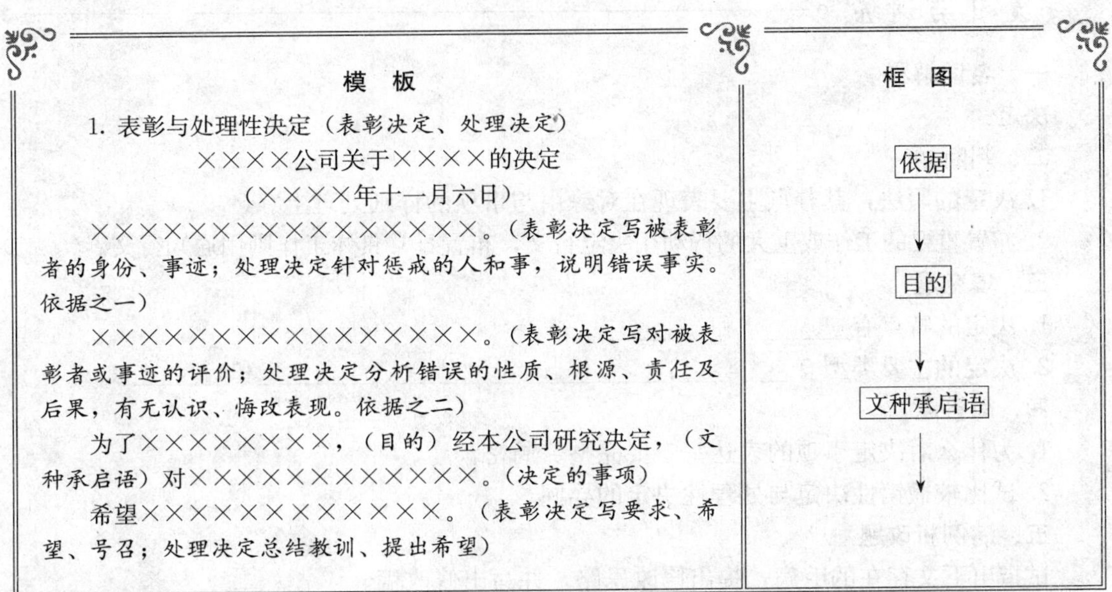

| 模　板 | 框　图 |
| --- | --- |
| 1. 表彰与处理性决定（表彰决定、处理决定）<br>××××公司关于××××的决定<br>（××××年十一月六日）<br>××××××××××××××××××。（表彰决定写被表彰者的身份、事迹；处理决定针对惩戒的人和事，说明错误事实。依据之一）<br>××××××××××××××××××。（表彰决定写对被表彰者或事迹的评价；处理决定分析错误的性质、根源、责任及后果，有无认识、悔改表现。依据之二）<br>为了××××××××，（目的）经本公司研究决定，（文种承启语）对××××××××××××。（决定的事项）<br>希望×××××××××××××。（表彰决定写要求、希望、号召；处理决定总结教训、提出希望） | 依据<br>↓<br>目的<br>↓<br>文种承启语<br>↓ |

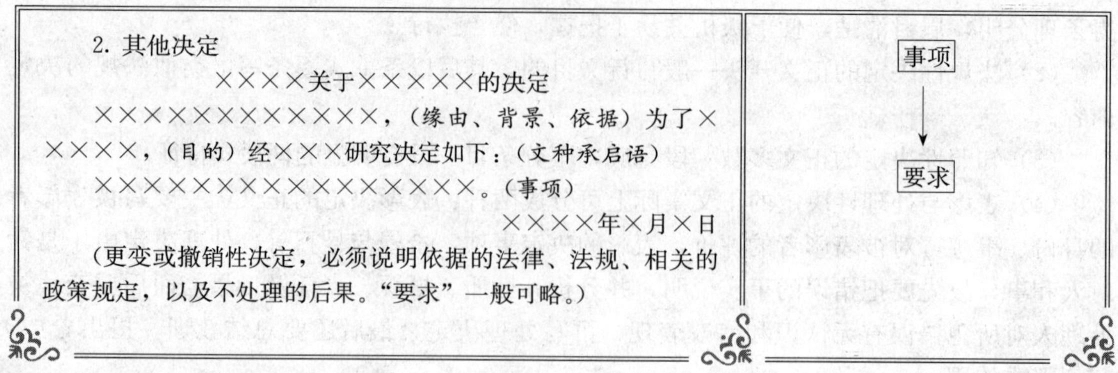

2. 其他决定

××××关于×××××的决定

×××××××××××××，（缘由、背景、依据）为了×××××，（目的）经×××研究决定如下：（文种承启语）

×××××××××××××××××。（事项）

××××年×月×日

（更变或撤销性决定，必须说明依据的法律、法规、相关的政策规定，以及不处理的后果。“要求”一般可略。）



## 四、写作要求

### （一）要有政策和法律依据，并结合实际

在作出决定时，对所决定的事项要有充分的依据，即贯彻落实党和国家的路线、方针、政策和法律、法令，同时要结合本地区、本系统、本行业、本部门、本单位的实际情况，这是撰写决定必须遵循的重要准则。

### （二）决定事项要明确突出

决定的内容，主要是陈述决定的事项、落实的措施、解决的办法、提出的要求等，表达一定要完整、周密，尤其是对所决定的事项一定要明确突出，这样才利于贯彻执行。

### （三）语言要准确、决断

决定的语言必须郑重、准确、严谨、精练，富有决断性，而又分寸适宜，切忌模棱两可、含糊不清。只有这样，才利于下级领会决定的精神实质，并遵照办理。

## 复习与训练

**一、名词解释**

决定

**二、判断题**

1. 决定的写法，其难点主要表现在对缘由与事项的详细处理上。（　　）

2. 布置重要的工作或重大的行动用决定行文，布置日常具体工作则用通知行文。（　　）

**三、填空题**

1. 决定的特点有________和________。

2. 决定的主要类型有________、________、________、________和________。

**四、简答题**

1. 为什么对决定事项的表达一定要完整、周密？

2. 试比较撤销性决定与处理性决定的异同。

**五、病例析改题**

试指出下文存在的毛病，提出修改思路，并写出修改稿。

关于向李××同志学习的决定

各车间、班组，各党支部：

我厂装配车间职工李××在上月15日的特大洪水灾害中，抢救国家财产不幸身亡。厂党委和厂委员会决定在全厂开展向李××同志学习的活动。

（一）学习李××同志公而忘私、奋勇保护国家财产的高尚品德，爱祖国爱人民，敢于牺牲的精神。

（二）根据李××同志生前的表现和愿望，追记李××同志为中共党员。

（三）在全厂广泛宣传李××同志的先进事迹，运用这一典型对全厂党员职工进行一次努力奉献、坚持改革、敢于进取的革命精神，以及勇于献身的革命英雄主义精神的教育。宣传科和工会要把李××同志的事迹册子、墙报，广为发放。

（四）各车间、班组、党支部要开展讨论，学习李××同志的优秀品质，开展比、学、赶、帮活动，争取生产上一个新台阶。

××厂党委

××厂委员会

××××年××月××日

**六、写作训练题**

某公司青年职工张某，进公司以来不认真工作，经常旷工，多次打架斗殴。今年12月5日，张某喝醉酒回公司宿舍开门时，被同事黄某不小心撞了一下，张某即大打出手，将黄某打成重伤。

试根据上述材料，以公司名义拟一处分决定。文字控制在400字以内。

# 第三节　通　告

## 一、阅读与析评

**例文3**

××公司和××××有限责任公司关于兼并经营的联合通告

为了促进经营的合理化，经双方认真论证和商定，并报请有关主管部门批准，双方同意兼并，并以××公司为存续公司、××××有限责任公司为解散公司。现将有关事项通告如下：

一、兹定于××××年××月××日为兼并日。

二、自兼并之日起，××××有限责任公司的一切权利、义务和债务，悉由××公司（存续公司）承担。

三、依公司法规定，凡××××有限责任公司的债权债务人，如有异议，请在本通告之日起三个月内提出，逾期提出视为无效异议。

特此通告。

××公司<br>××××有限责任公司<br>××××年××月××日

析 评

这是一篇企业知照性通告。文章以主旨句直陈行文目的，并对有关行文背景作了交代，然后以文种承启语导出三项通告事项，以通告惯用语“特此通告”作结。

全文文字精简，庄重明白，事项排列合乎逻辑，是短小精悍的优秀通告。

## 例文 4

### 深圳市建设局关于对建筑企业进行资格年审的通告

根据《××市施工企业管理暂行办法》等有关文件的规定，我局决定自××××年 11 月 15 日起对我市建筑安装企业，装饰施工企业，建设监理单位，工程总承包单位进行××××年度企业年审工作。

凡在我局注册的上述有关单位，请于见报后 5 天内前来我局领取有关文件，办理年审手续。逾期不办，责任自负。

特此通告

联系人：熊××　邓××　禹××

联系地址：××路 6 号××大厦九楼

联系电话：××××××××

　　　　　××××××××

××市建设局<br>××××年十一月十六日

析 评

这篇办理性通告，文字简练，事项清楚。标题是“标准式”写法。正文第一段写了通告的根据和事项，第二段写了通告要求，第三段以“特此通告”收尾。接着还写了联系人、联系地址和联系电话，以方便联系和办理。有两点须指出：“特此通告”后应加上句号，且移至文末。标题已写明了发文机关，文末只标上成文时间即可。行文时还须加盖印章。此外，第一段并列单位之间的逗号应改用顿号。

## 例文 5

### 国家税务总局关于商业零售企业开具增值税专用发票的通告

为了加强对增值税专用发票（以下简称专用发票）的管理，确保国家税收收入，现对商业零售企业销售商品向购买方开具专用发票的问题规定如下：

一、已认定为增值税一般纳税人的商业零售企业，可以开具专用发票，但企业必须指定专人负责保管和开具专用发票。

二、商业零售企业只能向购货方为一般纳税人的单位开具专用发票，索取专用发票的购货方必须持盖有一般纳税人戳记的税务登记证（副本），未提供证件的，商业零售企业一律不得开具专用发票。

三、商业零售企业开具专用发票时，必须按国家税务总局的有关规定将全部联次一次性如实填开。

四、商业零售企业开具普通发票中的单价和销售价，必须是含税价格，不能将价税分别填开。

五、违反以上规定的，税务机关一经查出，可依《中华人民共和国发票管理办法》的有关规定责令限期改正，没收非法所得，并可处以3 000元以上10 000元以下的罚款。

特此通告。

××××年三月十六日

**析 评**

这是一则行止性通告。这类通告具有政策性、规定性，有要求遵守执行的约束力。这份通告正文第一段写行文的目的，过渡句之后，分条列项写了五条具体规定。多条规定的排列具有一定的逻辑关系，条理清楚，规定明确、具体。过渡句改为“现将对商业零售企业销售商品向购买方开具专用发票的规定，通告如下”更好。

## 二、必需知识

### (一) 通告的适用范围及特点

通告适用于在一定范围内公布应当遵守或者周知的事项。

通告是经济工作中广泛使用的公文，是泛向行文。通告与公告都是发布事项信息的公开告知性公文。公告是适用于向国内外宣布重要事项或法定事项的公文。本书未专门介绍公告的写作知识。

与公告相比，通告主要有如下四个特点。

1. 内容具体，业务性强

公告的内容通常是重要事项和法定事项。通告内容的重要程度一般比不上公告，而且多是业务工作方面的，也比较具体。通告的使用频率一般比公告高得多。

2. 有限制的行文对象

公告的告知对象是广泛的，即“向国内外宣布”。通告的告知范围要小得多，告知范围为社会各有关方面。

3. 广泛的发文机关

通告的内容是一般事项，发文单位比较广泛。党政机关、企业事业单位、人民团体就有关经济事项等都可发布通告。公告的发文机关级别较高，多由国家机关发布。

4. 独特的发布方式

一般来说，公文是以文本形式印发的，而公告、通告的发布形式则比较特殊，如公告可用登报、广播的形式，而通告，除可用文本形式印发外，也可张贴或登报。

### （二）通告的主要类型

1. 知照（告晓）性通告

知照（告晓）性通告即告知应当知道或需要遵守事项的通告。如例文 3。

2. 办理（事务）性通告

办理（事务）性通告即办理一些例行事项的通告，其内容多为注册、登记、年检等。

3. 行止性通告

行止性通告即公布一些令行禁止类事项的通告，其内容如查禁淫秽书画、收缴非法枪支、加强交通管理、查处违禁物品等。如例文 5。

## 三、结构和写法

通告和公告一样，也由标题、正文、署名与日期三部分组成。

### （一）标题

通告标题的写法有以下四种：

（1）发文机关＋事由＋文种，如“××大学关于实行“滞纳金”收费制度的通告”。

（2）发文机关＋文种，如“中国农业银行东莞分行、东莞信用社通告”。

（3）事由＋文种，如“关于税收财务大检查实行持证检查的通告”。

（4）只写文种“通告”。

### （二）正文

通告的正文包括缘由、事项、结尾三部分。

（1）缘由是发布通告的原因、根据，回答为什么发此通告。

（2）事项，即通告的具体事项或规定。内容比较简单、单一的，可不分条写；如果内容比较多，则应分条列项地写。

（3）结尾，也叫结语，一般写“特此通告”之类的话，以示强调，引起注意。有些通告干脆不用结语，干净利落。

通告是对公众的，一般不用写抬头。

### （三）署名与日期

标题中已有发文机关，并在标题下署上了日期时，则可不用落款。如果标题中没有发文机关，标题下也没有日期，则落款处必须署发文机关名称和日期。

**相关链接**

通告的写作模板

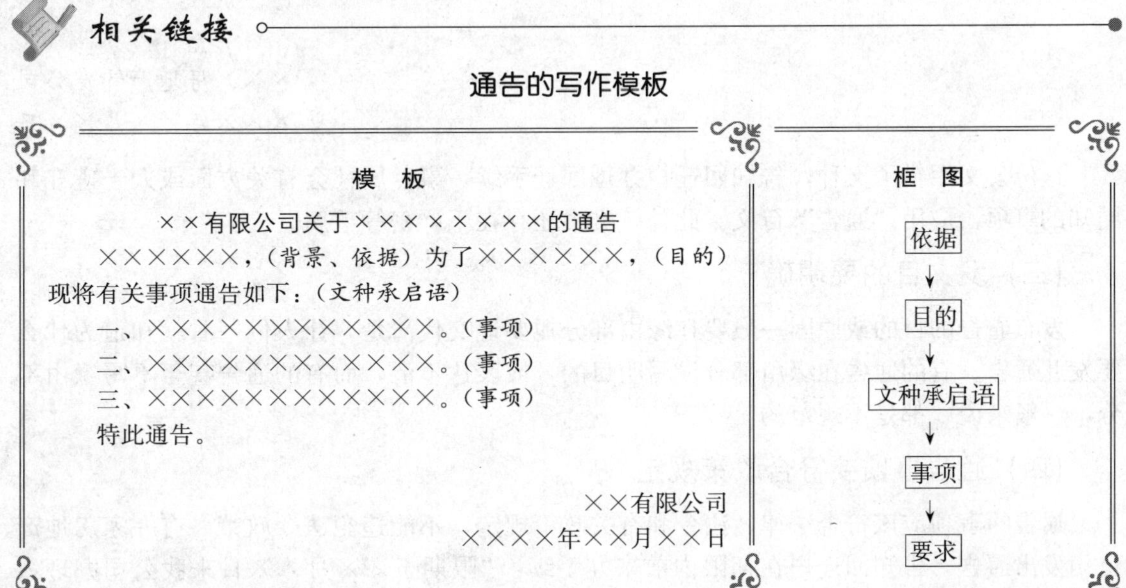

模 板

××有限公司关于××××××××的通告

××××××，（背景、依据）为了××××××，（目的）现将有关事项通告如下：（文种承启语）

一、××××××××××××。（事项）

二、××××××××××××。（事项）

三、××××××××××××。（事项）

特此通告。

××有限公司

××××年××月××日



## 四、写作要求

### （一）注意通告与公告的区别

（1）发文内容不同。公告旨在宣布重要事项和法定事项；通告的内容则是公布应当遵守或周知的事项，而且业务性强。通告的使用频率也比公告高。

（2）行文范围不同。公告的告晓对象广泛，即国内外各届；通告的告知范围只限在一定范围内，即社会的有关方面。

（3）制发单位级别不同。公告的发文机关级别高，一般由国家一级机关发布；通告的发文机关级别较低，一般来说，行止性通告、办理性通告多由政府机关发布，知照性通告任何企事业单位均可发布。

（4）发布方式不同。公告多用登报、广播的方式发布；通告可用文件形式印发，也可登报、广播或张贴。

### （二）不要把“通告”写成“通知”

“通告”与“通知”是两种不同的公文，其特点、作用和受文对象范围都不相同。有的单位往往把握不准它们的特点和作用，以为让人们知晓的事项都可用通告行文，结果把一些该用“通知”的错用了“通告”，该用“通告”的又错用了“通知”，例如：

回迁通知

原住××区××街的动迁户，于明年6月底前回迁。请所有回迁户持动迁证、运迁协议书以及交款单据，于明年5月底前，到我公司办回迁手续。

具体办理时间：上午8时至12时，下午2时30分至5时30分。

特此通知。

×××房地产开发公司

××××年××月××日

这份公文用错了文种，告知回迁户办理回迁手续一事，属社会有关方面或人士遵守和周知的事项，应用“通告”行文。此外，文中还存在不严密等毛病。

### （三）发文目的要明确

发布通告的目的或原因一般要在缘由部分扼要地交代清楚，让人们一看就知道为什么要发此通告。有的通告在缘由部分没写明目的，或表达不清，而有的通告甚至不写缘由部分，一般来说，都是不规范的。

### （四）通告事项要符合政策规定

通告的事项应该符合法律、法令和有关政策规定，不能违犯法令政策。有一家房地产公司发出通告，告知回迁户在期限内前来办手续：“限期于××月××日来我公司办理入住手续，否则，视为已有住房，不予安置。”这是不符合有关政策规定的。公文作者必须注重学习法律、法令和有关政策。

### （五）通告语言要通俗简洁

财经文书中的通告是一种周知性公文，多用张贴和登报的方式发布。因此，写通告要注重语言的通俗和简洁，简单明了，篇幅更不宜过长，以利张贴和阅读。

## 复习与训练

**一、名词解释**

通告

**二、填空题**

1. 通告的特点有________、________、________和________。

2. 通告的类型有________、________和________。

3. 通告是________行文。

**三、判断题**

1. 通告行文时，要写上主送机关。（　　）

2. 学校处分违纪学生可用通告。（　　）

3. 商店告知顾客可发公告。（　　）

**四、简答题**

1. 写作通告要注意什么问题？

2. 试述通告与公告的区别。

**五、病例析改题**

试指出下文的毛病并写出修改稿。

**通　告**

本渡口是××河上的重要渡口之一，过往车辆、行人很多，等候时间往往较长。为了减少等船时间，加强渡口管理，特作如下规定：

一、不准携带易燃、易爆、腐蚀性强的物品上船。违反规定擅自携带上船，被查出者，没收所带物品，并酌情予以50元至200元罚款。

二、凡需乘渡船过河者必须购票，机动车每辆5元，非机动车每辆3元，行人每位1元（儿童免票）。不买票者不得乘船。

三、乘客必须听从工作人员指挥，按顺序上下船。各种车辆要按指定位置停放，以保证渡船安全。

四、凡牵引牲畜过渡，到指定仓位，并购票，每头（只、匹）2元。放在筐、篮等容器内的家禽、仔猪等以筐计算，每筐1元。

五、渡船开动后，乘船者不要来回走动，机动车必须熄火，牲畜必须有人看管。

六、违反规定或者在船上无理取闹、不听指挥、妨碍渡船正常航行者重罚，情节严重的扭送公安机关，依法惩处。

七、乘船者必须爱护渡船及其设备，损坏要赔偿。

××河渡口管理处

××××年××月××日

**六、写作训练题**

根据《工商登记管理暂行规定》，××市××区工商行政管理局对××商贸公司进行了清理，并于××××年12月11日正式宣布注销该公司。现发现有人继续以该公司名义从事非法经营活动。为此，试以××市××区工商行政管理局的名义发一通告，通告内容除包括一般发文缘由、背景外，还应包括自××××年12月11日起，所使用的原××商贸公司的营业执照（包括营业执照副本）、印章、介绍信、合同纸、名片等无效，若发现使用上述无效证件、文件、印信者（包括复印件），请及时报告。

# 第四节　通　知

## 一、阅读与析评

**例文6**

**××公司关于印发《推销员管理规定》的通知**

各销售部门：

为了规范推销员的销售行为，公司制定了《推销员管理规定》，并经董事会讨论通过。

现将其印发给你们，请遵照执行。

附件：《推销员管理规定》

××公司（印章）
××××年11月18日

**析 评**

这是一则印发文件的通知。正文目的、要求明确，背景清楚，条理明晰，语言精练。

## 例文7

### ××市财政局转发××省财政厅关于修订《××省国家机关、企业、事业单位工作人员差旅费开支规定》的通知

各县、区人民政府，市各委、办、局，市各直属单位：

现将××省财政厅关于修订《××省国家机关、企业、事业单位工作人员差旅费开支规定》的通知转发给你们，并作如下补充，请一并遵照执行。

一、在县境内出差，不足1天的，可按餐计发补助费，补助标准：中、晚餐××元，早餐××元。

二、工作人员在毗邻乡（镇）之间出差，当天返回的不发出差伙食补助费，因路远或工作需要必须在外就餐的，可实行误餐补助的办法，补助标准：中、晚餐各××元，早餐不补。

××市财政局
××××年××月××日

**析 评**

上述通知正文先说明转发的文件，再写补充的具体要求。全文条理清楚，要求具体，可操作性强。

这份通知实际上以转发性通知为主，同时含有事项性通知的内容。这种写法在经济工作中常用，值得借鉴。

## 例文8

### 关于全面推行“5S”管理的通知

公司各部门：

面对当前世界的经济形势，充分利用目前订单减少、生产负荷轻较的间隙，苦练内功，改善管理，提高素质，是我们应对危机、着力发展的一个基本策略。为了创造一个整洁、高效、安全、舒适的工作环境，强化和提升公司生产经营和各项工作的现场管理水

平，打造一支高素质的员工队伍，公司决定从今年3月起，有计划、分步骤地全面开展和推行“5S”管理活动。现将有关事宜通知如下：

一、“5S”管理是一个系统工程，分四个阶段逐步推进，即学习培训、全面实施、检查验收和建立长效机制。3—4月份为第一阶段，即学习培训阶段。

二、公司成立推行“5S”管理活动领导小组，负责各项工作的开展。行政部负责制定《“5S”管理活动实施细则》、《办公室物品定置管理规定》；人力资源部负责制定《“5S”管理达标要求》、《员工素质基本要求》；生产部负责制定《生产现场定置管理规定》、《厂房内生产作业场地和设施色彩布置规定》等各种制度，明确各部门、各类人员的达标标准。

三、建立“5S”管理检查和奖励机制，与部门和员工的经济利益挂钩。公司拿出10万元专项资金，用于奖励。

四、从3月1日起，对公司全体员工进行轮流培训。每周用两个固定时间段（周四晚上、周五下午）集中上课。

五、3月2日下午3:00，在公司会议室召开全体员工参加的“全面推行‘5S’管理宣传动员大会”。

请各部门按照上述安排提前做好准备工作。

特此通知。

莫森服饰有限公司

××××年2月16日

**析 评**

这是一份事项性通知，用以布置“全面推行‘5S’管理活动”这项工作。标题采用“介词（关于）＋事由＋文种”的形式。正文开头段说明下发通知的背景和缘由，中间用了目的句，然后用文种承启语“现将有关事宜通知如下”引出事项部分，即文章的主体；主体运用条款式结构，从工作阶段划分、部门分工、奖励机制、轮流培训等方面全面部署了推行“5S”管理的工作；最后要求“各部门按照上述安排提前做好准备工作”；结尾以惯用语“特此通知”作结。本文结构完整，条理清楚，语言简洁，行文规范。

## 例文9

### ××移动通信有限公司关于成立客户服务中心的通知

公司各科室：

为增进与客户的联络，进一步做好客户服务工作，适应公司日益发展的新形势，经公司研究决定，在原客户联络室的基础上成立客户服务中心，主任由×××同志兼任。

××××年5月16日

**析 评**

这是一篇知照性通知。通知正文篇段合一，依次写了目的、依据和事项，文字简练，明白晓畅。

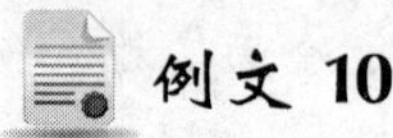

## 例文 10

### 重庆松风电子有限公司关于召开代理商工作会议的通知

各地区代理商、本公司各部门：

为了保证松风显示器在中国的领先地位，建立一个和谐顺畅而稳定坚固的销售渠道，给厂商、代理商和消费者带来更多的利益，本公司决定在重庆召开松风电子 2013 年度显示器代理商工作会议。现将有关事项通知如下：

一、会议议题：

1. 总结各地区代理销售情况。

2. 讨论并解决各地区存在的销售矛盾。

3. 商讨如何建立一个和谐顺畅而稳定坚固的销售渠道。

二、参加会议人员：各地区代理商及本公司各部门负责人。

三、会议时间：5 月 10 日至 5 月 12 日。

四、报到时间和地点：5 月 9 日在重庆乐园度假村酒店大堂报到。

五、会议地点：重庆百乐园度假村二楼圆形会议厅。

六、其他事项：

1. 大会将为各与会人员免费提供食宿。

2. 参加会议的代理商请按要求填写本通知所附的会议报名表，于 4 月 20 日前寄回会务组。需接车、接机及购买回程机票、车票的人员，务请在会议报名表中注明。

3. 请华东、华北及华南各代理商报到时向我公司提交一份销售情况报表。

会务联系：重庆市××路××号松风电子有限公司代理商工作会议会务组

邮编：××××××

联系人：李秘书

联系电话：××××××××

电子邮箱：liwen@21cn. com

附件：《重庆松风电子有限公司代理商工作会议报名表》

重庆松风电子有限公司

2013 年 4 月 18 日

### 析 评

这是一篇会议通知。正文开头写会议目的和会议名称。文种承启语后，写了会议的议题、时间、地点、与会人员及有关注意事项。文章层次分明，语言简洁、清晰。此外，为与会人员赴会考虑得比较周到，也是本文的一大特点，值得借鉴。

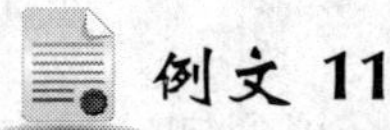

## 例文 11

### 关于任免××市建筑公司经理的通知

××市建筑公司：

你公司上报选举的过程和结果我局已收悉。经局务会议研究决定：

任纪××为经理，主持全面工作；

任吴××为副经理，主持施工工作。

免去蒋××的经理职务和刘××的副经理职务，由公司安排其他工作。

特此通知。

××市建设局

××××年××月××日

**析 评**

任免通知的正文一般分两部分：第一部分说明任免的依据，这部分往往用这一类的话，如“经××××研究决定”、“根据×××××，经××××研究决定”，后面加上冒号，领起文中第二部分。第二部分是具体的任免事项，每个事项单独为一个段落，以达到醒目的效果。本例文简明扼要，直陈其事，一目了然，符合一般任免通知的写法。

## 二、必需知识

### （一）通知的适用范围及特点

通知适用于发布文件，传达要求下级机关执行和有关单位周知或者执行的事项，批转、转发公文。

通知是各级党政机关、人民团体、企事业单位在经济活动中使用频繁的公文，适用范围相当广泛。

通知具有如下三个特点。

1. 适用范围具有广泛性

通知不受发文机关级别高低的限制，对行文路线限制也不严，主要作上级机关对下级机关、组织对所属成员的下行文平行机关之间、不相隶属的机关之间有时也可使用通知知照有关事项。通知写作灵活自由，使用比较方便。有些普发性、周知性通知，可不写主送机关。

2. 文种功用多具有指导性

上级机关和组织向下级机关、组织用通知行文，都明显体现出指导性。特别是部署和布置工作、批转和转发文件等，都需明确阐述处理某些问题的原则和方法，说明需要做什么、怎样做、达到什么要求等。一部分通知对下级或有关人员有约束力，起指挥、指导作用；另一部分通知则主要起知照作用。

3. 有明显的时效性

通知事项一般都要求立即办理、执行或知晓，不容拖延。有的通知如会议通知，只在指定的一段时间内有效。

### (二) 通知的主要类型

根据通知的内容与作用，通知可分为以下几种类型。

1. 指示性通知

有关行政法规和规章、办法、措施，不宜用命令（令）发布的，可使用这种通知行文。指示性通知往往带有强制性、指挥性和决策性的特点。如例文 7。

2. 批示性通知（批转、转发性通知）

用于发布某些行政法规，转发上级、同级或不相隶属机关的公文，以及批转下级机关的公文。这类通知包括批转性和转发性两种。批转性通知，适用于上级机关对下级部门的文件加批语下发，批转性通知需在标题中加“批转”两字；转发性通知是“转发”非下级机关的有关文件的通知，同样需在标题中注明“转发”字眼。

3. 事项性通知（工作通知）

要求下级机关办理某些事项，除交代任务外，通常还提出工作原则和要求，让受文单位贯彻执行，具有强制性和行政约束力，这种通知属于事项性通知。有些工作任务不宜采用命令或意见行文时，也使用这种通知。

4. 知照性通知

用于告知某一事项或某些信息的通知，诸如庆祝某节日，成立、调整、合并、撤销某个机构，启用新印章，更改电话，更正文件差错等，都可用这种通知行文。

5. 会议通知

告诉有关单位或个人参加会议的通知。

6. 任免通知

告知有关单位或个人有关人事任免的通知。

## 三、结构和写法

通知的各种类型各有不同的写法。以下介绍各类通知的标题和正文的一般写法。

### (一) 标题

通知的标题有完全式和省略式两种，完全式是发文机关、事由、文种齐全的标题。省略式则是根据需要省去除文种之外其中的一项或两项。省略式标题有如下三种情况：

（1）省略发文单位。如果标题太长，可省略发文机关。如“关于县级市经济管理权限的通知”，这个标题便省略了发文单位。省略了发文机关的通知标题很常见。如果是两个单位以上联合发文，发文机关一般不能省略。

（2）省略多余的“关于”和“通知”字眼。发布性和批转性通知的标题由“发文机关＋发布（批转、转发）＋被发布文件标题＋通知”构成，如被发布、批转、转发公文为法规、规章时，一般应加上书名号。有时由于被批转、转发公文标题中已有“关于”和“通知”字眼，或者被批转、转发的公文标题比较长时，通知的标题一般可保留末次发布（批转、转发）文件机关和始发文件机关，省略去多余的“关于”和“通知”字眼。否则，就会出现一个标题中有多个“关于”和“……的通知的通知”的现象，标题显得很长，读起来也拗口。如“××县人民政府关于转发《××市人民政府关于转发〈××省人民政府关于转发人事部关于×××同志恢复名誉后享受××级待遇的通知〉的通知》”，这个标题有四个层次，用了三个“关于转发”、两个“的通知”，很不顺口。可把这个标题简化为“××县人民政府转发人事部关于×××同志恢复名誉后享受××级待遇的通知”。至于被省、市等转发过的内容，可在转发意见中交代清楚。

（3）省略发文机关和事由。如果通知发文范围很小，内容简单，甚至张贴都可以，这样的通知标题便可以省略发文机关和事由，只写文种“通知”二字。

## （二）正文

通知的正文主要包括缘由、事项、要求三部分。主体在事项部分。下面分别介绍几种通知正文的写法：

### 1. 指示性通知的写法

指示性通知的正文，一般先写发文的缘由、背景、依据，在事项部分，或写发布行政法规、规章制度、办法、措施等，或写带有强制性、指挥性、决策性的原则（或指示性意见）、具体工作要求等。

指示性通知的事项一般具有影响面较大、比较紧急和一定的政策性的特点。

### 2. 批示性通知的写法

批转与转发性通知正文写法大体相同。可以把这两种通知称为“批语”，把被批转、转发的文件看做是通知的主体内容。批语的内容主要有如下三个方面：（1）说明批转的目的或陈述转发的理由；（2）对受文单位提出贯彻执行的具体要求；（3）根据具体情况作出补充性的规定。

用通知来批转或转发下级机关、不相隶属机关和上级机关的公文时，对被批转和转发的文件已起到了一种公布、认可或推荐的作用。从构成上看，这种通知由批语部分和批转或转发文件组成，批语和批转或转发件都不能单独作为一份文件。如果批语脱离批转或转发文件，没有实际依托内容，不能单独行文；如批转或转发文件离开批语则不能纳入通知的内容，不能体现发文单位的意图，没有批语予以的权威性和合法地位。

### 3. 事项性通知的写法

事项性通知正文的写作要使受文单位明确通知的内容（即事项）以及做什么、怎样做、有什么要求。正文一般分三部分：第一部分是开头，一般是说明为什么要发此通知，目的是什么。第二部分是主体，即事项部分，将通知的具体内容一项一项列出，把布置的工作或需周知的事项阐述清楚，并讲清要求、措施、办法等。这类通知多数用于布置工作，因此也有人称之为“工作通知”。第三部分是结尾，多提出贯彻执行要求，可用类如“请遵照执行”、“请认真贯彻执行”、“请研究贯彻”等习惯用语，也有的通知结尾不写习惯用语。

写事项性通知，要开门见山，忌拐弯抹角。在叙述事项时，要突出重点，把主要的、重要的写在前面。根据需要，主要的内容可详写，讲清道理、讲明措施；次要的内容尽量简略，扼要交代即可。在语言表达方面，通知主要以叙述为主，对下级单位提出要求。有时可以适当做一些分析、说理。但通知中的说理要像议论文的说理那样有严密的逻辑性，只要抓住关键问题，用简洁的语言把道理阐述清楚即可。

4. 知照性通知的写法

知照性通知的正文只要写清楚行文的依据、目的和事项即可。要求文字简练、明白。

5. 会议通知的写法

会议通知依据其不同类型，有不同的写法。

通过文件传递渠道发出的会议通知，一般应写明召开会议的原因、目的、会议名称、主要议题、到会人员、报到时间、地点、需要的材料等，通常采用条文式写法，做到逻辑周密、语言清楚、表述准确，不致产生歧义。

供机关、单位内部张贴或广播的周知性会议通知，正文开头可不写受文对象，应在通知事项中说明会议时间、地点、内容、准备材料及出席人员等。语言力求简洁、明白。

6. 任免通知的写法

任免通知的写法比会议通知更为简单，一般的固定格式是按任免依据写上任免人员即可。

## 相关链接

### 通知的写作模板

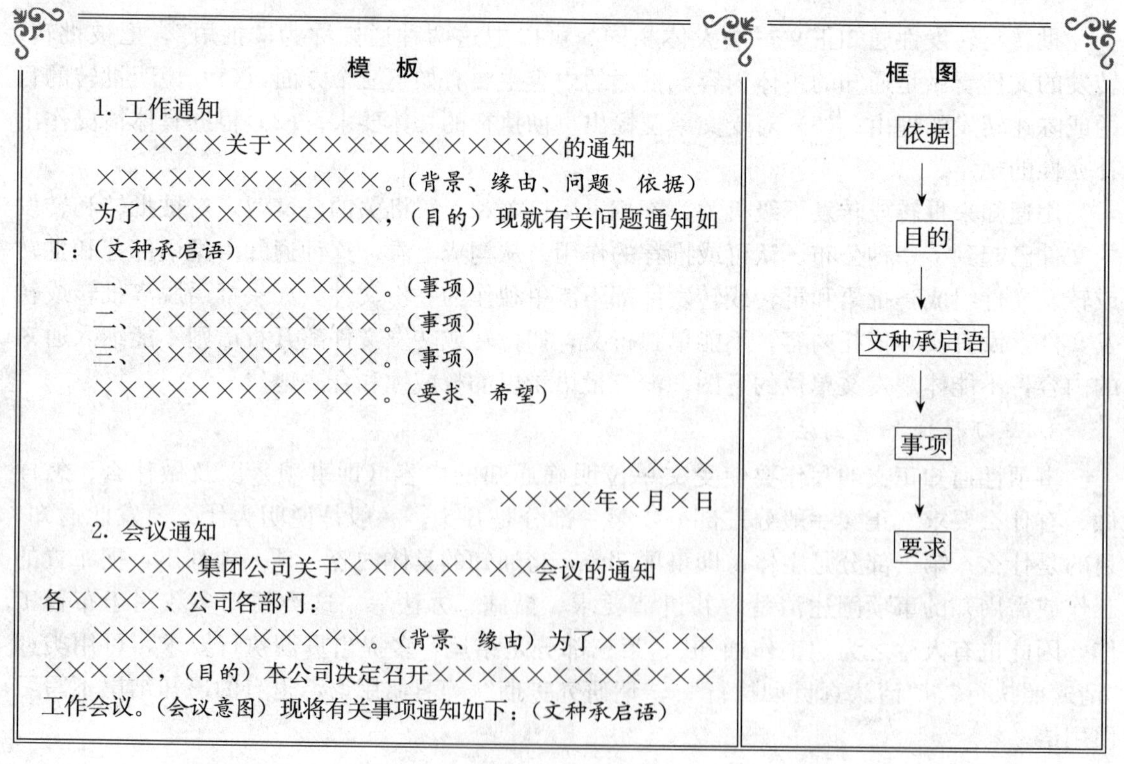

| 模板 | 框图 |
| --- | --- |
| 1. 工作通知<br>××××关于×××××××××××××的通知<br>×××××××××××××。（背景、缘由、问题、依据）<br>为了×××××××××××，（目的）现就有关问题通知如下：（文种承启语）<br>一、×××××××××××。（事项）<br>二、×××××××××××。（事项）<br>三、×××××××××××。（事项）<br>×××××××××××××。（要求、希望）<br>××××<br>××××年×月×日<br>2. 会议通知<br>××××集团公司关于×××××××××会议的通知<br>各××××、公司各部门：<br>×××××××××××××。（背景、缘由）为了×××××<br>×××××，（目的）本公司决定召开×××××××××××××<br>工作会议。（会议意图）现将有关事项通知如下：（文种承启语） | 依据<br>↓<br>目的<br>↓<br>文种承启语<br>↓<br>事项<br>↓<br>要求 |

一、会议内容：××××××××××××××。

二、与会人员：××××××××××××××。

三、会议时间：×月×日至×月×日。

四、报到时间和地点：×月×日 9:00—18:00，在××××××××××××报到。

五、会议地点：××××××××××××××。

六、其他事项：

1.××××××××××××××。

2.××××××××××××××。

3.会务联系：××市××路××号××××××××××××工作会议会务组。邮编：××××××。联系人：×××。联系电话：×××××××××。电子邮箱：×××@21cn.com。QQ：×××××××××。

附件：会议报名回执表

××××公司

××××年×月××日

## 四、写作要求

### （一）依职能行文

通知的类型比较多，使用也比较频繁。无论是使用什么类型的通知，都必须符合机关的职能，也就是说要弄清楚本机关是否具有发文资格。比如，只有上级机关才能对下级发指示性通知，只有具有批准权力的机关才可以使用批转性通知，等等。

### （二）明确具体

在通知的类型中，除了指示性通知和批示性通知会讲些原则意见而有些“虚”外，其实各类通知的内容都要求尽量地“实”。在通知中，做什么、怎样做和有什么要求，都必须具体明确，条理清晰。比如事项性通知，就尤其要具体明确写清楚完成相关事项的要求、完成的时间、必要的程序等，以便受文单位能够更好地完成该项工作。至于知照性通知、会议通知和任免通知，则必须明确具体地写清楚行文的依据或原因以及相关内容，不能含糊其辞、模棱两可。

### （三）重点突出

通知多具指导性，其内容多要求下级办理、执行，同时又有较强的时效性，这些都要求我们在撰写通知时必须分清通知事项的主次，按其轻重缓急，突出重点，层层展开，尤其必须把主要事项讲清说透，以利于受文单位和相关人员能够更好地理解、掌握和执行。

## 复习与训练

**一、名词解释**

通知

**二、填空题**

1. 通知的常见类型有______、______、______、______、______和______。

2. 通知的特点有______、______和______。

3. 下级转发上级来文为“______”，上级转发下级来文为“______”。

4. 有些______性、______性的通知，可不写主送机关。

**三、判断题**

下列事项是否可以用通知行文？

1. ××省人大常委会拟颁布一项地方经济法规。（ ）

2. ××市水电局将召开经济建设工作会议，需告知各县、区水电部门事先做好准备。（ ）

3. ××县纪委拟批评××局×××干部玩忽职守、造成国家经济损失的错误。（ ）

4. ××市政府拟批转市卫生局《关于做好灾后防疫病工作的意见》。（ ）

5. ××公司拟向员工布置学习总经理新春讲话的有关事宜。（ ）

**四、病例析改题**

请改正下列标题中的毛病：

1. 国务院转发国家医药管理局关于进一步治理整顿医药市场意见的通知。

2. 国务院办公厅批转关于国家旅游局进一步清理整顿旅行社意见的通知。

3. ××乡人民政府关于印发××县人民政府〔××××〕10号文件的通知。

4. ××厂关于转发××分厂《关于建立安全岗位责任制经验总结》的通知。

5. 国家旅游局关于批转国务院《旅行社管理暂行条例》的通知。

6. 转发省劳动局、省人事局、省财政厅、省总工会“关于转发劳动部、人事部、财政部、国家总工会《关于发给离退休人员生活补贴费》的通知”的通知。

7. 关于批转财政局《转发“财政部关于重申不得将国家资金转入银行储蓄的通知”的通知》的通知。

**五、简答题**

1. 批转、转发性通知的标题可作何种格式化省略？

2. 事项性通知正文一般分为几部分？各部分如何写？

**六、写作训练题**

试指出下列通知中存在的问题，并作出修改。

**机关游泳池办证的通知**

机关各直属单位：

机关游泳池定于6月1日正式开放，6月10日开始办理游泳证。请你们接此通知后，按下列规定，于元月30日前到机关俱乐部办理游泳手续。

一、办证对象：仅限你单位干部或职工身体健康者。

二、办证方法：由你单位统一登记名单、加盖印章到俱乐部办理，交一张免冠照片。

三、每个游泳证收费伍元。

四、凭证入池游泳，主动示证，遵守纪律，听从管理人员指挥。不得将此证转让他人使用，违者没收作废。

五、家属游泳一律凭家属证另购买票，在规定的开放时间内入池。

×××俱乐部

××××年××月××日

# 第五节　通　报

## 一、阅读与析评

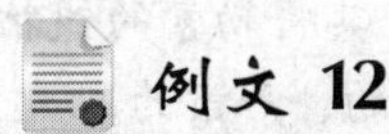

### 例文 12

**××省化工总公司党委关于授予张××“优秀共产党员”荣誉称号的通报**

各分公司党委、总公司党委各部门、各直属机构：

张××同志是××分公司所属天宏化工厂管道维修工人，共产党员。今年8月12日上午8时30分，该厂成品车间后处理工段油气管道突然爆炸起火。正在利用公休日清理夜间施工现场的张××被爆炸气浪猛烈推倒，头部、右臂和大腿等多处受伤，鲜血直流，鞋子也被甩出很远。在这危急关头，张××强忍剧痛，迅速爬起来，顾不得穿鞋和查看伤势，踩着玻璃碎片，冲入烈火之中，迅速关闭了喷胶阀门、油气分层罐手阀、蒸汽总阀。接着先后用了10余个干粉灭火器扑救颗粒泵、混胶罐等处的大火，在随后赶来的保安人员的援助下，共同英勇奋战十余分钟，最终将大火全部扑灭，避免了火势的蔓延。

张××同志在身体多处受伤、火势凶猛并随时可能发生更大爆炸的万分危急关头，将个人生死置之度外，果断处理突发事件，为遏制火势蔓延、防止事故扩大、减少国家财产损失，作出了突出的贡献。他的行为体现了为保护国家财产和人民利益而置个人生命安危于度外的崇高精神品质，谱写了一曲保持共产党人先进性的正气之歌。

为了表彰张××的英雄行为和崇高的革命精神，总公司党委研究决定：授予张××“优秀共产党员”荣誉称号，将张××奋力灭火的英勇事迹通报全公司，晋升两级工资，并颁发灭火奖励10 000元，以资鼓励。

希望各分公司党委、各直属机构组织广大共产党员和干部职工以张××为榜样，落实安全生产责任，努力做好本职工作，为化工行业的改革与发展作出更大的贡献。

××省化工总公司党委（印）

××××年8月20日

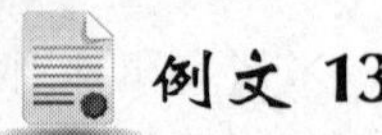

这是一份表彰通报。正文叙述张××的先进事迹，对该同志的行为作了有境界而又恰当的分析、评议，目的句之后写决定事项，最后提出发文单位的希望号召。全文结构合理，格式规范。注重将英勇行为上升到恰当的境界予以分析、评议。语言通俗流畅。美中不足的是对事件过程的叙述还可以概括一些。

## 例文 13

**关于处理××运输公司发货员李××勒索货主钱物的通报**

局直属各科室、公司，客运、货运站：

××运输公司发货员李××，自今年3月10日至4月30日，利用发货职权，在××货运码头先后向8个提货的货主明目张胆地索要钱物。有些货主不愿给他钱物，李××就采取不发货、不放行的手段进行刁难。后经货主王××揭发，问题暴露。现已查实李××共勒索钱物折合人民币×××元。李××所勒索的金额虽然不多，但手段恶劣，性质严重，引起货主强烈不满，严重破坏了商业信誉，使货运工作受到了一定损失。为严肃纪律、整顿商风，经××运输公司研究，决定给予李××开除公职留用察看一年的处分，并责令其将勒索的钱物退还给有关货主，向货主赔礼道歉，作出深刻检查。我们认为这样处理是恰当的、严肃的。

为了杜绝类似事情的发生，各单位要联系本单位的实际，进一步加强对职工的职业道德教育，建立良好的商业风尚。同时，要严肃行业纪律，建立健全各项规章制度，堵塞漏洞，对违反纪律、以权谋私的人和事，都应严肃处理。

××港务局（公章）

××××年××月××日

**析 评**

这是一则批评通报。标题由事由和文种构成。

正文第一部分首先叙述当事人的错误事实，交代错误发生的时间、地点、经过及后果；然后指出危害，分析错误的性质，说明处分的目的，继而写处分的决定和要求。在叙述错误事实时材料具体，清楚明白；在分析错误性质及其危害时，注意掌握分寸，评论恰如其分。错误事实的客观叙述和错误性质的准确评定，为正确作出处分决定提供了重要依据。

正文第二部分对症下药，要求所属各单位加强对职工的职业道德教育，建立良好的商业风尚，以杜绝类似事件的发生。

全文结构严谨，层次清晰，措辞得当。

## 二、必需知识

### （一）通报的适用范围及特点

通报适用于表彰先进、批评错误、传达重要精神和告知重要情况。

通报是经济工作中适用范围广泛的公文。

通报具有以下两个特点。

1. 内容的真实性

真实是通报的生命。通报的任何情况、事实都必须是真实的，不能有差错，更不能编造假情况。因此，写通报，对正反方面的事实都要认真核实，做到准确无误、没有水分。例如对先进事迹的通报表扬，就要实事求是地反映。

2. 目的的晓谕性

表彰通报的行文目的是告晓有关单位和人员，有谁或何事受到了表彰。同时，对被表彰单位是一种鼓舞、激励；对其他单位是一种教育，引导其找差距，学先进；对后进单位是一种鞭策，激励他们学习先进，迎头赶上。批评通报的目的则是让人们知道错误，认识错误，吸取教训，改正错误，引以为戒。情况通报，是让人们了解通报的事项。

### （二）通报的主要类型及行文方向

根据通报的作用和适用范围，可将通报分为以下三类。

1. 表彰通报

用于在一定范围内表扬好人好事。

2. 批评通报

用于在一定范围内批评错误，纠正不良倾向。

批评通报和表彰通报都是下行文，制发单位没有级别限制。

3. 情况通报

多用于向有关方面知照应该了解和掌握的信息、动态，以供工作中参考。

情况通报属下行文，也兼作平行文。

### （三）通报的作用

通报对下级和有关方面的指导重于指挥，主要起到倡导、警戒、启发、教育和沟通情况的作用，具体包括以下两点。

1. 嘉奖和告诫作用

在一定范围内对具体的人和事表扬和批评，借以达到鼓励先进、发扬正气或批评错误、打击歪风邪气的目的。表彰通报和批评通报对当事人的奖励或惩罚，具有行政约束力。

2. 交流作用

传达重要情况和知照事项的通报，能及时交流信息，上情下达，并促进上下级之间、有关部门之间的相互了解。

## 三、结构和写法

### （一）标题

通报的标题通常由发文机关、事由和文种三个要素构成，有时可省略发文机关和事由，只写“通报”二字。但比较重要的通报则不能省略要素。

通报的签署和时间可以放在标题下方，文末不再落款；通报也可以有抬头、落款，时间则写在发文机关下面。

## （二）正文

### 1. 表彰通报正文的一般写法

（1）叙述先进事迹，包括时间、地点、人物、事迹、怎么做及结果。

（2）对上述事件进行分析、评议，指出其典型意义，或概括其主要经验。语言要简明概括。

（3）提出表彰或发出号召。如果是转发式的表彰通报，正文部分先对下级机关所发的材料进行评价，加上批语，即对被表彰者进行评议，再发出号召或提出要求。

### 2. 批评通报正文的一般写法

（1）通报缘由，即将事故或错误事实的经过、时间、地点、原因、后果等交代清楚。

（2）对事故进行分析评议，重点分析事故发生的原因，指出事故的性质及危害，并提出处分决定。

（3）写明防止此类事故的措施。要对症下药，提出告诫，或重申某一方面的纪律。

### 3. 情况通报正文的一般写法

要写好情况通报的正文，关键在于所掌握的情况准确、全面、有说服力。情况通报的正文包括：（1）叙述情况。（2）分析情况，阐明意义。（3）提出指导性意见。

**相关链接**

### 通报的写作模板

**模　板**

1. 表彰（批评）通报

××有限公司关于表彰（批评）×××××××××的通报

各部门、各有关机构：

×××，是×××××××××。（介绍基本情况，先进事迹及其效果/事故或错误事实及其后果）×××××××××××××。（分析、评议先进事迹/分析事故原因、性质及危害）

为了表彰××××××，（为严肃纪律）×××××××××××，（目的）公司研究决定：授予×××“××××”荣誉称号，并颁发奖金××××元。（对×××予以通报批评，扣发××××元奖金，并责令其××××。）（表彰决定事项/处分决定）

希望×××××××××以×××为榜样，努力做好本职工作，为公司的改革与发展作出更大的贡献。（望全体员工引以为戒，从中吸取教训，把各项工作提高到一个新水平。）（希望、号召/吸取教训，提出希望和要求）

××有限公司

××××年×月×日

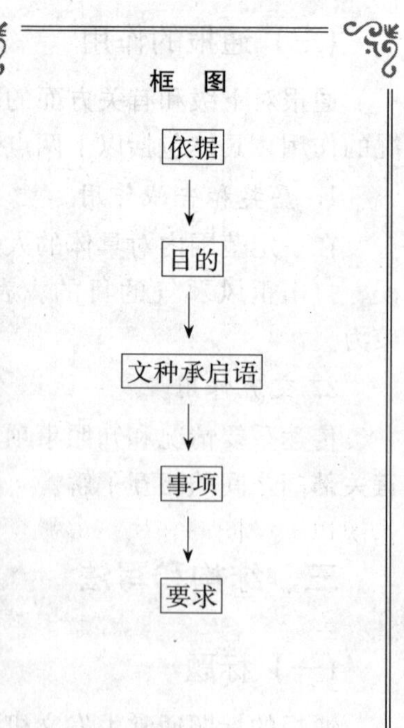

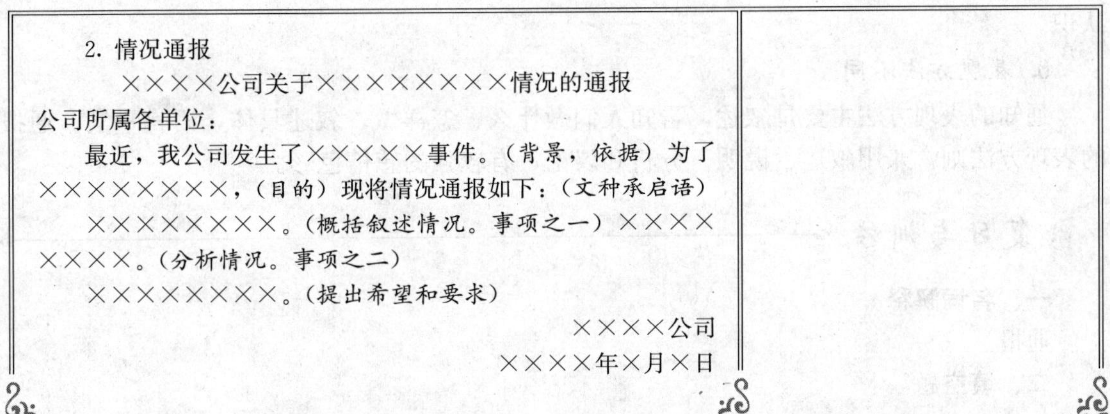

2. 情况通报

××××公司关于×××××××××情况的通报

公司所属各单位：

最近，我公司发生了×××××事件。（背景，依据）为了×××××××××，（目的）现将情况通报如下：（文种承启语）

×××××××××。（概括叙述情况。事项之一）××××××××。（分析情况。事项之二）

×××××××××。（提出希望和要求）

××××公司

××××年×月×日

## 四、写作要求

### （一）注重时效性

发通报要抓住时机，及时将先进典型和经验向社会宣传推广，对反面典型予以揭露，引起警戒，或对某些重大事项和重要情况，及时予以通报，以起到交流情况、信息，指导工作的作用。错过了时机的通报，就失去了它的时效性，没有行文的意义。

### （二）注意指导性

不能事无巨细都发通报，要选择对工作有普遍指导意义的事项来发通报。通报要想有普遍的指导意义，就应选择典型。先进的典型要能反映事物的本质特征，揭示时代的本质，体现时代的精神；反面的典型应有一定的代表性，能体现警戒的作用。所以，只有选准、选好典型，通报才能起到激励教育、推动工作和批评警戒的作用。

### （三）注意真实性

通报中所涉及的事例必须是客观存在的，经过反复调查认为是真实可靠的，绝不允许捏造和虚构。同时，事例的反映要准确，不能夸大或缩小，要实事求是。通报在结尾提出的希望和号召也必须切合实际，有一定的针对性，使读者能够接受或受到启示。

### （四）注意通知与通报的区别

1. 内容范围不同

通知可以批转和转发公文，传达需办理和周知的事项等；通报则是表扬先进，批评错误，传达、交流重要的情况、信息。两者虽然都有告知的作用，但通知告知的主要是工作情况以及共同遵守执行的事项；通报则是告知正反面典型，或有关重要的精神或情况。

2. 目的要求不同

通知的目的是告知事项、布置工作、部署行动，内容具体，要求受文机关了解要办什么事、该怎样办理、不能怎样办理，有严格的约束力，要求遵照执行。通报的目的或是交流、了解情况，或是通过正反面的典型去教育人们，宣传先进的思想和事迹，提高人们的认识。

3. 表现方法不同

通知的表现方法主要是叙述，告知人们做什么、怎样做，叙述具体，语言平实。通报的表现方法则常兼用叙述、说明、分析和议论，有较强的感情色彩。

## 复习与训练

**一、名词解释**

通报

**二、填空题**

1. 通报的类型有________、________和________。

2. 通报的特点有________、________和________。

3. 通报的写作要求有________、________和________。

**三、判断题**

下列事项是否可以用通报行文？

1. ××县工会拟表彰奋不顾身抢救落水儿童的青年工人。（　）

2. ××厂拟向市工业局汇报该厂遭受火灾的情况。（　）

3. ××市安全办公室拟向各有关单位知照全市安全大检查的情况。（　）

4. ××县政府拟公布加强机关廉政建设的几条规定。（　）

5. ××县纪委拟批评××局×××等干部挥霍国家钱财游山玩水的错误。（　）

**四、阅读与析评题**

阅读下面的病文、析评和改写稿。试分析：

1. 析评所写是否准确、正确？

2. 改写稿补充了哪些内容？这样补充是否合理、合适？是否还能作某些修改？

[病文]

**表彰通报**

市×××化工厂，采取有力措施，切实贯彻《安全生产条例》，建立安全生产岗位责任制，实现全年生产无事故。成为市第一个安全生产年企业。为此，市政府决定对×××化工厂通报表彰。

××市政府

××××年1月20日

[析评]

这篇表彰通报的主要毛病有以下几个方面：

(1) 标题不规范。应由事由和文种组成。

(2) 表彰事项不具体。文中只写“市政府决定对×××化工厂通报表彰”，具体奖什么呢？没有下文。应按照先精神奖励后物质奖励的原则，写明奖给锦旗或奖状、奖金××元，或记集体功等具体内容。

(3) 未写明×××化工厂是哪年实现安全生产年，影响了本文的严肃性和真实性。
(4) 正文内容残缺。应补写上号召和要求。
(5) 标点不当。“事故”后的句号应改为逗号，以免割断其内在的紧密联系。
(6) 发文机关应写全称并标明“印章”。
(7) 成文时间应用汉字书写。
(8) 缺主题词。

[改写稿]

## 关于对市×××化工厂实现安全生产年的表彰通报

市×××化工厂采取有力措施，切实贯彻《安全生产条例》，建立安全生产岗位责任制，××××年实现全年无生产事故，成为我市第一个安全生产年优秀企业。为此，市政府决定对×××化工厂给予通报表扬，并奖给锦旗一面，奖金×××××元。

市政府号召全市各企业以×××化工厂为榜样，层层建立健全安全生产岗位责任制，扎扎实实抓好安全生产，争创安全生产年企业，把我市安全生产推上一个新台阶。

××市人民政府（印章）
××××年一月二十日

**主题词：表彰　通报**

**五、病例析改题**

试指出下列病文的毛病，并写出修改稿。

## 石化厂关于我厂连续发生火灾的情况通报

各科、室、车间：

进入元月以来，不到二十天，连续发生四起火灾，给生产和职工生命财产造成不应有的损失，如：

一月八日十一时，运输车间汽车修理工段设明火取暖，工人杨××在明火附近用汽油洗手，油星溅入炉火内引起火灾，杨××等四名工人被烧成重伤住进医院，财产损失达二万九千四百余元。这起重大火灾是多年来我厂从未发生过的。一月十四日上午九时三十分，单身宿舍六号楼203房间，下夜班工人蒋××由于吸烟不慎，把烟头扔在床下，引起床下的棉纱起火，将该宿舍的衣物、被褥、书籍、生活用具等全部烧光，直接损失七百多元。

四起火灾，均系有关人员思想麻痹，违反安全防火要求所致。这也反映了我们的防火宣传工作做得还不够深入，防火措施还没落到实处，存在死角。为此必须引起我们各科室、车间领导同志的高度注意，从上述事故中吸取教训，根据各部门的具体情况，结合安全大检查，向职工广泛进行一次安全防火的教育，狠抓薄弱环节和死角，堵塞一切漏洞，落实好各项防火措施，严防火灾发生，以确保生产的顺利进行，保卫国家及群众生命财产的安全。

# 第六节　报　告

## 一、阅读与析评

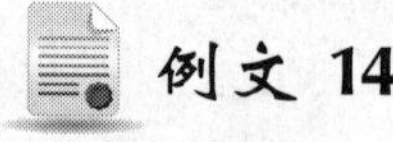

### 例文 14

**关于×××国××公司代表来访洽谈事宜的报告**

××市对外贸易总公司：

我公司产品销售代理×××国××公司总经理×××先生应邀于××月××日至××月××日来我市访问，在此期间，我们与他洽谈了业务，陪同他参观了有关工厂，最后达成×××万美元交易。

××公司系我公司丝绸针织制品的老客户。××××年与我们开始贸易往来，双方签订了第一个年度包销协议，销售各式真丝、化纤、混纺绣衣、织锦衬衣、浴衣、睡衣等商品，金额达×××万美元。以后每年续订协议，交易金额逐年增加。几年来，包销金额已达×××万美元，实际成交超过×××万美元。这次，××公司又签订了为期3年的包销协议，金额折合×××万美元。双方还一致同意真丝绣衣用A商标，各式涤春纺、涤棉绸用B商标，各式绣衣童装用C商标，客户表示即向政府当局办理注册手续，以防假冒。

洽谈中，客户对过去几年我方未能满足其订货数量表示遗憾。我们表示今后在订货数量上尽量予以满足。当我方展示一批经过挑选的新样品时，客户当即表示十分满意，并立即成交绣衣×××件，价值×××美元。

在参观工厂时，××公司总经理×××先生向我方设计人员介绍了该国市场服装流行的情况，并指出了我方货物存在的问题，为我方改进生产、提高商品质量提出了一些合理建议，如×××先生反映我方化纤面料彩绣已陈旧，不再受用户欢迎，建议我方要适应当前女性的喜好趋势设计、生产产品。

我们已根据客户意见，布置有关厂家尽快改进生产，设计富有时代特色和流行趋势的新颖花色和样式，准备在广州秋季交易会上与客商见面。

×××先生表示明年××月将再来访问，并作较长时间的逗留。

特此报告。

××××××公司<br>××××年××月××日

**析评**

这是一份工作报告。正文先概括介绍来访人员、时间及洽谈成果，接着回顾双方的贸易历史及贸易成果，其后具体介绍接待情况，文章主要突出双方对产品及成交的态度。全文格式规范，叙述较为具体。有些字句尚值得推敲。

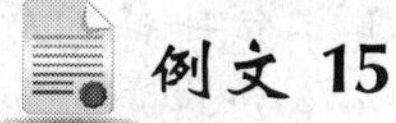

## 例文 15

### 关于5月份产品质量事故的报告

公司董事会：

第三分厂5月份生产的销往上海的300吨产品中，发现混有硝块、钢丝、鱼骨等杂物，给公司造成了很坏的影响。本周我厂组织三、四车间各个包装班组逐一开会，分析讨论，同时对他们进行了质量意识与工作责任心教育。

经过分析讨论，大家认为：产品中的硝块是干燥管壁上的，由于振动筛筛网与二次过筛损坏而进入产品中；钢丝是二次筛网损坏留下的；鱼骨是离心岗位、干燥岗位或是包装岗位人员吃饭时不小心掉到产品中的。

造成这次质量事故的原因，主要是员工的质量意识较差、工作责任心不强以及管理不到位所致。为杜绝类似事故的再次发生，我厂已经做了以下几方面的工作：

一、针对此次事故，对全体干部员工进行质量意识与工作责任心的教育，使他们认识到产品质量就是企业的生命，没有质量企业就不能生存，每个员工的经济收益就要受到损害。

二、层层把好质量关，对各个工序进行严格控制：对振动筛定期检查，二次过筛随坏随换，包口及时扎实，调度员、工段长、包装班长、化验员随时监督。

三、在加强过程控制的同时，加大查处力度，对个别不负责任人员予以严肃处理。

这次质量事故是我们第三分厂全体干部员工的耻辱，我们要接受教训，质量警钟长鸣，尽力挽回造成的经济损失与不良影响，在此我们愿意接受公司给予的任何处分。

特此报告，请审阅。

广州联宏股份有限公司第三分厂

××××年6月21日

### 析评

这是一篇反映产品质量事故的情况报告。全文可分为五个层次：第一，概述了事故的基本情况，以及事故发生后查找原因的做法；第二，分析说明了事故发生的直接原因；第三，说明了事故发生的根本原因；第四，说明了以后为避免事故发生所要采取的各种措施；第五，表达了对事故教训的深刻反省以及愿意接受处分的诚恳态度。

这篇报告格式规范，重点突出，实事求是地分析了事故发生的直接原因和根本原因，有针对性地提出了解决问题的措施，并表示愿意接受处分，这种在事故面前敢于负责的态度，令人信服。

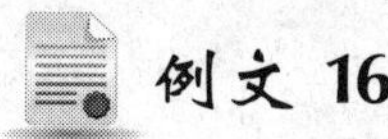

## 例文 16

### 关于制止盲目乱建烟叶复烤厂问题的报告

省人民政府：

我省现在的咸阳、合阳、洛川、旬阳、武功五个烟叶复烤厂，分布在陕南、陕北、关中三大烟叶产区，布局基本合理，年复烤能力已达×万担，已大大超过去年复烤计划指标。但是今年以来，个别地、县从本地局部利益出发，盲目乱建复烤厂，重复建设，造成了人力、财力、物力的浪费。根据《中华人民共和国烟草专卖法》（以下简称《烟草专卖法》）第三章第十三条关于“烟草制品生产企业为扩大生产能力进行基本建设或技术改造，必须经国务院烟草专卖行政主管部门批准”的规定，为加强对烟叶复烤加工企业的专卖管理，现就制止乱建烟叶复烤厂问题提出以下意见：

一、根据我省烟叶现有复烤能力和生产发展的实际情况，今后五年内不再新建复烤厂。

二、凡未按照《烟草专卖法》规定报批而由各地、县擅自批建的复烤厂，一律停建整顿，待后处理。

三、今后需要新建烟叶复烤厂，必须按照《烟草专卖法》的有关规定程序报批，否则，专卖部门一律不发生产许可证，造成的经济损失自负。

以上报告如无不妥，请批转各地（市）贯彻执行。

陕西省烟草专卖局（印章）

××××年××月××日

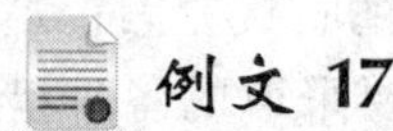

析 评

这是一则呈转性建议报告。

正文的引言部分首先简要介绍了陕西省烟叶复烤厂的分布情况和现有生产能力，着重指出当前乱建烟叶复烤厂的危害，并以《中华人民共和国烟草专卖法》的有关规定作为所提意见和建议的依据，讲明发文目的，然后用“现就制止乱建烟叶复烤厂问题提出以下意见”的承转语导出主体。

主体部分采用分条列项的方式，具体陈述报告的意见，三条意见具体、确切、明了，排列有序，逐层深入，富有逻辑性、政策性；专业术语也用得贴切得体。

结尾部分用“以上报告如无不妥，请批转各地（市）贯彻执行”作结，简洁明快，用语规范。

## 例文 17

### ××县供销社关于上报《××××年第三季度会计报表》的报告

××地区供销社：

按规定，现将我县《××××年第三季度会计报表》一套一式两份报上，请收下并审查。

附件：《××××年第三季度会计报表》

××县供销社

××××年10月9日

析 评

这是一则报送报告。这类报告的写法比较简单，正文写清楚缘由和报送的材料、名称、数量，结尾部分用“请查收并审核”、“请查阅”一类习惯用语收束。例文结尾“请收下并审查”改为“请查收并审核”较好。

## 二、必需知识

### (一) 报告的适用范围及特点

报告适用于向上级机关汇报工作、反映情况，答复上级机关的询问。

报告主要有如下三个特点。

1. 内容的实践性

这一特点鲜明地表现在工作报告上。工作报告是对本单位所做过的工作的回顾和总结，只有做过的事，才能写进报告，没有做过的、只停留在计划里和口头上的豪言壮语，不能作为报告的材料。怎样做就怎样写，做得好的总结经验，做得不好的吸取教训，不能弄虚作假，也不能抄几段文件搪塞。其他类型的报告实际上也以实践为依据。

2. 表述的概括性

这是报告的文体特点。报告是以叙述和说明为主要表达方式的文种，但它的叙述和说明是概括性的，要求作粗线条的勾勒，而不必详述过程，更不要求铺排大量的细节，制作者只有领会了这个特点，才能写出篇幅短小而又有分量的报告来。

3. 选材的灵活性

报告选材的自由度很大，写什么、不写什么，选择权掌握在发文单位手里。了解这个特点，发文单位就可以根据实践挑选最有特色、最有价值、最有新意的题材和材料来写。当然，答复报告必须按上级的要求实事求是地写。

### (二) 报告的主要类型

1. 工作报告

工作报告是指汇报工作的报告。如下级机关向上级机关汇报某一阶段工作的进展、成绩、经验、存在问题及打算，汇报上级交办事项的结果，汇报对某一指示传达贯彻的情况等。

2. 情况报告

情况报告是指向上级机关反映情况的报告。例如，及时汇报本地区、本单位发生的重大事件，在一定范围内带有倾向性的情况，包括会议的情况等。

3. 建议报告

建议报告是指汇报或提出工作建议、措施的报告。下级机关或主管部门向上级领导机关提出工作意见，或贯彻某文件、指示的意见，或解决问题的措施、工作方案等。

有的建议报告只要求上级机关认可，这类报告称为呈报性建议报告。有的建议报告要求上级机关批准转发给下级机关执行，这类报告称为呈转性建议报告。呈转性建议报告的特点是政策性强。工作意见或解决问题的办法措施一旦经上级批准转发，就变成了上级机关的意志，体现了上级机关的意图，能领导和指导下级的工作。起草报告的机关要从全局出发，把报告写好，以求获得上级机关批转，发挥公文的效用。

4. 答复报告

答复报告是指答复上级查询事项的报告。例如，上级领导对群众来信来访中反映的问题或文件材料中反映的问题，批示下级机关查办，或询问有关情况，下级机关办理完毕，需用书面形式答复上级机关，此时使用的公文就是答复报告。

5. 报送报告

报送报告是指向上级机关报送物件或有关材料的报告。

## 三、结构和写法

报告有多种写法，这里只介绍报告一般的结构和写法，同时指出实际写作中常见的一些毛病。

报告的结构包括标题、正文、结尾三部分。

### (一) 标题

报告的标题可根据需要省略发文机关。事由和文种不能省略。另外，对事由部分要注意概括、提炼。

### (二) 正文

各类报告正文的写作要点如下：

1. 工作报告

正文内容一般包括基本情况、主要成绩、经验体会、存在问题、基本教训、今后意见等几部分。这类报告篇幅较其他类型报告长，应恰当安排其层次结构。可标出序数分条分项陈述，也可列小标题分部分或分问题写。

基本情况可简要交代时间、背景和工作条件；主要成绩应把工作的过程、措施、结构和成绩叙述清楚；经验体会主要是指对工作实践的理性认识，要从实际工作中总结规律，以便指导今后的工作；存在问题要写出工作中的缺点与不足；基本教训是指工作失误的原因和值得吸取的教训；今后意见指改进工作的意见，或者提出今后开展工作的建议。

不同类型的工作报告，在这些内容上各有不同的侧重点。

2. 情况报告

情况报告常用于向上级汇报下列事项：

(1) 严重的灾害、事故、案情、敌情；

(2) 重要的社情、民情，如社会生活中的新动态和上级有关国计民生的某项新政策、新规定的贯彻执行情况及群众的反映等；

(3) 督促办理或检查某项工作的情况，如财务、税收、物价、质量、安全、卫生等项工作的检查结果；

(4) 举办重大活动、召开重要会议的基本情况，各级各类代表会议的选举结果等；

(5) 对某项工作造成失误和问题的检讨与反思；

(6) 其他重要的、特殊的、突出的新情况。

情况报告写法不强求一律，但都要力求做到：

(1) 内容集中、单一，突出重点，抓住事物本质，实事求是地反映情况；

(2) 把情况和问题讲清楚，把事情的经过、原委、结果、性质写明白；

(3) 提出处理意见和建议，要写得具体、明确、简要，尤其要注意提出意见、建议的角度，不能在报告中夹带请示事项；

(4) 理顺文章的思路和结构，无论是纵式结构还是横式结构，都要脉络清楚，层次分明；

(5) 写作要及时，以便让上级机关和有关领导尽快了解重大、特殊、突发性的种种新情况。

3. 建议报告

建议报告的内容一般比较集中，它的正文可分为情况分析和意见措施两部分。情况分析部分或者介绍情况、分析问题，或者肯定成绩、指出不足、总结经验教训，或者说明提出意见、建议的目的、原因和依据。这部分一般写得比较简明扼要。其后常以“特提出如下意见（或建议）”、“拟采取如下措施”等领起下文。意见措施部分是在前一部分的基础上切合实际地提出做好某项工作的意见、措施、建议，这是这类报告的重点部分，也是建议报告在写法上有别于情况报告、工作报告的地方。意见措施部分往往采取条文式的写法，要求写得脉络清楚、逻辑严谨、主次分明。

有些建议报告需上级机关批转。有些则只对上级机关的某项工作、某一征求意见的文稿等提出看法、建议，不需要上级表态或批转。

4. 答复报告

答复报告的内容要体现针对性，有问必答，答其所问，以示负责。表述要明确、具体，语言要准确、得体，不可含糊其辞、模棱两可。答复报告的正文包括答复依据和答复事项两部分内容。答复依据指上级要求回答的问题，要写得十分简要，有时一两句话即可。答复事项指针对所提问题的答复意见或处理结果，要写得周全，不要节外生枝、答非所问。

5. 报送报告

这类报告正文极为简单，有的甚至只有三言两语，把报送物件、材料的名称、数量说明即可。

### (三) 结尾

一般报告结尾都有提出要求的习惯用语，根据报告的不同内容使用不同的习惯用语。除呈转性建议报告常以“如无不妥，请批转有关单位执行”的请求式用语作结束外，其他各类报告常以“特此报告”、“专此报告”、“请审阅”、“请批示”等用语作结。

## 相关链接

### 报告的写作模板

| 模板 | 框图 |
|---|---|
| 1. 工作报告<br>×××分公司关于×××××工作的报告<br>总公司：<br>×××××××。（背景、依据）在×××××××下，现在×××××工作已经结束。总的来看，工作×××××××进展得比较顺利，取得了××效果。（基本情况及总体评价）现将此项工作报告如下：（文种承启语）<br>一、××××××。（主要成绩）<br>二、××××××。（经验教训、效果评价）<br>三、××××××。（存在问题、改进意见、建议）<br>特此报告，请审阅。<br>××分公司<br>××××年××月××日<br>2. 情况报告<br>××××关于×××××事故的报告<br>×××××：<br>×月×日，我单位发生了一起×××××事故。××××××××××××××。（背景。概述事故基本情况，包括事故发生的时间、地点，造成的损失）<br>现将情况报告如下：（文种承启语）<br>××××××。（对事故的救助活动情况）<br>××××××。（事故原因、救助方案）<br>××××××。（处理事故的做法、措施）<br>××××××。（对事故责任人如何处分）<br>××××××。（教训抑或表态）<br>××××××<br>××××年××月××日 | 依据<br>↓<br>目的<br>↓<br>文种承启语<br>↓<br>事项<br>↓<br>要求 |

## 四、写作要求

报告写作一般要求在充分掌握材料的基础上进行综合分析，提炼出正确的主题和新颖的观点，然后用简洁的语言来表述，具体要求做到以下几点。

### （一）立意要新

提炼主题，应该在占有大量材料的基础上进行分析研究，归纳出新颖的观点，从而提炼出能反映本质的、带规律性的主题。

### （二）内容要真实、具体

报告的内容必须是真实的，尽管选材具有灵活性，但也要实事求是，一是一、二是二，有喜报喜、有忧报忧，绝不能编造假情况，欺骗上级。所以，起草报告的人员要深入调查研究，尽可能亲自调查了解，掌握第一手材料，然后进行分析归纳，去伪存真。材料要具体，既有概括性的材料，也有典型的具体事例。

### （三）重点突出

报告的内容要根据主题的要求来安排，分清主次轻重，重点的、主要方面的内容要安排在前面，应详写；非重点的、次要方面的内容可略写；可写可不写的内容就不写。同时，要注意处理好点和面的关系，比如既要有典型的事例，也要有面上的综合性的情况，做到点面结合、眉目清楚、说服力强。

### （四）报告中不能夹带请示事项

对于报告，受文单位不用答复，如果夹带请示事项，不但不便处理，甚至还会贻误工作。对呈转性建议报告中所提请求上级机关批转有关单位执行的意见，其实也是下级机关提出的建议，不应看作是一种请示。上级机关对此建议也不必向提出报告的机关批示表态。

### （五）注意工作报告与情况报告的区别

工作报告反映的是经常性的常规工作情况，而情况报告汇报的是偶发性的特殊情况；工作报告的内容相对确定，而情况报告的内容多不确定，因时因事而异；工作报告的写法基本稳定，而情况报告的写法灵活多样；有的工作报告有不同程度的说理，而情况报告重在叙述、说明有关情况。

## 复习与训练

**一、名词解释**

报告

**二、填空题**

1. 报告的主要类型有________、________、________、________和________。

2. 报告的特点有________、________和________。

**三、判断题**

1. 某地发生一突发性重大事故，向上级反映此事故及其有关情况，用报告行文。（　　）

2. 报告可以同时上报几个上级机关。（　　）

3. 报告不能用“以上报告当否，请指正”之类的结束语。（　　）

4. 报告标题可只用“报告”两字。（　　）

**四、多项选择题**

1. 报告可用于陈述的事项有（　　）。

A. 向上级汇报工作，反映情况

B. 向下级或有关方面介绍工作情况
C. 向上级提出工作意见或建议
D. 答复群众的查询、提问
E. 答复上级机关的查询、提问
2. 工作报告的内容包括(　　)。
A. 经常性的常规工作情况
B. 偶发性的特殊情况
C. 向上级汇报的工作进程，总结的工作经验
D. 对上级机关的查问、提问作出答复

**五、简答题**

1. 试述各类报告正文的一般写法。
2. 简述情况报告与工作报告的区别。
3. 报告有何写作要求？

**六、阅读与析评题**

阅读下文，试分析其在主旨、结构、材料、语言上的问题，并提出修改思路。

**关于××市××宾馆五月份服务质量检查情况的报告**

×××〔××××〕第20号

根据《全市饮食服务系统优良服务月活动的实施意见》，我们于5月初部署了优良服务月竞赛活动。经过广泛的宣传动员，全体员工明确了全面提高服务质量的目的和具体要求；制定了各部门、各环节优良服务的具体标准及与之相适应的考核、奖惩办法。5月10日，我们组织了第一次全面检查。检查结果，总的印象是：由于宣传动员抓得好，优良服务的要求已经深入人心，服务质量的高低关系企业盛衰的认识，更进一步得到强化；各岗位负责人发挥了主观能动性，提出了各种提高服务质量的措施，一线服务员做到规范热情服务、礼貌待客；全面服务质量有了进一步提高，绝大部分宾客感到满意。经济效益提高幅度明显，客房收入与餐饮收入分别比去年同期增长28.5%与25%。存在的问题是：员工能做到规范服务但主动服务还不够，餐饮部特色菜点的开发还不够深入。

针对存在的问题，我们于5月11日组织各部门管理人员进行了专门研究，拟订了《关于进一步深化优良服务活动的意见》(简称《意见》)，着重抓服务员管理和菜点开发，为鼓励员工服务创新，根据服务质量考评情况，给予更多的奖励。《意见》已于5月14日公布贯彻，拟于月底之前再进行一次突击检查，确保服务质量和效益再上一个新台阶。

××××年××月××日

抄报：××市旅游局

**七、写作训练题**

根据下面提供的材料，请以××市商业局的名义向××省商业厅起草一份报告。

(1) ××××年 2 月 20 日上午 9 点 20 分，××市××百货大楼发生重大火灾事故。

(2) 事故后果：未造成人员伤亡，但烧毁三层楼房一幢及大部分商品，直接经济损失 792 万元。

(3) 施救情况：事故发生后，市消防队出动 15 辆消防车，经 4 个小时扑救，火灾才被扑灭。

(4) 事故原因：直接原因是电焊工××违章作业，在一楼电焊铁窗，火花溅到易燃货品上；与××××百货公司管理局及员工安全思想模糊、公司安全制度不落实、许多安全隐患长期得不到解决也有关。

(5) 善后处理：市商业局副局长带领有关人员赶到现场调查处理；市人民政府召开紧急防火电话会议；市委、市政府对有关人员视情节轻重作了相应处理。

# 第七节 请 示

## 一、阅读与析评

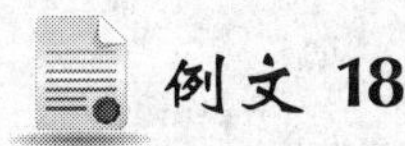

### 例文 18

**关于交通肇事是否给予被害者家属抚恤问题的请示**

最高人民法院：

据我省××县人民法院报告，对交通肇事致被害人死亡是否给予被害者家属抚恤的问题，有不同意见。一种意见认为，被害者是有劳动能力的人，并遗有家属要抚养的，就给予抚恤；被害者若是没有劳动能力的老人或儿童，就不给予抚恤。另一种意见认为，只要不是由被害者自己的过失所引起的死亡事故，不管被害者有无劳动能力，都应酌情给予抚恤，我们同意后一种意见。几年来实践经验证明，这样做有利于安抚死者家属。是否妥当？请批复。

××省高级人民法院

××××年××月××日

**析 评**

这是一则请求指示的请示，这类请示多涉及政策、认识上的问题，请求上级明示。正文开门见山，提出对交通肇事是否给予被害者家属抚恤有不同意见，继而申明同意的意见及理由，最后提出要求，请求上级明确批复。全文观点鲜明，语言简洁。“是否妥当？请批复。”应另起一段。

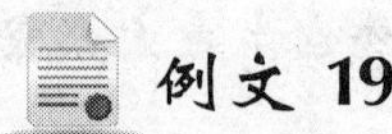

## 例文 19

### 关于申请对外承包劳务经营权资格的请示

××建工集团：

我公司是经国家建设部核定的工业与民用建筑工程施工一级资质企业，成立于××××年×月。公司注册资本××××万元，现有职工×××××人，其中高级职称××人，中级职称×××人，机械设备 1 000 多台，总功率 2.2 万 KW。公司在区内外设有土建、设计、装饰、机械施工、设备水电安装、房地产、建筑工程监理、电脑软件开发等 10 多个分公司，在几内亚、冈比亚等国家设有经理部和全合资企业。20 世纪 90 年代以来，公司生产经营实现跨越式发展，主要经济技术指标位居××省内同行业前列，被评为××省最大经营规模建筑企业十强第一名、中国 500 家最大规模和最佳经济效益施工企业，连续 9 年被评为“省重合同守信用企业”，荣获“全国先进建筑施工企业”、“全国施工技术进步先进企业”、“全国工程质量管理先进单位”、“全国建设系统精神文明建设先进单位”等称号，两次荣获中国建筑工程质量最高奖“鲁班奖”。公司现年施工能力可完成工作量××亿元，竣工面积××多万平方米。

前年，我公司通过了 ISO9002 国际质量体系认证，在工作质量方面取得了走向国内外市场的通行证，企业管理已与国际接轨。为拓展经营渠道，搞活国有企业，提高国有资产增值率，我公司现申请对外承包劳务经营权资格，申请对外经营范围为：

一、承包境外工业与民用建筑工程及境内国际招标工程。

二、建筑材料（产品）、设备出口。

三、对外派遣实施境外工程需要的劳务人员。

特此请示，请批复。

××建工集团第×建筑工程有限责任公司

××××年 10 月 25 日

**析 评**

这是一份请求批准的请示。正文第一段和第二段第一句通过陈述公司的历史、设施设备以及获得的各种荣誉，以表明实力，作为申请事项的依据、缘由。目的句之后提出申请的事项，即对外承包劳务经营权资格及对外经营范围。结语以请示习惯用语提出请求。

本文主旨鲜明，将公司的实力作为行文重点，思路清晰，结构合理，语言明晰、简洁。

## 例文 20

### 关于为开展补偿贸易拟在××服装厂设立专车间生产点的请求

×××总公司：

今年 11 月，香港××丝绸公司×××先生来我公司洽谈业务，要求我方开设专厂或专车间为其生产订货，并表示愿意提供部分缝纫设备及零配件。香港××丝绸公司专营丝绸服装及绣衣，系我公司主要客户，资信良好。预计开展补偿贸易后，双方业务将有进一步的发展。

经研究，我们拟从××服装厂拨一楼面（约×××平方米）设专车间生产点。该服装厂系用出口产品工业贷款筹建，共×××平方米，职工×××人，××××年生产总值×××万元，利润×××万元。目前，该服装厂设备开工不足，厂房尚有空余，劳动潜力也未充分挖掘。如接受香港××丝绸公司所提供的×××台缝纫平车、×××台双针车、×××台五线拷边机，再增加×××名工人，产值和利润均可翻一番。

最近，香港××丝绸公司×××先生应邀来我公司洽谈业务，我们邀请他参观了××服装厂，向他介绍了该厂厂房及有关生产情况。×××先生同意采取补偿贸易方式提供上述设备（估计价值×××万港元），初步商定三年内该设备专为他们生产订货。预计投产后，可年产丝绸服装×××万件，收汇×××万港元。设备价款将分期从加工费中偿还。

我们认为，上述补偿项目投资少、收效快，可以考虑接受。

上述意见，如无不妥，请审核批准。

××××公司

××××年××月××日

**析 评**

这是一份请求审核批准设立项目的请示。全文具体阐述了请示要求的背景、原因及条件，理由充分，态度明朗，要求明确。文中的“系”、“拟”、“经研究”、“如无不妥，请审核批准”等用语准确、得体，值得借鉴。

## 二、必需知识

### (一) 请示的适用范围及特点

请示适用于向上级机关请求指示、批准。

1. 请示的适用范围

请示的适用范围主要包括如下六个方面：

(1) 对上级有关方针、政策、指示或法规、规章不够明确或有不同理解，需要上级机关作出明确解释和答复。

(2) 从本地区本单位的实际情况出发，需要对上级的某项政策、规定作出变通处理，以待上级重新审定，明确作答。

(3) 在工作中出现新情况、新问题需要处理而无章可循、无法可依，需要上级机关作出明确指示。

(4) 需要请求上级解决本地区、本单位的某一具体问题和实际困难。

(5) 按上级机关和主管部门有关政策规定，不经请示有关部门批准，无权自行处理的问题。

（6）工作中出现了一些涉及面广而本部门无法独立解决的困难和问题，必须请示上级领导或综合部门，以求得他们的协调和帮助。

值得注意的是，凡自己职权范围内的工作，经过努力能处理和解决的问题、困难，都应尽力自行解决，不要动辄请示，把矛盾上交。

2. 请示的特点

与报告比较，请示的特点鲜明地体现在如下方面：

（1）行文内容的请求性。请示是向上级机关请求指示和批准的公文，具有请求的性质；而报告是向上级机关汇报工作、反映情况、答复上级机关的询问或要求的公文，具有陈述性质。

（2）行文目的的求复性。请示的目的是请求上级批准，解决具体问题，要求作出明确答复；而报告的目的则在于让上级知道、掌握某方面或某阶段的情况，不要求批复。

（3）行文时机的超前性。请示必须在事前行文，等上级机关作了批复之后才能付诸实施；报告则可在事后行文，也可在工作进行中行文，一般不事前行文汇报方案。

（4）请求事项的单一性。请示要求一文一事；报告可以一文一事，也可以一文数事。

### （二）请示的主要类型

请示的类型同样可以有多种分法。本书根据请示的不同内容和写作意图，将其分为如下两类。

1. 请求指示的请示

这类请示多涉及政策、认识上的问题，如例文18。前述请示适用范围之（1）、（2）、（3）项，属此类型。

2. 请求批准的请示

这类请示多涉及人事、财物、机构等方面的具体问题，如例文19、例文20。前述请示适用范围之（4）、（5）、（6）项，属此类型。

## 三、结构和写法

请示包括标题、主送机关、正文和落款几部分。这里只介绍标题和正文的写法。

### （一）标题

请示标题内容包括发文机关、事由和文种，发文机关有时可以省略。写标题要注意，不能将“请示”写成“报告”或“请示报告”。标题中尽可能不要出现“申请”、“请求”之类的词语。

### （二）正文

请示的正文包括缘由、事项、要求三部分。

（1）缘由。请示的缘由，实际上就是提出请示事项和要求的理由、背景及依据，要写在正文的开头。先把缘由讲清楚，然后再写请示的事项和要求，这样才能顺理成章，有说服力。请示的缘由是写作请示的关键，写得充不充分，直接关系到请示事项能否成立，关系到上级机关审批请示的态度等。如果缘由比较复杂，就不能为简要而简单化，必须讲清情况，举出必要的事实、数据，实事求是，具体而明白。

(2) 事项。请示的事项是指请求上级机关批准、帮助、解答的具体事项。请示的事项要符合国家法律、法规，符合实际，具有可行性和可操作性。因此，事项要写得具体、明白，并作出具体的分析。如果请示的事项内容比较复杂，则要分清主次，一条一条地写。请示事项不能出现不明确、不具体的情况，也不能把原因、事项混在一起写。否则，容易使上级不得要领、不明白下级要求解决什么问题。

(3) 要求。为了使请示的事项得到答复，发文机关一定要提出要求。请示的要求常用的写法有："以上请示，请批复"、"以上意见当否，请指示"、"以上请示，请审批"等，这些虽然是简单的一句话，但却是请示必不可少的内容。

相关链接

请示的写作模板

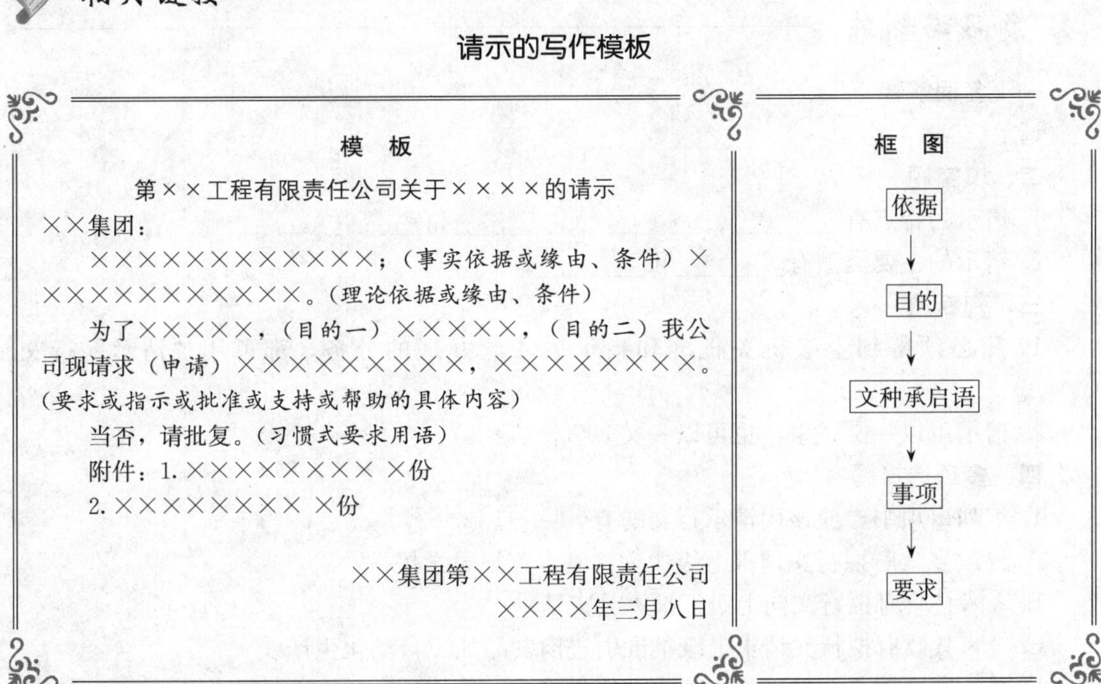
模　板

第××工程有限责任公司关于××××的请示

××集团：

××××××××××××××；(事实依据或缘由、条件)×××××××××××××。(理论依据或缘由、条件)

为了×××××，(目的一)×××××，(目的二)我公司现请求(申请)××××××××××，×××××××××。(要求或指示或批准或支持或帮助的具体内容)

当否，请批复。(习惯式要求用语)

附件：1.×××××××××　×份

2.×××××××××　×份

××集团第××工程有限责任公司

××××年三月八日



## 四、写作要求

### (一) 一文一事

一份请示只能写一件事，这也是实际的需要，如果一文多事，很可能导致受文机关无法批复。如果性质相同的几件事确须写在一份请示中，也必须是同一机关可以批复的。

### (二) 单头请示

一份请示只送一个上级领导机关，不能同时主送两个或两个以上机关。如有需要，对有关的单位可用抄送的形式。这样，可以避免出现推诿、扯皮的现象。受双重领导的机关向上级机关请示工作时，要根据请示内容的性质，主送一个上级领导机关，抄送另一个上级领导机关。

### （三）不越级请示

请示与其他公文一样，一般不越级请示，如果因特殊情况或紧急事项必须越级请示时，要同时抄送越过的机关。请示一般不直接送领导个人，除非是领导直接交办的事项。把应由秘书部门统一办理的请示直接送领导个人，容易误事，甚至会造成领导者之间的矛盾。

### （四）不得抄送下级机关

请示是上行公文，不得同时抄送下级机关，更不能要求下级机关执行上级机关未批准的事项。

## 复习与训练

**一、名词解释**

请示

**二、填空题**

1. 请示的特点有________、________、________和________。

2. 请示的主要类型有________和________。

**三、判断题**

1. 凡必须得到上级机关批准和指示后才能办理的公务，都可用“请示”行文。（　）

2. 请示可以一文一事，也可以一文多事。（　）

**四、多项选择题**

1. 下列事项中，应该用请示行文的有（　）。

A. ××乡政府拟行文请求上级拨款修复水灾损毁学校

B. ××县政府拟行文向上级汇报本县灾情

C. ××县政府拟行文请求上级批准引进肉食品加工自动化生产线

D. ××市乡镇企业局拟行文请求上级批准成立法规处

E. ××市政府拟行文向上级反映农民负担增加的情况

2. 下列标题中正确的有（　）。

A. ××市人力资源和社会保障局关于请求批准组建××市行政学校的报告

B. ××县人民政府关于解决我县高寒山区贫困户移民搬迁经费的请示

C. ××县人民政府关于请求将××风景区列为省级自然保护区的请示报告

D. ××市人民政府关于解决抗旱物资的请示

E. ××省移民办公室关于对移民办部分内设机构作适当调整的请示

3. 请示的下列结语中，正确的有（　）。

A. 特此请示，请批复

B. 可否？请批准

C. 妥否，请批复

D. 请审批

E. 以上请示如无不妥，请批转各地执行

**五、简答题**

1. 请示的适用范围主要包括哪几方面？

2. 为什么说写好缘由是写好请示的关键？

3. 请示有何写作要求？

4. 试比较请示与报告的异同。

**六、病例析改题**

阅读下文，指出不当之处，并写出修改稿。

**×××省进出口分公司关于请求允许本公司购买卡车的报告**

总公司：

目前，我们公司只有卡车一辆，我们出口任务十分繁重，不能完成上级交给的任务。

几年来，在党的对外开放政策的正确指引下，经过本公司的齐心协力，我们的出口任务完成很好，基本落实了计划，公司形势像春天一样越来越喜人。但是发展外贸，扩大出口，没有卡车不能保证出口任务完成。为此请求增加两辆卡车。

上述意见如无不当，请批示。

××省进出口公司

××××年××月××日

# 第八节 函

## 一、阅读与析评

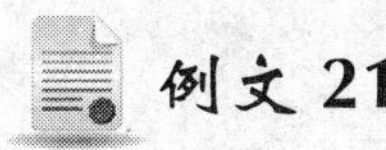

### 例文21

**××旅游局关于选派出国人员的函**

××旅行社：

我局决定明年3月派一小组赴英国、法国和德国进行旅游推销宣传和调研活动，拟请贵社选派熟悉推销业务并精通英语的同志参加。如蒙同意，请将经贵社同意的出国人员的批件，于今年12月底前寄至我局办公室。特此函达，务请函复。

××旅游局（公章）

××××年××月××日

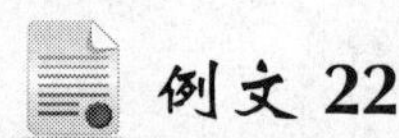

## 例文 22

### ××旅行社关于选派人员的复函

××旅游局：

贵局《关于选派出国人员的函》××××〔××××〕8号，收悉。经研究，我社决定参加贵局举办的出国旅游推销宣传和调研活动，拟派我社资深营销部经理李××等人参加，现随函寄上经我社批准的出国人员批件，请查收，有关出国费用问题，请接函后与我社再联系。

特此函复。

××旅行社（公章）

××××年××月××日

**析 评**

以上是往来商洽函。去函开门见山，提出商洽请求和相关要求。复函首先引据来函，以作依据，尔后针对来函意图，作出明确具体的答复。两函都能注重礼貌，掌握分寸，行文简洁。

## 例文 23

### 关于推介工艺品的函

××公司：

从我驻意大利使馆商务处函件中获悉，贵公司希望与我国经营工艺品的外贸出口公司建立业务联系。我们愿意与贵公司在开展这类商品的贸易方面进行合作。

敝公司经营的工艺品有绣品、草竹编、灯具、涤纶花、珠宝首饰以及仿古器物和书画等。这些品种均制作精美、质量上乘，特别是涤纶花，式样新颖、色泽鲜艳、形态逼真，可与鲜花媲美，目前在欧洲、亚洲的许多国家极为畅销，深受消费者的喜爱。现寄上涤纶花样照一套，供参考。欢迎来函联系。

××进出口公司

××××年××月××日

**析 评**

这是一则欢迎外国公司来函商洽业务的商洽函。正文先写去函背景、缘由以及表示愿意合作开展贸易的态度；接着介绍本公司的商品，并对商品作出评价；最后提出欢迎对方来函商洽业务的意愿。文章层次分明，语言得体，不卑不亢，落落大方。

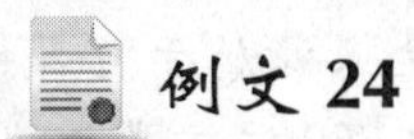

## 例文 24

### 关于商请报价的函

×××茶厂：

我公司对贵厂生产的绿茶感兴趣，拟订购君山毛尖茶。我公司要求该茶叶品质一级，规格为每包100克，望贵厂能就单价报价和交货日期、结算方式等给予回复。

如果贵厂报价合理，且能给予最惠折扣，我公司将考虑大批量订货。

××××副食品公司

××××年××月××日

**析 评**

这是一则询问函。开头提出对对方产品有订购的意图，接着提出请对方报价及对有关事宜作出回复的要求。一般来说，正文至此可以结束，然作者继而又强调若对方报价合理，将考虑大批量订货，这样写可以促使对方给出较低价，可谓匠心独运，棋高一着，值得借鉴。

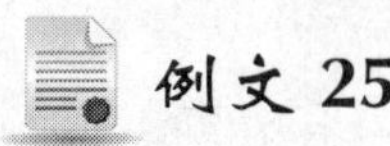

## 例文 25

### 关于卖方降低原报价的函

×××副食品公司：

贵方×月×日还价函收悉。贵方不能接受我方的报价，非常遗憾。我厂加工的一级君山毛尖茶品质优良，且价格合理，因此，对于贵方的还价我方实难接受，我方最多只能将原报价再降低5%。

盼复。

×××茶厂

××××年××月××日

**析 评**

这是一则答复函。正文开头说明还价函收悉及对对方不接受报价表示遗憾；继而强调我方茶品优质、价格合理，并提出降价底线，以求对方接受；最后提出函复要求。例文行文能注意对方的接受心理，又提出了我方的报价底线。该例文在讨价还价中较充分地体现了函的语言特征。

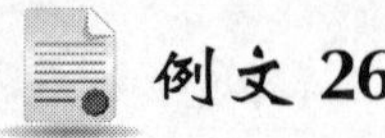

## 例文 26

### 关于请求在官汕路宁江桥头兴建办公营业大楼的函

兴宁县城乡建设委员会：

我公司经市计委〔××××〕83号文件批准，兴建一幢办公营业大楼。该楼由梅州市设计室设计，兴宁城建工程队施工，第一期工程总造价 48 万元，资金来源属于自筹。该楼将建于兴宁官汕路宁江桥头北边，建筑面积 4 086 平方米，占地面积 660 平方米。楼址：东至骆屋队水田，西至宁江东堤，南至官汕路，北至本公司家属宿舍。建筑物高八层，框架结构，坐北向南。请准予作永久性建筑兴建。

附件：一、梅州市计委〔××××〕83 号批文

二、办公营业大楼设计施工图纸

梅州市化工原料公司（公章）

××××年 10 月 7 日

析评

这是一则请批函。由于行文单位与受文单位为不相隶属机关，受文机关为建筑业务的主管部门，故用函行文。正文先说明缘由和有关情况，最后提出要求。将批文和图纸作为附件，不在正文展开，是可取的写法。标题中的“请求”两字甚符合请批函的特点。全文行文简洁，语意明确，措辞得当。附件的序号汉字应改为阿拉伯数字。

## 二、必需知识

### （一）函的适用范围及特点

函，适用于不相隶属机关之间商洽工作、询问和答复问题、请求批准和答复审批事项。

1. 函的适用范围

（1）平级机关或不相隶属机关单位之间的商洽性、询问性和答复性公务联系。

（2）向无隶属关系的业务主管部门请求批准有关事项。

（3）业务主管部门答复或审批无隶属关系的机关请求批准的事项。

（4）机关单位对个人的公务联系，如答复群众来信等。

2. 函的特点

（1）适用范围广泛，使用灵活方便。既可用于相互商洽工作、询问答复问题，又可用于向主管部门请求批准事项及主管部门审批或答复事项。

（2）行文方向具有多向性。既可以平行，又可以上行、下行，但较多时候，函作平行文。

（3）短小精悍。函一般较短小，内容单一，语言简洁，简单明了。有的函只有三言两语。函有公文“轻骑兵”的誉称。

### （二）函的主要类型

1. 按照内容和用途分

（1）商洽函。商洽函是指用于平行机关或不相隶属机关之间商洽工作、联系有关事宜的函。如商调干部函、联系租赁函、洽谈业务函等。如例文 21 至例文 23。

（2）询问、答复函。询问、答复函是指不相隶属机关之间互相询问、答复处理有关问

题的函。如例文 24、例文 25。

(3) 请批、批准函。请批、批准涵是指向不相隶属的业务主管部门制发的请批函，以及业务主管部门向不相隶属的机关单位制发的批准函。有关机关、单位涉及部门业务工作，需向不相隶属的业务主管部门请求批准，但又因互相之间不是上下级的隶属关系而不宜用请示行文，就应用函。如例文 26。同理，有关主管部门向不相隶属的机关单位批准某些业务事项（例如干部录用、调动、经费拨付等），也应用复函。但在实际工作中，这类函常常误用为请示、报告、批复。

2. 按照文面规格分

(1) 公函，需按一般公文格式写上标题、主送机关、正文、落款，也要编上发文字号，既可由机关办文部门按发文统一编号，也可按函件单独编号。

(2) 便函，格式灵活、简便，写法较自由，可不写标题、不编文号。便函不列入正式文件范围。

3. 按照行文方向分

(1) 去函，也叫来函，即主动发出的函。

(2) 复函，是针对来函所提出的问题或事情，被动答复的函。

## 三、结构和写法

### (一) 标题

函的标题有两种写法：一种是“发文机关＋事由＋回复函对象＋文种”，如“××县人民政府办公室关于××价格问题给××县人民政府办公室的复函”，这是较重要的复函常用的标题。另一种是只写“事由＋文种”，省略发文机关，如“关于请求拨款举办‘民间艺术节’的函”、“关于拨款举办‘民间艺术节’的复函”，前例为去函标题，后例为复函标题。

### (二) 正文

去函的正文“开头”一般先写商洽、请求、询问或告知事项的依据、背景、缘由。“事项”部分多为叙述和说明，是什么就写什么，要简明扼要，又要交代清楚。“要求”部分可多可少，如果事项很简单，可同事项写在一起，一气呵成；如果事项复杂些，或要求多些，往往要单列一段甚至分条列项写。不论是哪一种内容、对哪一级，要求的口气都应是谦和的，既不巴结，也不生硬。如果要对方回复，则还要明确提出“请函复”、“请复”之类的结语。

复函的正文写法同批复正文写法基本一样，由“引语”和“答复意见”两部分组成。“引语”就是引述来函标题及来函文号。“答复意见”即针对来函所提出的商洽、询问或请求等问题予以答复，如“同意”或“不同意”，不同意是因为什么原因，或应该怎么办、不应该怎么办，或对询问问题作出说明等。常用的结语有“特此函复”、“此复”等。

### (三) 函与请示的区别

使用函还是请示，主要依据发文机关与受文机关的关系。函主要用于平级单位之间、不相隶属单位之间以及有业务上的主管和被主管关系的单位之间的工作往来。向主管单位请求批准有关事项，主管单位用复函批准请求事项。请示则用于有隶属关系的上下级机关，下级机关用请示向上级机关行文请求指示、批准重要事项。因此，在使用请示和函时，我们首先要弄清发文机关和受文机关的关系，然后才能确定用什么文种。

### (四) 函与批复的区别

函有发函与复函之分，复函用于回复不相隶属机关来函提出的事项，批复则用来批准答复下级机关的请示。从使用范围来看，函比批复使用更广泛、更灵活。

## 相关链接

### 函的写作模板

| 模板 | 框图 |
|---|---|
| 1. 去函<br>××××（发文方）关于函洽（函请、函知）<br>××××××（事由）的函<br>××××：<br>××××××××××××××。(依据、缘由、背景)<br>为了×××××××××××××，(行文目的) 现函商（现函请、现函洽、现函告）如下：(文种承启语)<br>×××××××××××××××××××××。××××××××××××××，×××××××××。(事项)<br>如蒙同意（如蒙概允、如可行），请函复（请函批、请函告）。(要求、希望、祈盼)<br>××××××公司<br>××××年×月×日<br>2. 复函<br>××××（复函方）关于×××××（事由）的复函<br>××××：<br>贵公司（贵方）《关于××××××××××的函》（××××〔××××〕20号）收悉。(依据、缘由、背景) 经研究，现函复（现函批、现函告）如下：(文种承启语)<br>××××××××××××××××××××。(事项)<br>×××××××××××××××××××××。×××××××××××。(事项)<br>专此函复（特此函复、特此函批）。<br>××××××集团公司<br>××××年×月×日 | 依据<br>↓<br>目的<br>↓<br>文种承启语<br>↓<br>事项<br>↓<br>要求 |

## 四、写作要求

### （一）开门见山，直叙其事

这是函的写作最基本的要求。函是一种比较简便的公文，讲究快捷，所以，函一般写得很简短，简明扼要，切忌空话、套话、含糊其辞、不知所云。

### （二）措辞得体，平等待人

函的语言表达非常讲究，必须礼貌、谦和、态度诚恳。对上要尊重、谦敬，但不恭维逢迎；对下要严肃，但不自傲训人；对平行单位、不相隶属单位要以礼相待，用商量口吻，不盛气凌人。总之，语言表达要得体、礼貌、尊重对方，一般不用“必须”、“应该”、“注意”等指示性语言。

## 复习与训练

**一、名词解释**

商洽函　询问答复函　请批、批准函

**二、填空题**

1. 函的主要特点有________、________和________。

2. 按内容和用途分，函可分成________、________和________三种类型。

**三、判断题**

1. 某县教育局行文请求县财政局增拨希望工程资金，应该使用的文种是函。（　）

2. ××县信访办答复群众来信，应该使用的文种是通知。（　）

3. ××集团公司拟行文到××大学了解本公司员工进修情况，应该使用函行文。（　）

4. 函的写作，要求开门见山，直叙其事，措辞得体，平等待人，一般不用“必须”、“应该”、“注意”等指示性语言。（　）

**四、简答题**

1. 试述请批函与请示的区别。

2. 试述函与批复的区别。

3. 去函与复函正文的写作有何不同？

**五、阅读与析评题**

下面是一份函的两种写法，试分析比较哪一种写法更恰当，恰当和不恰当各表现在哪些地方。

**（一）**

**关于请××商厦准备经保工作经验材料的函**

××市商业局：

你局××商厦狠抓安全保卫工作，成绩突出。经市综合治理办公室同意，我局准备于12月中旬召开全市经保工作经验交流会，请××商厦在会上介绍加强内部防范工作的经验。请速通知该单位，于12月中旬将此材料报送我局××处秘书科。（写作要求附后）

此致

敬礼！

××市公安局

××××年十一月二十日

（二）

关于商请××商厦准备经保工作经验材料的函

××市商业局：

经市综合治理办公室同意，敝局12月下旬将召开全市经保工作经验交流会。据悉，贵局××商厦狠抓安全保卫工作，取得了突出的成绩，拟请该商厦在会上介绍加强内部防范工作的宝贵经验。如蒙同意，恳请通知该单位，于12月中旬将经验介绍材料送我局××处秘书科为盼。

××市公安局

××××年十一月二十日

**六、写作训练题**

××市商业委员会拟在××××年国庆节期间举办全国旅游产品展销会，地点拟选在该市最大的展馆新世纪展览中心，该中心可容纳5 000个展位，展销时间为××××年10月1—10日。为此特向全国各省市商委发公函，邀请各方派代表团前来参展。试拟写这份函。

# 第九节　纪　要

## 一、阅读与析评

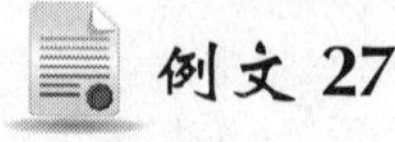

### 例文27

**×××企业集团办公会议纪要**

（××××年1月21日）

××××年1月21日下午，××总裁在总部主持召开了新年第一次总裁办公会议，确立今年企业集团的工作思路，布置了工作任务。参加会议的有各部门负责人。会议议定事项纪要如下：

一、会议确立企业集团今年的工作思路是：扶持和培育10～15家骨干企业；稳定30家左右中等企业；撤、并、停、转、重组一批小企业和困难企业，减少企业集团下属子企业数量，促进有潜力的企业快速发展。会议要求集团总部各部门依据工作思路制定出今年的工作计划。

二、会议认为，今年的工作重点是建立“三库”，即建立企业资产财务信息库、人力资源库和企业基本情况数据库。

三、会议强调，今年要加强集团内部管理，强化服务意识，理顺工作程序，严格考勤考核工作，增强执行制度和各项规定的自觉性，树立企业集团的良好形象。

四、会议议定年初出台新的企业考核体系。对不同性质的企业出台不同的考核办法。

**析评**

这是一篇综述式会议纪要。导言部分介绍了会议主题、时间、地点、主持人和出席人员。文种承启语后，分条列项地写了会议议定的四方面的事项。文章指导思想明确，层次分明，语言明晰。

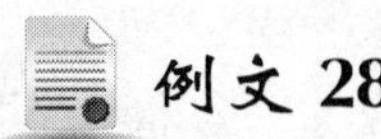

## 例文28

### ××××学院学生思想状况分析座谈会纪要

时间：××××年×月×日下午

地点：本院小会议室

主持人：主管政治思想教育工作副院长××

出席者：各系党总支书记、政治辅导员、班主任、学生会委员

现将座谈会情况纪要如下：

一、××副院长传达了省教育厅领导关于要认真加强学生政治思想工作，注重分析当前学生的思想状况的讲话精神，其后，××副院长对学生思想状况作了分析，认为当前学生的思想状况总体上是健康、向上的，但也存在一些较突出的问题，如……（略）

二、人文系党总支书记×××同志说：当前青年学生思想比较活跃，愿意思考问题，这确是学生的主流，但当前在部分学生中也存在比较严重的拜金主义和重技能轻理论、重实用轻人文的倾向。

三、××班党支部书记在汇报学生思想状况时，指出有些同学在思想上没有处理好学习与兼职的关系，严重影响了学习成绩。

四、经贸系政治辅导员×××同志谈到个别学生存在怕露贫而不愿申请经济困难补助的心理。

（略）

**析评**

这是一则摘要式会议纪要，摘录了与会者符合会议中心议题的发言要点。

这种写法最大的特点是把具有典型性、代表性的言论加以提要、整理，按一定的排列关系排列成文。这种写法能较真实地反映会议的讨论情况和与会人员的意见，适用于座谈会、讨论会和研究性会议纪要。这种会议纪要的观点出自个人，具体而真实，具有较强的资料价值。

## 二、必需知识

### (一) 纪要的适用范围及特点

纪要适用于记载会议主要情况和议定事项。纪要也常称为会议纪要。

纪要反映的内容是会议情况、议定事项，有些议而未决的事项作为会议的情况也可以反映。

纪要主要有如下三个特点。

1. 纪实性

纪要需如实反映会议的内容和议定事项，不能把没有经过会议讨论的问题写进会议纪要。这样才能起到传达会议精神、为有关单位提供工作依据、指导有关工作开展的作用。因此，纪实性是纪要的基本特点，也是撰写纪要的基本原则。

2. 提要性

纪要是会议的要点，不是会议记录，不能有闻必录、有录必写、平铺直叙，而是必须对会议繁杂的情况和内容进行综合、概括性的整理，即概括出主要精神，归纳出主要事项，体现出中心思想，使人一目了然，易于把握精髓。

3. 约束性

纪要一经下发，便要求与会单位和有关人员遵守、执行。在这一点上，纪要与党务决议基本一致，只不过比决议的规范性、严肃性程度低。

### (二) 纪要的主要类型

1. 办公会议纪要

办公会议纪要用以传达机关、单位召开的办公会议研究的工作、议定的事项和布置的任务，要求与会单位和有关方面、有关人员共同遵守、执行。

2. 其他会议纪要

其他会议纪要指专门工作会议、专题讨论会、座谈会、学术研究会等会议形成的纪要。这类纪要，有的起通报会议情况的作用，使有关人员尽快知道会议的基本情况和主要精神；有的具有指导作用，它所传达的会议精神可对有关方面的工作作出指导。

此外，根据写法的不同，纪要又可分为条项式纪要、综合式纪要和摘要式纪要三种类型。

## 三、结构和写法

纪要由标题和正文组成。在结构格式上与其他公文不同的是，纪要不用写主送单位和落款，成文时间多写在标题下方。纪要可以不盖公章。

## （一）标题

纪要的标题通常由会议名称和文种构成，如“严厉打击制贩注水肉会议纪要”。有的纪要的标题还可写上召开会议的单位名称，有的标题由正标题和副标题构成，正标题反映会议的主要精神和内容，副标题写会议名称和文种，如“探讨市场经济的规律——×××社会主义市场经济研究会第二次学术讨论会纪要”。

纪要的标题通常可以省略介词“关于”二字。

## （二）正文

纪要的正文由导言、主体和结尾三部分组成。

1. 导言

导言即纪要的开头部分，一般是概括会议的基本情况，包括会议的名称、目的、内容、时间、地点、规模、参加人员、主要议题和会议成果等。导言不能写得过长，要简明扼要，让人们读后对会议有个总体的了解。

2. 主体

主体是纪要的核心部分。它根据会议的中心议题，按主次、有重点地写出会议的情况和成果，包括对工作的评价、对问题的分析、会议议定的事项、提出的要求等。主体的写法一般有三种：

（1）条项式，就是把主体内容包括讨论的问题和议定的事项，按主次一条条列出，使其条理化，一目了然。

（2）综合式，就是把会议的内容或议定事项进行综合概括，分成若干个部分。这是一种比较普遍的写法，它有利于突出主要内容，主次分明，一般把主要的、重要的放在前面，而且尽量写得详细、具体一些，次要的和一般性的内容放在后面写，可简略一些。用于批转的会议纪要，多用这种写法。

（3）摘要式，就是把与会者的具有典型性、代表性的发言要点摘录出来，按发言顺序或按内容性质先后写出。这种写法的好处是，可尽量保留发言人谈话内容的风格，避免一般化和千篇一律，比较客观、具体。

3. 结尾

结尾一般写对与会者的希望和要求。也有的纪要不写专门的结尾用语。

### 相关链接

纪要的写作模板

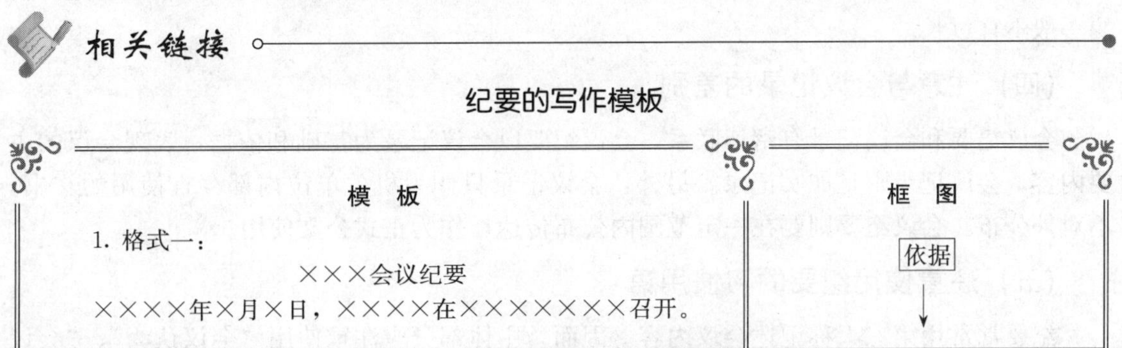

| 模板 | 框图 |
| --- | --- |
| 1. 格式一：<br>×××会议纪要<br>××××年×月×日，××××在×××××××召开。 | 依据<br>↓ |

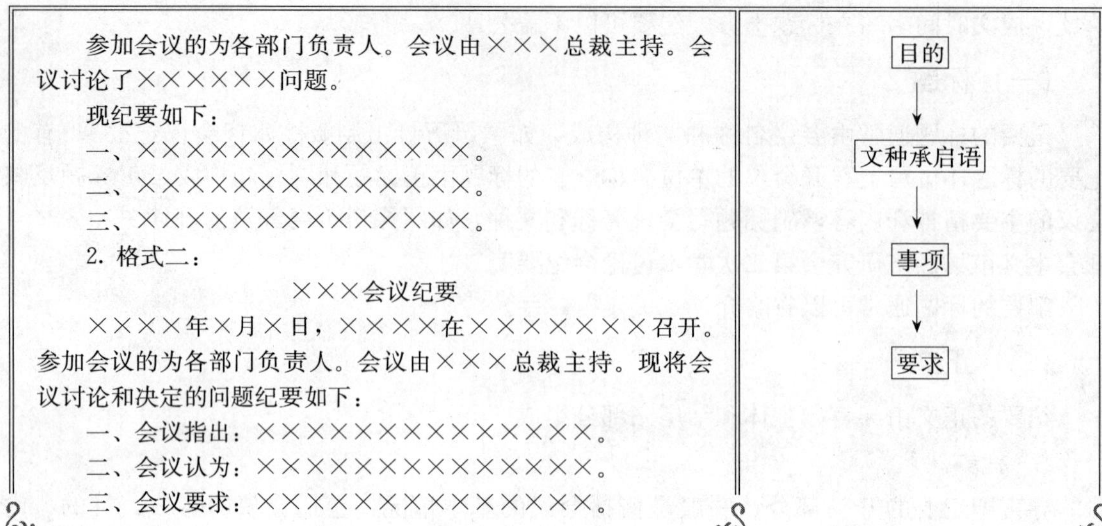
参加会议的为各部门负责人。会议由×××总裁主持。会议讨论了××××××问题。

现纪要如下：

一、××××××××××××××××。

二、××××××××××××××××。

三、××××××××××××××××。

2. 格式二：

×××会议纪要

××××年×月×日，××××在××××××××召开。参加会议的为各部门负责人。会议由×××总裁主持。现将会议讨论和决定的问题纪要如下：

一、会议指出：××××××××××××××××。

二、会议认为：××××××××××××××××。

三、会议要求：××××××××××××××××。



## 四、写作要求

### （一）掌握会议的全部情况

写作纪要首先要弄清楚会议的目的、任务、内容和开法，掌握会议的所有文件材料，参加会议的全过程，并认真做好记录，特别要注意阅读会议的主体文件和材料、领导同志的发言，掌握会议的主要精神。

### （二）抓住要点，突出会议主题

纪要虽然是会议情况和结构的反映，但不能面面俱到或照搬会议记录，而应该围绕会议主题，抓住要点，突出重点，把会议的主要情况简明扼要地反映出来，把会议议定的事项一一叙述清楚。纪要应该有主有次、有中心、有重点、有详有略，准确、扼要地反映会议的情况。

### （三）文字简洁明快

写作纪要应根据会议内容确定写法和篇幅，要简明扼要。在语言表达上，尽可能语句简短、通俗，切忌长篇大论，应以叙述为主；在层次结构、段落安排上，要条理清楚，篇幅一般不宜过长。

### （四）注意与会议记录的差别

会议纪要和会议记录有密切联系。会议纪要以会议记录为基础和依据，表现会议的主要内容。会议记录则是如实记录。另外，会议记录只作为机关单位内部存查使用的文书，不对外公布，会议纪要则要在一定范围内公布传达，作为正式公文使用。

### （五）注重使用纪要的习惯用语

纪要常常用第三人称记述会议内容。因而，主体部分应注重使用“会议认为”、“会议提出”、“与会者一致认为”、“会议决定”、“会议要求”、“会议希望”、“会议号召”等作为层次或段落的开头语。

## 复习与训练

**一、名词解释**

纪要

**二、填空题**

1. 纪要的特点有________、________和________。

2. 写作纪要，要求掌握会议的________，抓住________，突出________，注重使用会议纪要的________，文字简洁明快。

**三、病例析改题**

试指出下面的纪要在结构和内容上存在的问题，并予以改正。

### 帮助特困生座谈会议纪要

9月8日上午，校长×××同志主持召开了帮助特困生座谈会，参加会议的有学生管理部门负责人、后勤管理部门负责人和特困学生代表。

会上，校长×××同志首先阐述了对贫困生补助的意见，学生管理部门负责人介绍了学校贫困学生的数量和贫困生的一些基本情况，贫困学生代表×××向学校汇报了家庭的困难情况。

会议决定，给予家庭情况相当困难的29名同学每人发困难补助1 000元。

××××年8月15日

**四、写作训练题**

根据近期班会的情况，写一份纪要。要求先拟好写作提纲。

# 第五章 经济告启文书

## 第一节 启　事

### 一、阅读与析评

**例文 1**

**北京燕山××商贸中心招商启事**

燕山地区位于北京西南，是北京市设定的卫星城之一。这里有北京市的利税大户——燕山石油化工公司。该公司现已形成年加工原油950万吨，年产乙烯45万吨的能力，可生产102种227个规格的石油化工产品，成为我国重要的能源和原材料生产基地，是全国石化行业中的特大型企业之一，截至去年，已累计生产1.4亿吨石油化工产品，实现利税298亿元。今年实现销售收入162亿元，利税19.5亿元。燕山地区常住人口近11万人，人均收入较高。调查表明，燕山地区是一个有着巨大消费能力的大市场。

面对燕山地区巨大的消费市场，××商贸中心选择了以“专营”为经营方式，销售各类商品。

我们的专营概念是：引进一种商品的同时，排斥其他同类商品。因此，被引进的商品必须具备“质量可靠，企业信誉好”的特点。“让每一个燕山人都了解您的产品，让您的产品为我们中心增辉”是××商贸中心与企业合作的基础，也是最终目的。

燕山××商贸中心将于近日正式营业，现诚挚邀请全国各生产企业将你们的名牌产品引进燕山来，我们将实实在在地起到“让每一个人都了解”的窗口作用。

燕山××商贸中心地址：燕山××西里

联系人：王×× 李××

联系电话：××××××××

××××××××

析评

这是一则招商启事，正文部分通过介绍燕山石化的效益，说明了燕山地区潜藏的巨大消费能力；然后阐明了××商贸中心的特色，即“专营”，因为是招商启事，该特色对企业具有不小的吸引力；落款注明了商贸中心地址、联系人和联系电话，以便企业联系。本启事文字简明准确，对该中心还起到了较好的广告作用。

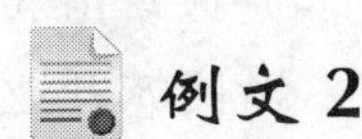

## 例文 2

### 诚聘

我公司系经有关部门批准、登记注册的独立法人企业，主要经营房地产开发和商品楼房销售业务。现因业务发展，需要招聘一批工程专业技术和擅长经营管理的人才，待遇从优。

招聘条件：

1. 建筑设计 2 名（中级职称以上）；
2. 土建工程 3 名（中级职称以上）；
3. 经营管理 4 名（助师以上职称，有 3 年以上工作经验）。

上述人才，除特殊情况外，年龄均不超过 50 岁。

有意应聘者请持身份证及有关证明来我公司洽谈。洽谈日期，即日起至××月××日止。

地址：××市××路××号

联系人：李×× 王××

××××有限公司

××××年××月××日

析评

这是一篇招聘启事，正文部分介绍了企业性质、经营范围、招聘目的、对象、条件及办法等，同时注明了联系地址和联系人。本启事简明扼要，条理清楚。

## 二、必需知识

### （一）启事的含义

启事，就是公开陈述事情。单位或个人将需要向大众说明并请求予以支持的事情简要写出，通过传媒公开，这样的应用文书就是启事。

### （二）启事的类型

启事可分为三大类：第一类是征召类启事，包括招生、招聘、招标、招工、招领、征稿、征婚、换房等启事；第二类是声明类启事，包括遗失、作废、解聘、辨伪、迁移、更名、更期、开业、停业、竞赛、讲座等启事；第三类是寻找类启事，包括寻人、寻物启事等。这三大类启事多数与经济活动相关。

## 三、结构和写法

### （一）标题

启事的标题有多种写法：一是以文种作标题，如“启事”、“紧急启事”；二是以事由作标题，如“招聘”；三是以启事单位和文种作标题，如“××公司启事”；四是以事由和文种作标题，如“招标启事”；五是以启事单位、事由、文种作标题，如“××商城开业启事”等。

### （二）正文

具体说明启事的内容，必须将有关的事项一一交代清楚。正文一般包含启事目的、原因、具体事项、要求等。如果内容较多，可分条列项，逐一交代明白。正文部分是体现各种启事不同性质和特点的关键部分，应依据不同启事的内容和要求变通处置，注意突出启事的有关事项，不可强求一律。如寻物启事应着重交代丢失物品的名称、特征、时间、地点、失主姓名、住址或单位名称、地址，发现后交还的办法和酬谢方式等。开业启事则应写明开业单位的名称、概况、性质、地点、经营项目和开业时间等内容。招聘启事一般包括招聘基本情况、招聘对象、应聘条件、招聘待遇、招聘方法等内容。文末可写上“此启”或“特此启事”，亦可略而不写。

### （三）落款

写明启事单位名称或个人姓名和启事日期。如果标题或正文中已写明单位名称，此处可以省略。有的启事还需要写明单位地址、时间、电话、电子邮箱、联系人等。凡以机关、团体、单位的名义张贴的启事，应加盖公章，以示负责。

**相关链接**

启事的写作模板

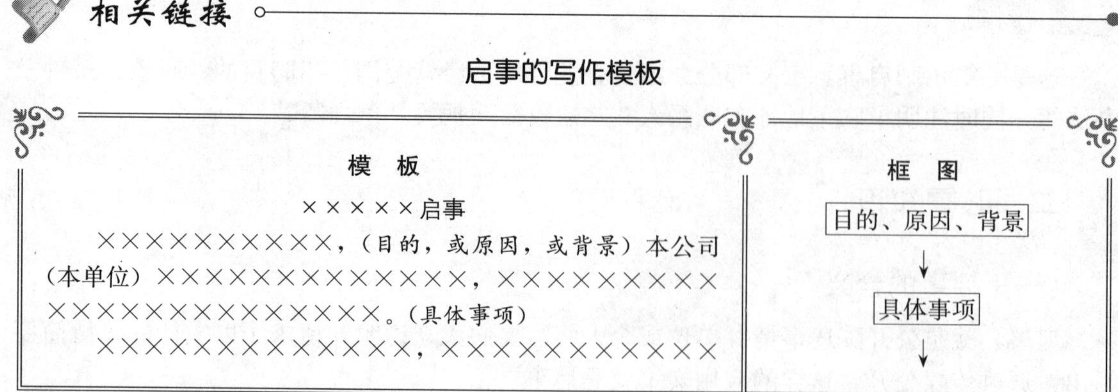

模　板

×××××启事

××××××××××，（目的，或原因，或背景）本公司（本单位）××××××××××××××，××××××××××××××××××××××××。（具体事项）

××××××××××××××，××××××××××××

框　图

目的、原因、背景

↓

具体事项

↓

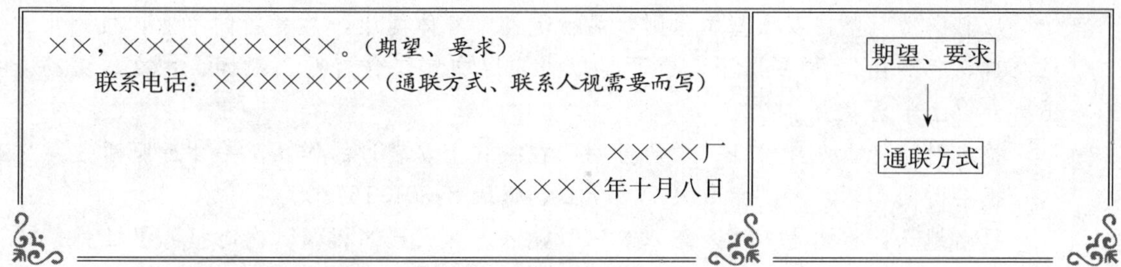
××，××××××××××。（期望、要求）

联系电话：××××××××（通联方式、联系人视需要而写）

××××厂

××××年十月八日

期望、要求

通联方式

## 四、写作要求

### （一）标题要简短、醒目

启事的标题应力求简短、醒目，主旨鲜明突出，高度概括，能抓住公众的阅读心理。尤其是广告性、宣传性的启事，标题更要注意艺术性。

### （二）内容要严密、完整

启事的事项一定要严密、完整，不遗漏应启之事，且表述清楚。要求内容单一，最好一事一启，便于公众迅速理解和记忆。联系方式等都要一一交代清楚。

### （三）用语要浅显、恳切、文明

启事的文字要通俗、浅显、简洁、集中，态度庄重、平易、恳切、文明，以使公众产生信任感，达到预期的效果。

## 复习与训练

**一、名词解释**

启事

**二、填空题**

1. 启事可分为________、________和________三大类。
2. 启事一般由________、________和________三部分组成。
3. 启事的正文内容一般包含________、________、________和________等。

**三、简答题**

1. 启事的标题主要有哪些写法？
2. 启事的写作要求是什么？
3. 启事与通知、通告有何异同？

**四、病例析改题**

下面一则招聘启事，细读可发现其毛病，请分析并修改。

**《××时报》社招聘（商调）记者、编辑启事**

《××时报》是全国公开发行的医药专业报，属全民事业单位。现因报纸发展需要，经省人才交流中心批准向社会招聘（商调）记者、编辑3名。

应聘条件：坚持四项基本原则，品行优良，身体健康，热爱新闻事业，杭州市常住户口，年龄在35周岁以下，有两年以上实际文字工作经验，新闻、中文、医药专业大专以上学历者。

报名时随带本人身份证、学历证明、在报刊上发表过的作品及一寸近照两张。

报名时间：××××年6月7—14日，每天8:30—16:30。

报名地点：杭州市×××路×××号，×××大楼×楼《××时报》报社。

联系电话：×××××××××、×××××××××

联系人：×××

**五、写作训练题**

请代院学生会拟一份招聘文娱部干事的启事。

# 第二节　商品说明书

## 一、阅读与析评

**例文3**

**万用圆珠笔**

美国生产的万用圆珠笔采用特殊钢珠设计制造，含镉，不生锈，不漏水，实心，油墨容量大，写出的字鲜明易读，并且抗油脂、清洁剂、腐蚀剂等。它可以在钢模、塑料制品和包装箱上面书写，能代替传统的签字笔、蜡笔、油漆笔，适用于需作记号的工厂和检验部门，如钢铁厂、焊接厂、金属制品厂。

**析评**

这则商品说明书采用简化式标题，正文部分介绍了商品的产地、原料、特点、功能、适用范围，用语准确简洁，同时突出了该商品的优势，达到了广告的目的。

**例文4**

**××羊绒衫系列制品说明书**

本羊绒系列制品，是中国名牌产品之一。曾获“中国市场抽验优质产品”、“'94中国国际名牌产品博览会金奖”、“××××年首届中国国际纺织面料及辅料博览会金奖”。本企业是“中国企业最佳形象AAA级”，信誉度入选“全国信誉度百佳企业”。××××年被西班牙政府授予“优质服务和优良品质国际金奖”。董事长××被评为××××年中国纺织会发展中国服装事业特殊贡献功臣，××××年被国家企业家协会和企业管理协会授予“金球奖”。

本羊绒系列制品采用素有以“纤维宝石”、“软黄金”著称的中国内蒙古之世界最优质山羊无毛绒为原料，并采用国际先进工艺、设备精制而成，具有柔、轻、滑、保暖等特性。

本羊绒系列制品的穿着、洗涤和保养需注意下列问题。

一、羊绒衫制品的穿着

1. 由于羊绒衫纤维的物理特性，羊绒衫易起球、起静电，因此，在穿着时请勿在西装内袋装硬物，勿插笔类等，以免局部摩擦起球。

2. 要有穿着间歇期，以防羊绒衫疲劳和产生静电。

3. 注意防腐蚀性物质和油污。

二、羊绒制品的洗涤

1. 一般情况下应干洗，精纺羊绒衫则必须干洗。

2. 粗纺羊绒衫洗涤之前，要仔细检查是否有油污，若有，请用软棉布蘸乙醚轻擦去之。

3. 将已去油污的羊绒衫放入温度不超过30℃并加有适量毛织物专用洗剂的水中，用手轻洗，脱水后放在下铺毛巾的平台上，用手整理至原形，阴干，再用蒸气熨斗熨平即可。切忌悬挂暴晒。

三、羊绒制品的保养

1. 羊绒衫不穿着时切忌悬挂。

2. 避强光，袋装保存。不与其他衣类混装一袋。

3. 羊绒大衣和羊绒毯宜干洗。

**析 评**

这是一篇写得较好的商品说明书。文章先对系列商品的质量和品牌进行推介，既是铺垫，又起到了宣传系列产品的作用，增强了顾客使用商品的信心。接着，简明扼要地对商品的用料、优点进行说明，然后分别对羊绒衫的穿着、羊绒制品的洗涤及保养之注意问题作出说明。文章条理清楚、简洁准确、明白易懂，值得欣赏借鉴。

## 二、必需知识

### (一) 商品说明书的含义、特点和作用

1. 商品说明书的含义

说明书是一种明确介绍事物名称、用途、性能、结构、使用方法等系统知识的应用文。商品说明书作为说明书的一种，也称产品使用说明书，是指导用户消费，向消费者介绍商品的性质、结构、使用方法、操作方法及保养、维修等方面的知识，以帮助消费者正确使用、保养商品，有效地发挥商品的使用价值的文书。商品说明书一般由生产单位编写，印成册子、单页或印在包装、标签上，随商品发出。随着我国经济的飞跃发展、人民生活水平的不断提高，商品说明书在社会生活中的使用越来越广泛。

2. 商品说明书的特点

规范的商品说明书，应具备如下特点：

(1) 详尽性。对商品的质地、性能、使用方法、注意事项、养护常识等，要进行详尽

的解说，使人一看就懂、一用就会。

(2) 科学性。商品说明书的说明文字必须尊重科学事实，介绍的商品知识也必须建立在科学的基础上。

(3) 客观性。对商品的说明要客观公正，如实解说，而不能根据作者的好恶对商品的性能、性质、构造等进行过头的褒贬评价。

(4) 多样性。商品说明书的表达形式可以图文并茂，写作手法也可灵活多样，不拘一格。

3. 商品说明书的作用

商品说明书的作用主要体现在以下两个方面：

(1) 传播知识，说明产品，指导消费。商品说明书就像一座桥梁，一头连着企业，另一头连着消费者。企业通过说明书介绍阐明自己产品的特色、功能、长处，宣传企业的信誉、质量，使人们获得理性上的认同，给人留下良好的印象，进而达到推销产品、增加利润的目的；而消费者则通过阅读说明书来获得知识、认识商品，以便购买、使用和保养商品，不断提高使用水平。

(2) 刺激需求，宣传产品，促进销售。商品说明书虽然不是经济广告，但它在一定程度上也起着不容忽视的广告宣传、推销产品的作用。优良的质量，再配以恰到好处的说明书，可以使产品锦上添花，使企业如虎添翼。

### (二) 商品说明书的种类

根据内容和用途来划分，商品说明书可分为民用商品使用说明书、专业商品使用说明书和技术说明书。

1. 民用商品使用说明书

这类说明书主要指对日用轻工商品、家用电器、医药商品等的说明，其目的在于向用户介绍商品的性能、特点以及使用、维修方法，便于用户选购和使用。这类说明书对产品的结构、原理一般不作阐述，只简述与使用、维修有关的部分。语言简洁准确、层次清楚、内容完整，不作艺术的夸张和修饰。

2. 专业商品使用说明书

这类说明书主要指那些专供科技、文教、卫生、工业、农业、国防、交通运输业等使用的工业商品的说明书。这类说明书应当突出说明工作原理、技术数据、附加装置，必要时还应附上大量的原理线路图、结构框架图、零部件机械图，以及安装、使用、维护的注意事项和示意、引导性照片等。一般篇幅较长，要求写作者既要有全面的专业知识，又要有较高的写作水平，能把说明书写得通俗易懂、简明扼要。

3. 技术说明书

技术说明书能深入浅出、简短明了地介绍技术原理、技术内容、用途、特点、适用范围等方面的知识，给人一个初步印象，以便进一步询问、研究或购买。

## 三、结构和写法

商品说明书一般由标题、正文、附文、生产日期和外文对照五个部分构成。

### （一）标题

标题即说明书的题目，通常有三种：一是由商品的标准名称加文种构成，如“天达牌650型老板笔说明书”。二是简化式标题，即直接由商品的标准名称或文种构成，如“××牌老年面霜”或“说明书”。三是注解式标题，这种标题是为了提高产品的宣传力度，加强广告效应，扩大企业知名度，由商品的名称与相应特点的注解或富于鼓动性的文字构成，如“××××营养液——古代中医与现代科学智慧的结晶”。

### （二）正文

正文是商品说明书的主体部分。商品说明书的目的能否实现，关键取决于正文的写作水平。它通常要求详细深入地介绍商品的有关事项，如产地、原料、功能、特点、原理、规格、使用方法、注意事项、维修保养等知识。有的商品说明书不仅介绍某种商品，而且还把厂家所生产的一系列产品都加以介绍，购买它的任何一种产品都能得到一份介绍它的全部产品的说明书。如“×××”系列化妆品、××电器产品的说明书，都属此类。正文篇幅的长短取决于产品的复杂程度、普及程度、危险程度等，长的多达十几页乃至几十页，形成一本小册子，短的三言两语，几十个字。不论长短，其行文一般都要遵循“是什么—怎么样—怎么做”的思路。

在写作正文时还应注意“两个突出”：一要突出准确性，即要客观、冷静、有分寸地描述商品，充分运用数字、证据来显示说明书的科学性和知识性；二要突出简洁性，力求以最精练的文字传达出最丰富的内容，以求一目了然，避免杂乱啰唆，不得要领。

### （三）附文

附文是指除说明书中正文之外的一些必备内容，大多写在正文之下的右侧方。内容包括企业名称、地址、电话、邮政编码、电子邮箱、传真、保质期、标准代号等，以便参考联系。

### （四）生产日期

生产日期的位置不确定，有的在说明书中，有的在袋口（尾）、管口（尾），有的在外包装上，有的在检验条上。

### （五）外文对照

如果商品涉及出口问题，说明书则应有相对照的标准外文。

## 相关链接

### 商品说明书的写作模板

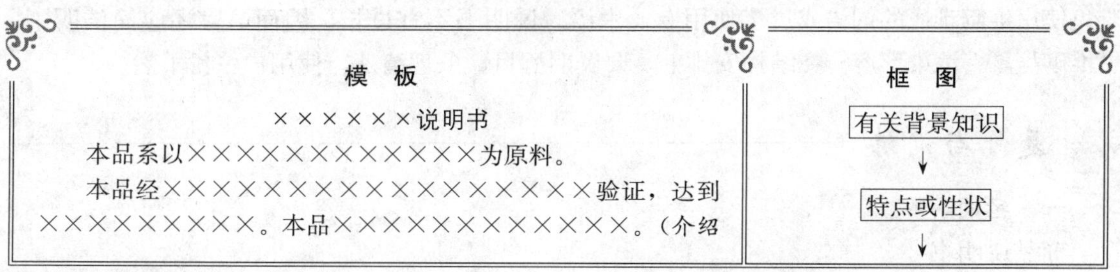

模　板

××××××说明书

本品系以×××××××××××××为原料。

本品经×××××××××××××××××××验证，达到×××××××××。本品××××××××××××××。（介绍

框　图

有关背景知识
↓
特点或性状
↓

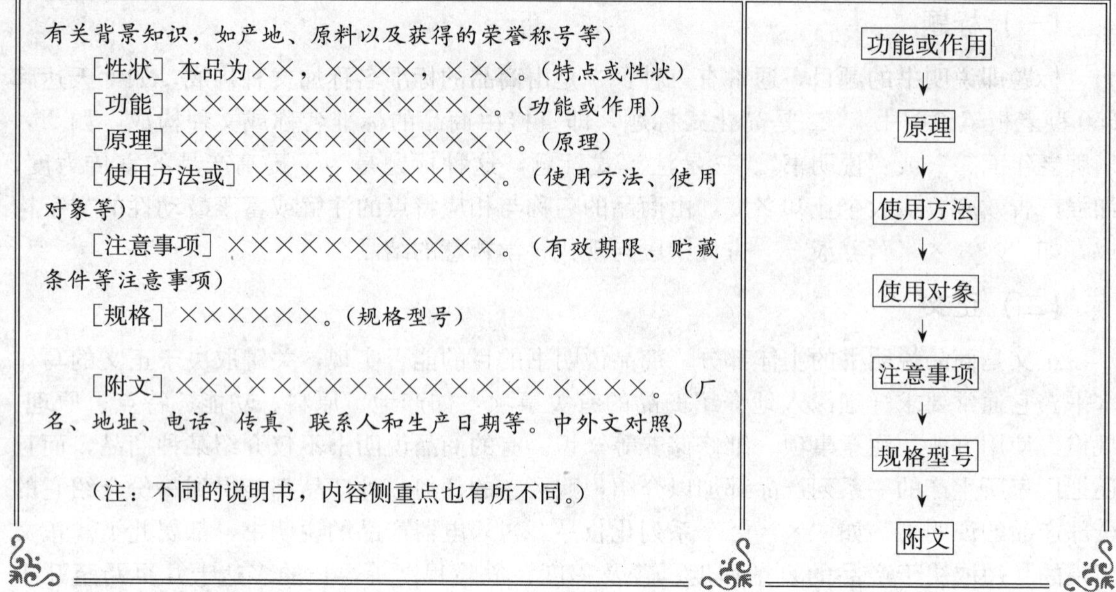
有关背景知识，如产地、原料以及获得的荣誉称号等）

［性状］本品为××，××××，×××。（特点或性状）

［功能］××××××××××××××。（功能或作用）

［原理］×××××××××××××××。（原理）

［使用方法或］×××××××××××。（使用方法、使用对象等）

［注意事项］×××××××××××。（有效期限、贮藏条件等注意事项）

［规格］××××××。（规格型号）

［附文］××××××××××××××××××××××。（厂名、地址、电话、传真、联系人和生产日期等。中外文对照）

（注：不同的说明书，内容侧重点也有所不同。）



## 四、写作要求

### （一）突出商品优势，达到广告目的

为了吸引消费者，商品说明书的开头应用充足的论据，指出广告商品的某些具体、有效的性能或质量的可靠性（如获得国优、部优或省优称号）。

### （二）针对性强

一是指针对被说明的商品，即抓住商品的特点进行介绍；二是针对用户，即周密地考虑到消费者在选择和使用该商品时可能遇到的麻烦和抱有的疑虑，确定说明书的主体内容。

### （三）有所侧重

产品不同，说明书也不能千篇一律，面面俱到。说明书的内容要根据产品的特点、作用而有所侧重。有些关系到生命财产安全，有的安装使用复杂，还有的有特殊要求或属于高新技术，则要具备详细而齐全的说明书。

### （四）语言准确、通俗、简洁，内容条理清楚

说明书的作用在于方便用户，让用户看得懂、做得到。所以在语言表达上要准确无误，避免使用生僻难懂的词语或过多使用专业术语。说明书不宜过长，因而语言还应简洁明了，忌堆砌辞藻、渲染形容。在结构安排上，要鲜明醒目、条理清楚，使用户一目了然。

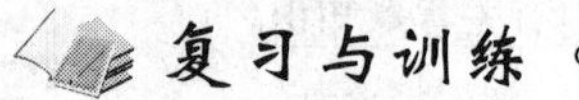

## 复习与训练

### 一、名词解释

商品说明书

**二、填空题**

1. 商品说明书也称________，一般由________编写。
2. 商品说明书的主要特点有________、________、________和________。
3. 说明书按其内容和用途来划分，可分为________、________和________。
4. 商品说明书一般由________、________、________、________和________五部分组成。

**三、简答题**

1. 商品说明书有哪些作用？
2. 举例说明商品说明书标题的几种写法。
3. 写作商品说明书正文时要突出哪两个问题？
4. 简述商品说明书写作的注意事项。

**四、阅读与析评题**

试从一篇合格的商品说明书的角度，分析下文写作的优缺点。

**××牌牦牛绒衫**

把寒冷留给高山，把温暖留在心上。带着青藏的纯真，奉献雪域的精良。

牦牛是生长在青藏高原的独有的优良耐寒畜种，被称为“高原之舟”。其身内裹柔绒，外披长毛，绒是牦牛在寒冷的冬季御寒而生长出来的。其特点手感柔软、细腻，蓬松度强，更大的特点是耐寒性及防潮性极好。

××牌牦牛绒衫做工精良，款式新颖，正日趋形成中国的名牌形象，张扬着大自然的生命色彩，跨过遥远的青藏高原，与国际流行同步前进。

愿××产品除去冬日寒意，带给您无限的温暖。

来自高原，自然温暖。

××针织时装有限公司地址：××省××市××路××号

电话：×××××××××

传真：×××××××××

邮政编码：××××××

**五、写作训练题**

选择一种日常用品，试写一篇商品说明书。

# 第三节 贺 信

## 一、阅读与析评

**例文 5**

××公司杨达董事长及公司全体同仁：

在贵公司成立五周年之际，我公司全体员工谨向您及贵公司全体员工表示热烈的祝贺！

贵公司创业五周年来，团结奋斗，开拓进取，公司从小到大，由弱到强，已发展成为国内具有一流技术、一流管理、一流信誉的电子企业，并创造了自己的著名品牌，一切来之不易。

谨祝贵公司大展宏图，再创辉煌！

××公司

××××年××月××日

析 评

这是一封祝贺兄弟公司成立五周年的贺信。正文有三层含义：一是致贺的缘由和表达致贺，二是对对方取得的成绩表示赞扬，三是对对方表达良好的祝愿。

### 例文 6

**致××省对外经济贸易学校**
**二十周年校庆的贺电**

××省对外经济贸易学校：

值此××省对外经济贸易学校二十周年校庆之际，谨向全校师生员工致以热烈的祝贺！

二十年来，你们走过了创建、发展、壮大，直到成为省部级重点中专的自强之路，为我省外经贸战线输送了数千名各种类型的专业人才，为发展和繁荣××省的外贸事业作出了很大的贡献。愿你们在今后的办学过程中，适应市场竞争，灵活多变，把学校越办越好。祝校庆圆满成功！

××省对外经贸厅

××××年 11 月 18 日

析 评

这封贺电具有很强的概括性。祝贺者以凝练的语言全面概括了被祝贺单位 20 年来所走过的“历程”及所作的贡献。从落款可知，祝贺者虽为被祝贺者的主管厅局，但就贺词本身而言，用语平易，评价中肯，再加上良好的祝愿，更加增添了热烈气氛。

## 二、必需知识

### （一）贺信的含义

贺信是机关、团体、单位向取得重大胜利、有突出成绩或喜庆之事的有关单位及人员表示祝贺或庆贺的一种礼仪文书。

现在贺信已成为表彰、赞扬、庆贺对方在某个方面所作贡献的形式，有的还用来表示慰问和赞扬。在当前的经济建设中，如某个单位或个人作出了巨大贡献、某单位召开了重要会议、某工程竣工、某科研项目成功、某项重大任务保质保量地提前完成、某重要人物的寿辰等，都可以使用贺信的形式表示祝贺。重要的贺信往往对广大群众有很大的激励和教育作用。

### （二）贺信的类型

按作者类型分，贺信可分为单位发出的贺信和个人发出的贺信。

## 三、结构和写法

### （一）标题

在第一行正中写上“贺信”二字。也可以在“贺信”前写上谁给谁的贺信以及被祝贺的事由。

### （二）称谓

顶格写接受贺信的单位或个人及称谓，后加冒号。

### （三）正文

另起一行，空两格写贺信的内容。一般包括：对其取得的成绩和重大意义表示热烈的祝贺和殷切的希望。如系会议要指出它的重要性；如系同级单位，除表示祝贺外，还应提出向对方学习的内容；如系下级单位给予领导机关的贺信，除表示祝贺外，还应表达自己的决心和态度；如系给个人的贺信，应着重写明可供群众学习的品德和意义。以祝愿词结尾，如“谨祝取得新的、更大的胜利”。如果正文中“希望”内容写得详细具体，也可不用祝愿词结尾。

### （四）结尾

在信的右下方写明发信单位或个人名称及年、月、日。

**相关链接**

**贺信（电）的写作模板**

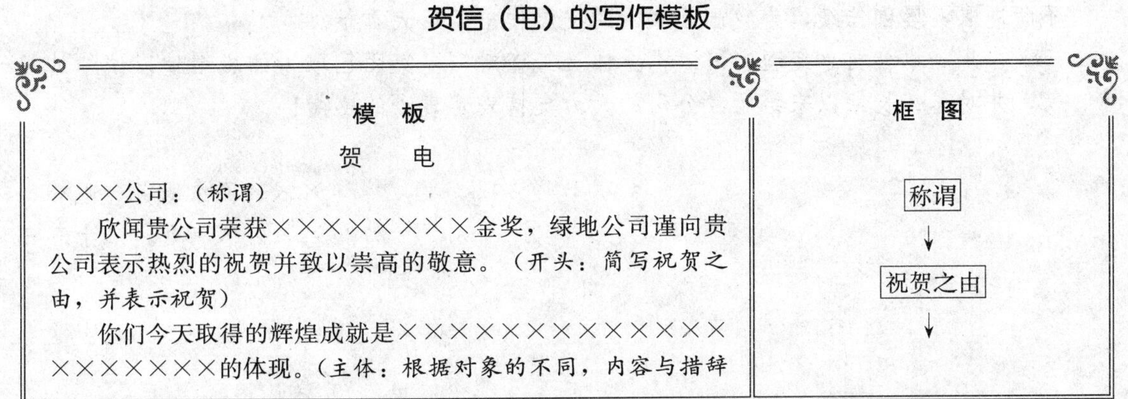

| 模板 | 框图 |
| --- | --- |
| 贺　电<br>×××公司：（称谓）<br>　　欣闻贵公司荣获×××××××××金奖，绿地公司谨向贵公司表示热烈的祝贺并致以崇高的敬意。（开头：简写祝贺之由，并表示祝贺）<br>　　你们今天取得的辉煌成就是×××××××××××××××××××××的体现。（主体：根据对象的不同，内容与措辞 | 称谓<br>↓<br>祝贺之由<br>↓ |

有所区别。或褒扬对方的作风，或述评成就的意义，或祝贺，或祝愿等）

期望你们××××××××××××××××××××，为××××××事业的发展作出新贡献！（结尾：可再次祝愿、鼓励和希望）

绿地公司

××××年×月×日

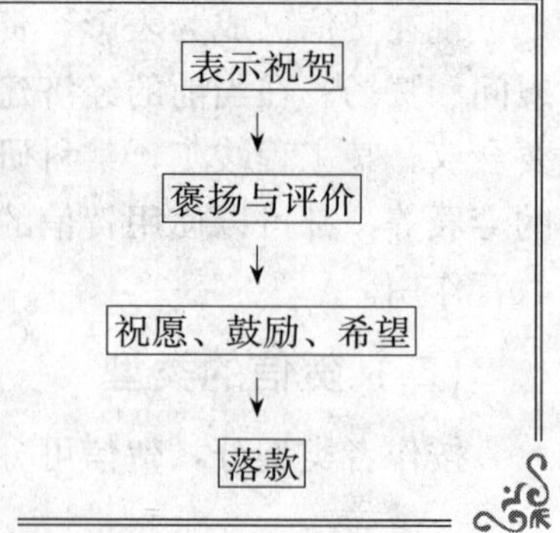


## 四、写作要求

（1）感情真挚、热烈，给人以鼓舞。

（2）评价要适当而有新意，避免陈词滥调。行文要规范，称谓得体。

（3）文字简练，语言朴素。不堆砌华丽辞藻，不言过其实，不空喊口号。

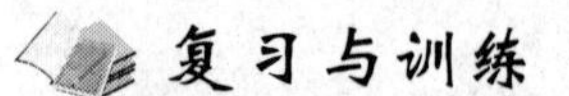

## 复习与训练

**一、名词解释**

贺信

**二、简答题**

1. 试述贺信的结构和写法。

2. 贺信有哪些写作要求？

**三、病例析改题**

下面是××××网络服务有限公司作为子公司给××集团总部的贺电（信）。请仔细阅读这封贺电（信），指出其毛病并改写。

××集团总部：

作为总部直属子公司的××××公司，衷心祝愿××集团与时俱进，与日增辉！

十一年来，××作为培养IT精英的摇篮，作为中国互联网业的胜地，领导我们不断进取，屡创佳绩，为我国互联网的发展作出了巨大贡献。

在此，本公司总经理×××携全体员工谨对××集团已取得的成绩致以诚挚的祝贺，并对总部长期以来给予我公司的大力支持表示衷心的感谢！

××××网络服务有限公司

××××年九月二十五日

# 第六章 经济调研文书

## 第一节　市场调查报告

### 一、阅读与析评

**例文 1**

**××市居民家庭饮食消费状况调查报告**

为了深入了解本市居民家庭在酒类市场及餐饮类市场的消费情况，特进行此次调查。调查由本市某大学承担，调查时间是今年 7—8 月，调查方式为问卷式访问调查，本次调查选取的样本总数是 2 000 户。各项调查工作结束后，该大学将调查内容予以总结，其调查报告如下：

一、调查对象的基本情况

1. 样品类属情况

在有效样本户中，工人 320 户，占总数比例 19.63%；农民 130 户，占总数比例 7.98%；教师 200 户，占总数比例 12.27%；机关干部 190 户，占总数比例 11.66%；个体户 220 户，占总数比例 13.5%；经理 150 户，占总数比例 9.2%；科研人员 50 户，占总数比例 3.07%；待业户 90 户，占总数比例 5.52%；医生 20 户，占总数比例 1.23%；其他 260 户，占总数比例 15.95%。

2. 家庭收入情况

本次调查结果显示，从本市总的消费水平来看，相当一部分居民还达不到小康水平。因此，可以初步得出结论，本市总的消费水平较低，商家在定价的时候要特别慎重。

二、专门调查部分

(一) 酒类产品的消费情况

1. 白酒比红酒消费量大。分析其原因，一是白酒除了顾客自己消费以外，用于送礼的较多，而红酒主要用于自己消费；二是商家做广告也多数是白酒广告，红酒的广告很少。这直接导致白酒的市场大于红酒的市场。

2. 白酒消费多元化。

(1) 从买白酒的用途来看，约 52.84%的消费者用来自己消费，约 27.84%的消费者用来送礼，其余的是随机性很大的消费者。买酒用于自己消费的消费者，其价格大部分在 20 元以下，其中 10 元以下的约占 26.7%，10～20 元的占 22.73%。从品牌上来说，稻花香、洋河、汤沟酒相对看好，尤其是汤沟酒，约占 18.75%，这也许跟消费者的地方情结有关。从红酒的消费情况来看，大部分价格也都集中在 10～20 元，其中，10 元以下的占 10.23%，价格档次越高，购买力相对越低。从品牌上来说，以花果山、张裕、山楂酒为主。送礼者所购买的白酒其价格大部分选择在 80～150 元（约 28.4%），约有 15.34%的消费者选择 150 元以上。这样，生产厂商的定价和包装策略就有了依据，定价既要合理，又要有好的包装，才能增加销售量。从品牌的选择来看，约有 21.59%的消费者选择五粮液，10.795%的消费者选择茅台，另外对红酒的调查显示，约有 10.2%的消费者选择40～80 元的价位，选择 80 元以上的约 5.11%。总之，从以上的消费情况来看，消费者的消费水平基本上决定了酒类市场的规模。

(2) 购买因素比较鲜明，调查资料显示，消费者关注的因素依次为价格、品牌、质量、包装、广告、酒精度，这样就可以得出结论，生产厂商的合理定价是十分重要的，创品牌、求质量、巧包装、做好广告也很重要。

(3) 顾客忠诚度调查表明，经常换品牌的消费者占样本总数的 32.95%，偶尔换的占 43.75%，对新品牌的酒持喜欢态度的占样本总数的 32.39%，持无所谓态度的占 52.27%，明确表示不喜欢的占 3.4%。可以看出，一旦某个品牌在消费者心目中形成，就很难再改变，因此，厂商应在树立企业形象、争创名牌上狠下工夫，这对企业的发展十分重要。

(4) 动因分析。首先在于消费者自己的选择，其次是广告宣传，再次是亲友介绍，最后才是营业员推荐。不难发现，怎样吸引消费者的注意力，对于企业来说是关键；怎样做好广告宣传，消费者的口碑如何建立，将直接影响酒类市场的规模。而对于商家来说，营业员的素质也应重视，因为其对酒类产品的销售有着一定的影响作用。

(二) 饮食类产品的消费情况

本次调查主要针对一些饮食消费场所和消费者比较喜欢的饮食进行，调查表明，消费有以下几个重要特点。

1. 消费者认为最好的酒店不是最佳选择，而最常去的酒店往往又不是最好的酒店，消费者最常去的酒店大部分是中档的，这与本市居民的消费水平是相适应的。现将几个主要酒店比较如下：

泰福大酒店是大家最看好的，约有31.82％的消费者选择它，其次是望海楼和明珠大酒店，都是10.23％，然后是锦花宾馆。另外，云天宾馆虽然说是比较好的，但由于这个宾馆的特殊性，只有举办大型会议时使用，或者是贵宾、政府政要才会入住或消费，所以调查中作为普通消费者的调查对象很少会选择云天宾馆。

2. 消费者大多选择在自己工作或住所的周围，有一定的区域性。虽然在酒店的选择上有很大的随机性，但也并非绝对如此，例如长城酒楼、淮扬酒楼，也有一定的远距离消费者惠顾。

3. 消费者追求时尚消费，如对手抓龙虾、糖醋排骨、糖醋里脊、宫爆鸡丁的消费比较多，特别是手抓龙虾，在调查样本总数中约占26.14％，以绝对优势占领餐饮类市场。

4. 近年来，海鲜与火锅成为市民饮食市场的两个亮点，市场潜力很大，目前的消费量也很大。调查显示，表示喜欢海鲜的占样本总数的60.8％，喜欢火锅的约占51.14％，在对季节的调查中，喜欢在冬季吃火锅的约有81.83％，在夏天的约为36.93％，火锅不但在冬季有很大的市场，在夏季也有较大的市场潜力。目前，本市的火锅店和海鲜馆遍布街头，形成居民消费的一大景观和特色。

三、结论和建议

（一）结论

1. 本市的居民消费水平还不算太高，属于中等消费水平，平均收入在××××元。

2. 居民在酒类产品消费上主要是用于自己消费，并且以白酒居多，红酒的消费比较少，用于个人消费的酒品，无论是白酒还是红酒，其品牌以家乡酒为主。

3. 消费者在买酒时多注重酒的价格、质量、包装和宣传，也有相当一部分消费者持无所谓的态度。对新牌子的酒认知度较高。

4. 对酒店的消费，主要集中在中档消费水平上，火锅和海鲜的消费潜力较大，并且已经有相当大的消费市场。

（二）建议

1. 商家在组织货品时要根据市场的变化制定相应的营销策略。

2. 对消费者较多选择本地酒的情况，政府和商家应采取积极措施引导消费者的消费，实现城市消费的良性循环。

3. 由于海鲜和火锅消费的增长，导致城市化管理的混乱，政府应加强管理力度，对市场进行科学引导，促进城市文明建设。

## 析评

这份市场调查报告标题由调查范围、调查内容和文种组成，简明扼要，一目了然。概要部分简要介绍调查的目的、承担调查的部门、调查的时间、调查的方式和调查抽样的数量，并用“各项调查工作结束后，该大学将调查内容予以总结，其调查报告如下”一句话引领下文。主体部分采用条块式来谋篇布局，分别叙述了“调查对象的基本情况”，介绍了“专门调查部分”的具体内容并表明了作者的“结论和建议”，每一部分又分成若干方面来叙述说明。结尾采用自然结束的方式，即正文结束，文章也戛然而止。全文结构完整，格式规范，思路清晰，条理分明，中心突出，详略得当。

## 二、必需知识

### (一) 市场调查报告的含义和特点

市场是商品买卖的场所。市场调查，就是收集、记录、整理和分析市场对商品的需求状况以及与此有关的资料。将市场调查得到的资料进行分析整理、筛选加工之后形成的文书，就是市场调查报告。

市场调查报告是一种专题调查报告。它除具备调查报告尊重事实、反映问题、总结经验、揭示本质和规律的特点之外，还有如下特点。

1. 鲜明的针对性

撰写市场调查报告的根本目的是为了摸清市场行情，指导产、供、销。

2. 注重时间性

市场变化很快，市场调查报告必须快速地反映市场变化，及时为企业决策提供参考意见。对于企业来说，时间就是金钱。及时通过市场调查报告了解国内外技术经济情报，了解市场价格、需求和同类产品的竞争能力，才能不失时机地在一定范围内调整生产和经营，防止盲目生产、无效劳动，提高企业经济效益。

3. 较强的实用性

市场调查报告可在一定程度上反映市场现状及趋势，这对于研制、生产和供应适销对路的产品，实用价值是非常明显、直接的。市场调查报告的读者虽然不多，可是它提出的建议一经采纳，立刻会产生经济效益。

4. 依赖调查性

市场调查报告离不开市场调查。问卷是市场调查中常用的方法。目前的市场调查多为侧重对消费者的调查，对消费者的调查又多采用问卷方式。对经营状况、条件的调查也有采取问卷方式的。做市场问卷调查，必须预先制作好问卷调查表。调查表要体现作者恳切的请求、奖励措施，同时要写清联系地址及领奖方式。

### (二) 市场调查报告的种类

市场调查的范围很广泛，凡是直接或间接影响市场经营销售的情报、信息，都是市场调查报告的内容。按调查内容的不同，可以将市场调查报告划分成以下三类。

1. 市场需求调查报告

这类市场调查报告主要调查市场对本企业产品的需求量和影响需求量的因素。调查需紧紧抓住购买力、购买动机和潜在需求三个方面。

2. 竞争对手调查报告

这类报告主要调查竞争对手的总体情况、竞争能力及其新产品的发展动向等。

3. 经营政策调查报告

这类报告主要调查本企业的产品、价格、广告和推销政策、销售和技术服务政策等的效应，通过调查了解企业的销售能力是否适应消费者需要，企业的销售策略是否合理等，以便及时发现问题并改正。

## 三、结构和写法

### （一）标题

市场调查报告的标题没有严格的格式，一般带有“调查”二字，并指出调查的对象或内容、范围，如“××小区消费水平情况调查”等。

### （二）正文

市场调查报告的正文包括概要、主体和结尾三部分。

（1）概要部分主要为调查的缘起、目的、对象、范围、内容、方法和时间地点等有关调查活动的说明。概要部分对提供决策用的市场调查报告是较有意义的，决策部门可据此更准确地把握调查的结果，如对调查方法的了解可以帮助决策者判断调查结果的可信程度。

（2）主体部分是市场调查报告的主要内容，多由情况、分析和建议三部分组成。情况部分应叙述调查得来的材料，有时可加图表说明，必要时还应对市场背景资料，如地理、气候、政治、经济、文化、社会的变化趋势、政策、法律法规等作出说明。分析部分表述的是市场调查报告撰写人对调查所得材料的看法，介绍撰写人对情况的分析归纳，以及从调查中发现了哪些问题，得出哪些结论等。情况部分和分析部分也可糅在一起写，边介绍情况边进行分析，这种有事实、有数据、有分析的写法较有说服力。建议部分依据调查材料及其分析研究，提出解决问题的方法或应采取的措施、对策等。

（3）市场调查报告的结尾没有特定的格式，一般是概括全文的观点，写出总结式的意见，或说明调查中存在的问题及与主要情况倾向不同的情况，预测可能遇到的风险和相应对策等。有的写完分析和建议则自然收束，不另加结尾。供决策参考的调查报告还应在结尾处署上撰写人姓名、部门和报告完成日期，以示负责。如是受委托为他人撰写，还应将委托方、调查方分别写清楚。

**相关链接**

### 市场调查报告的写作模板

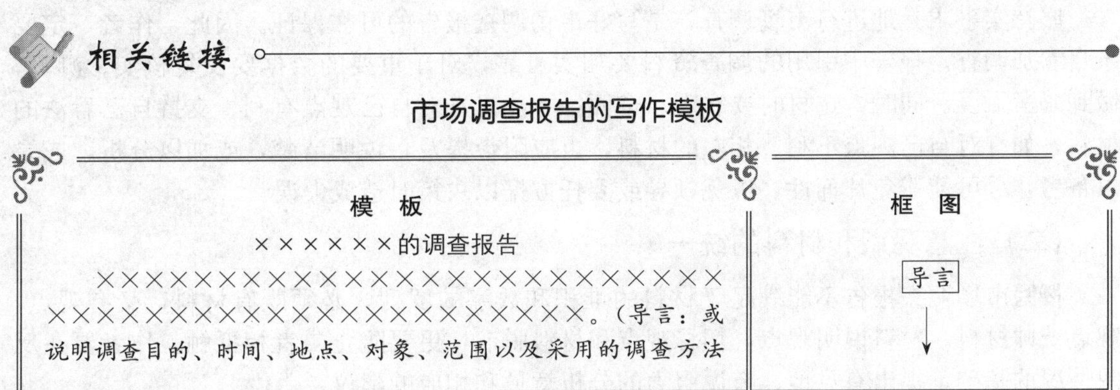

| 模 板 | 框 图 |
| --- | --- |
| ××××××的调查报告<br>××××××××××××××××××××××××××××××××××××××××××××××××××××××。（导言：或说明调查目的、时间、地点、对象、范围以及采用的调查方法 | 导言<br>↓ |

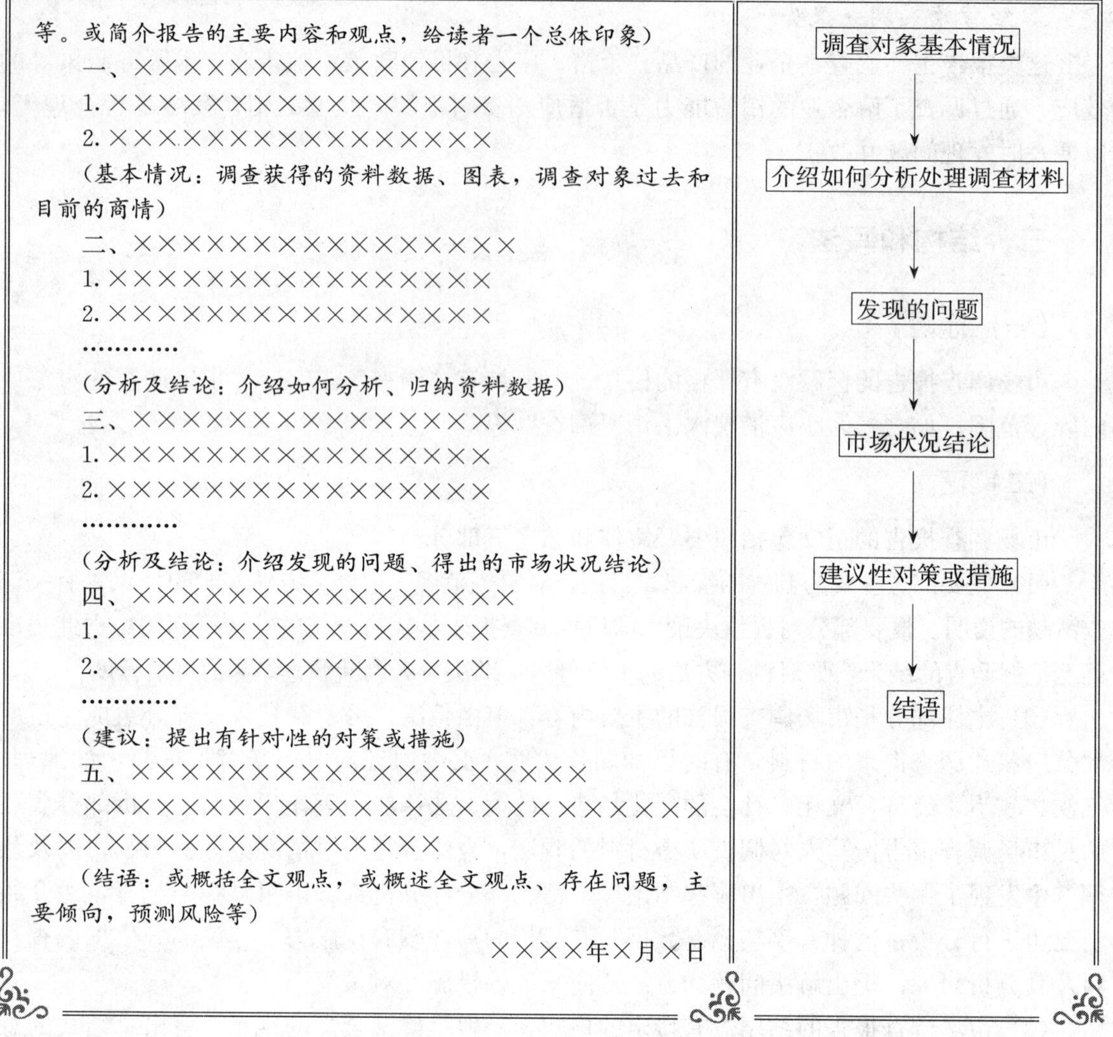

等。或简介报告的主要内容和观点，给读者一个总体印象）

一、××××××××××××××××

1.××××××××××××××××

2.××××××××××××××××

（基本情况：调查获得的资料数据、图表，调查对象过去和目前的商情）

二、××××××××××××××××

1.××××××××××××××××

2.××××××××××××××××

…………

（分析及结论：介绍如何分析、归纳资料数据）

三、××××××××××××××××

1.××××××××××××××××

2.××××××××××××××××

…………

（分析及结论：介绍发现的问题、得出的市场状况结论）

四、××××××××××××××××

1.××××××××××××××××

2.××××××××××××××××

…………

（建议：提出有针对性的对策或措施）

五、×××××××××××××××××××

×××××××××××××××××××××××××××××××××××××××××××

（结语：或概括全文观点，或概述全文观点、存在问题，主要倾向，预测风险等）

××××年×月×日



## 四、写作要求

### （一）要实事求是

坚持实事求是地进行市场调查，是写好市场调查报告的可靠保证。因此，作者一定要亲自参加调查。报告中引用的调查资料要翔实可靠，对于重要的数据要反复核实、测算，做到确凿无误。同时，选材时要客观、全面，不能光选对自己观点有利、支持自己看法的材料，如有对自己观点不利、相左的材料，也应附带提及，说明清楚，或加以分析，或录以备考，尽可能避免片面性，以免领导或委托方据以决策时造成失误。

### （二）注意观点和材料的统一

撰写市场调查报告不能满足于材料的堆积和数字的罗列，必须既有材料，又有观点，观点统帅材料，材料说明观点，切忌观点和材料脱节，更要防止二者相抵触。作者要在反映情况的基础上提出有见地、有说服力的分析意见和相应的建议。

### （三）要突出重点

市场调查的内容较广泛，涉及的问题也较多，在整理和撰写时，要根据主旨的需要来剪裁取舍材料。一份市场调查报告要突出重点，一般以回答一两个重要问题为宜，切忌面面俱到。如果调查涉及的内容过多，可以分专题写几份报告。这样，每份报告都能突出自己的重点。

### （四）正确把握文体性质和表达方式

市场调查报告是兼有说明文、记叙文、议论文的一些特点而又不同于它们的一种应用文体，应偏重于选用比较全面、系统、完整的事实、数据以叙述说明问题，并且运用议论的表达方式提出措施、建议。市场调查报告的语言要准确、简练、朴实。如文中运用小标题，各小标题应简洁、醒目、匀称。

### （五）要讲究时效

市场调查所得情况要能及时反映和传递。依据过时的信息不可能作出准确的预测和科学的决策，甚至会产生负效应。文中要写明调查时间。

## 复习与训练

**一、名词解释**

市场调查报告　市场需求调查报告

**二、填空题**

1. 市场调查报告的特点有________、________、________和________。
2. 按调查内容分，市场调查报告的种类可分为________、________和________。
3. 市场调查报告的正文分________、________和________三个部分。

**三、简答题**

1. 市场调查报告的正文如何写？
2. 市场调查报告有何写作要求？

**四、阅读与析评题**

从网上搜索一篇市场调查报告，分析其结构和写法是否存在问题。

# 第二节　经济预测报告

## 一、阅读与析评

### 例文 2

**20××年下半年汽车市场预测**

一、前言

预计下半年汽车需求同比增速进一步上升，汽车厂家将在上半年的基础上提高供给量，加价销售的部分车型的供需紧张形势将有所缓解。受此影响，下半年汽车价格将出现走低的可能，但下降幅度将会大大低于去年。

二、正文

1. 我国汽车市场现状综述

第一，下半年市场需求进一步全面回升。根据对《产业增长景气和效益景气指数》的分析，国务院发展研究中心的《月度景气分析报告》（3月份）就提出了“汽车产业自20××年以来调整的拐点即将出现，即从增长的下降逐步转向上升”的观点，自4月份以来，汽车各月产销同比增速逐步回升，近几个月汽车市场的表现已经证明了这一判断。

由于20××年3季度是全年的销售低潮期，因此，在今年汽车市场回暖的大环境下，今年3季度同比增速有望进一步上升，从而带动全年同比增速的上升，但被动性增长的特征比较明显。

对于下半年汽车产业的发展预测，需要综合考虑以下因素：第一，对于中国下半年的宏观经济走势的看法，各界有截然不同的判断。这与去年比较一致的经济较热的判断大相径庭，也表明了20××年上半年中国经济增长已经出现了一些新的变化。在国内钢铁价格、焦炭价格大幅下跌的同时，5月份工业企业利润增幅比去年同期下降了27.9个百分点。在这种情况下，下半年经济增速有所放缓是完全有可能的，但不至于出现急剧的下降，即总体判断为国民经济仍将在高位运行，但增速会放慢。

第二，对于汽车产业而言，目前发展势头良好，市场平稳回升，尤其是中档以下轿车需求出现全面增长，表明消费者正在逐步成熟，消费者的非理性对市场的冲击将会大为减少，有助于保持市场的稳步增长，减少大起大落。

第三，根据全国乘用车市场信息联席会的信息，今年1—5月厂家已消化库存5万辆左右，经销商消化15万辆的库存，全国总共消化库存20万辆。去年生产厂家与经销商总库存40万辆左右，现在已消化一半，库存已经逐步接近正常水平。

第四，今年上半年汽车价格的稳定已经明显地提高了消费者买车的热情和信心。在目前的市场环境下，对于中国汽车市场而言，重要的是价格的稳定，而不是价格的绝对高低。因为价格系列较之前几年已经大为丰富，消费者可以根据实际情况作出选择，而价格的波动却会扰乱消费者的预期，延缓其购买的行为。

第五，从汽车服务来看，汽车购买之后的服务市场竞争越来越激烈。经销商为建立市场声誉在努力提高汽车服务质量，生产商也降低了一些维修配件的价格，这些措施也有利于汽车市场的回升。

综合上述因素，尽管目前车市仍存在部分紧俏车型，但受上半年的市场良好表现的鼓舞，一些厂家已经提高了下半年的计划销量。尽管存在油价上升和汽车消费信贷偏紧的不利影响，但汽车市场还是表现出了稳步回升的态势，表明国内汽车需求依然强劲。预计20××年全年汽车产销量同比增长将在15%～20%，产销量将在580万～600万辆。

2. 我国下半年汽车消费市场预测

汽车产品消费格局发生变化。在上半年平稳回升的汽车市场中，引领市场的主力正在发生变化。自20××年6月份以后，商用车成为支撑汽车市场的中坚力量，这一趋势一直持续到今年1季度，自2季度开始，商用车需求增速下降，乘用车需求增速快速回升，对汽车市场的增长贡献逐步上升，6月份的增长贡献度达到了92.3%。

目前，在新的汽车分类标准下，汽车产品的三大主力分别是基本型乘用车（主要是原来的轿车）、交叉型乘用车（主要是原来的微型客车）、载货车（涵盖范围小于原来的载货汽车）。基本型乘用车与交叉型乘用车同比增速近几个月快速回升，在基本型乘用车中，增长的主力又是经济型轿车。

这种现象的出现，可以归结为以下几点：首先，轿车市场经过近一年的调整，需求力量逐步积蓄并理性释放；其次，油价上涨；最后，国家对经济型轿车持续不断的政策支持。今年汽车市场的一个重要特点是月度产销保持了较好的平稳性，预计下半年这一趋势仍将得到保持，基本型乘用车与交叉型乘用车仍将以较快的速度增长，而载货车则由于可能出现的经济增速下降而保持10%偏上的增长速度，再次出现增速大幅回升的可能性不大。总体预计，基本型乘用车全年销量将在270万辆左右，交叉型乘用车全年销量将在100万辆左右，载货车全年销量将在120万辆左右。这三大车型销量占全部汽车销量的81%～85%，以此计算，全年汽车总销量将在575万～600万辆。

汽车价格将下降但降幅不大。在目前的中国汽车市场上，价格变动情况仍是影响轿车进入普通百姓家庭的关键因素之一。在经历了20××年的汽车价格大战之后，20××年汽车市场的产品价格基本保持稳定，这对于改变消费者降价的预期起到了很大的作用。

上半年汽车产品价格稳定的原因主要有两个方面：一是原材料（主要是钢材）价格上升，二是生产厂商在20××年由于扩张的冲动对于市场增速的下降反应不太敏感，造成了大量的库存积压，今年则在吸取去年教训的基础上，制定了以销定产的审慎的生产计划，由此甚至导致一部分车型一度出现加价销售的现象。汽车产品在20××年上半年利润率继续下降，这也向消费者传递了一个信号，汽车的继续降价空间已经大为缩小，买不买车，消费者只能根据自己的实际需求来决定，而不能单纯等待价格的下降。

根据网上车市的监测，20××年上半年各月的环比汽车价格变化幅度为－0.5%～0.5%，6月份汽车平均价格和年初基本持平，而网上车市汽车价格指数也反映出汽车价格在保持稳定的基础上稍有下降，基本上证实了上述结论。

3. 促进我国汽车市场健康发展的建议

(1) 要坚持和完善发展节能环保的经济型轿车的政策体系，将发展节能环保的经济型轿车作为我国汽车产业发展的基本战略选择。

(2) 要改善消费环境，取消不合理的限制汽车消费的政策，尤其是地方对经济型轿车、微型车使用的限制。

(3) 要鼓励研发和自主创新的投入，走自主创新之路。

附件：

表1　20××年各月的汽车产销同比增长速度（略）

表2　20××年各月的汽车产销量（略）

表3　20××年各月主要车型产销量（略）

××汽车销售有限公司市场销售部<br>20××年×月

析 评

本预测报告的前言部分很简单，开门见山地给出了“下半年汽车价格将出现走低的可能，但下降幅度将会大大低于去年”的结论。

正文部分首先对我国汽车市场现状进行了综述，接着对我国下半年汽车消费市场进行预测，最后提出了促进我国汽车市场健康发展的三个建议。

## 二、必需知识

### （一）经济预测报告的含义和特点

经济预测报告，是根据过去和现在的资料，预见、分析和推断未来一定时期内经济发展过程及其变化趋势的财经文书。经济预测报告以调查为前提，以科学的分析研究为依据，以正确的经济理论为指导，通过大量翔实的调查、统计数字，对未来一定时期内的经济活动的演变作出预计和推测。从文章体裁看，它属于调查报告的特种形式；从文章内容看，它属于一种经济信息。

经济预测报告的特点主要表现为以下几点。

1. 预见性

预见性是对未来经济变化发展的趋势作出预测判断，这种判断越接近未来的客观实际就越有价值。预见性可促使人们立足现实，着眼未来，是经济预测报告的生命力和实用价值之所在。

2. 科学性

科学性是从实际出发，在占有大量的信息资料的前提下，通过运用现代技术和科学方法，找出事物的发展规律并预测未来。预测的结果是经济发展规律的反映。经济预测必须具有科学性，才可能具有准确的预见性。

3. 时效性

“时间就是生命、效率就是金钱。”在瞬息万变的经济活动中，要使预测能为决策服务，为提高经济效益服务，就必须迅速、灵敏地记录和反映经济活动中的新变化、新动态，并以最快速度传递给决策部门和管理部门。时效性是经济预测报告的生命和力量所在。

### （二）经济预测报告的种类

企业常用的经济预测报告主要有以下六种：

（1）市场预测报告，是指预测市场对企业产品总的需求量的报告。它是企业安排产品生产的重要依据。

（2）销售预测报告，是预测企业产品在市场上的销售量（即市场占有率、产品竞争力）的报告。它是企业改善经营管理、扩大销售量的重要依据。

（3）技术预测报告，是预测同行业生产中的新技术、新材料及其对市场需求影响的报告。它是企业制定科学研究和新产品开发计划，安排产品更新或升级换代的重要依据。

（4）资源预测报告，是预测企业生产所需原料、能源的来源和保证程度的报告。它是确定企业生产所用原材料品种、数量、规格、期限和供应单位，制定原材料和能源节约代用计划的重要依据。

（5）生产预测报告，是在市场、销售、资源等预测的基础上为制定企业生产计划而进行产量预测的报告。具体的报告内容有：企业生产能力、改建扩建投资、计划期限内各种产品的年产量预测等。

（6）成本预测报告，是预测产品在一定时期的成本水平的报告。它是企业有计划地降低成本，加强经济核算，多快好省地发展生产的重要依据。

## 三、结构和写法

### （一）标题

经济预测报告标题形式多样，也比较灵活，常见的有以下三种形式：

（1）全称标题。这类标题包括预测时限、预测区域、预测目标和文种四个要素。如“20××年我国装饰材料市场预测”。

（2）简称标题。这类标题往往将预测时限、区域舍掉，突出预测目标和文种。如“家电市场预测”。

（3）消息式标题。这种标题类似新闻报告中的消息标题，标题中没有“预测”字样，却能看出是预测。如“明年轻工产销有望稳增”。

不管采用哪种形式的标题，都必须标出预测目标，这是预测报告标题的必要条件。

### （二）正文

经济预测报告的正文，分前言和主体两部分。

1. 前言

前言也称导语，是经济预测报告的开头，它没有固定的模式，形式也是多种多样的。常见的有揭示全篇主旨的，有交代写作目的和动机的，有介绍预测方法和过程的，也有开门见山直陈其事的。

2. 主体

经济预测报告的主体，从预测的目标、要求出发，根据预测报告的种类及预测分析的过程组织安排内容。经济预测报告主体一般应包括以下三方面的内容：

（1）情况与数据。经济预测报告引用的情况与数据资料必须是经过调查和收集的历史及现实情况与数据资料，并经过认真的筛选和仔细的分析研究。这是保证经济预测报告质量的重要前提，也为下一步的分析与计算打下基础。

（2）分析与计算。即对认真整理和筛选出来的情况与数据进行全面、科学的定性、定量分析，揭示本质，预测未来的发展趋势和规律。这部分是经济预测报告的核心。分析应能反映事物的本质，具有典型性和准确性，不能以偏概全，防止某些个别现象掩盖了事物的本质。

（3）结论与建议。根据分析与计算的结果，提出切合实际的结论和建议，体现预测的目标和要求，这是经济预测报告的落脚点。结论和建议要注重可行性、具体性和突破性。

**相关链接**

### 市场预测报告的写作模板

| 模板 | 框图 |
|---|---|
| ××××××市场预测报告<br>××××××××××××××××××××××××××××××××××××××××××。(前言：简介预测对象、预测时间、范围、目的及方法。也可简述预测结果) | 前言 |
| 一、×××××××××××××××××<br>1.×××××××××××××××××<br>2.×××××××××××××××××<br>(基本状况：运用资料数据、图表，或按时间顺序展开，或按不同的性质归类展开，说明预测对象的历史和现状) | 说明预测对象的历史和现状 |
| 二、×××××××××××××××××<br>1.×××××××××××××××××<br>2.×××××××××××××××××<br>…………<br>三、×××××××××××××××××<br>1.×××××××××××××××××<br>2.×××××××××××××××××<br>…………<br>(分析及预测。由预测对象的历史和现状，推断预测对象未来的前景、态势) | 推断预测对象未来的前景、态势 |
| 四、×××××××××××××××××<br>1.×××××××××××××××××<br>2.×××××××××××××××××<br>…………<br>(提出建议。根据预测的结果，提出有关商品生产、经营方面的意见) | 提出有关商品生产、经营方面的建议性意见 |
| 五、××××××××××××××××××××<br>××××××××××××××××××××××××××××××××××××××××××<br>(结语：或说明或强调某观点，或表示对未来充满信心)<br>××××年×月×日 | 结语 |

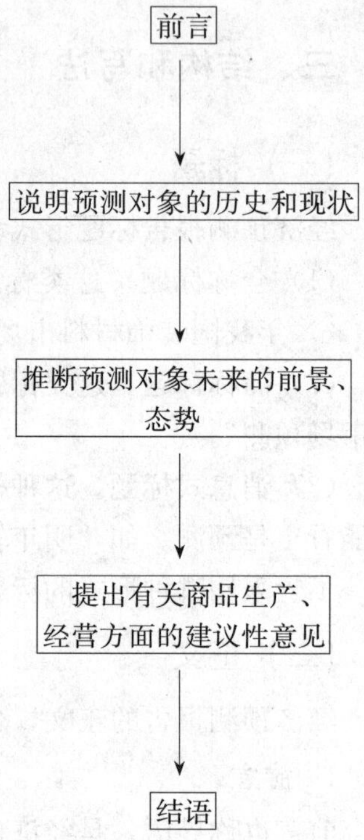

## 四、写作要求

### (一) 明确预测目标

经济预测是为了把握未来的经济发展趋势和规律，使现实行动具有正确性、及时性、稳定性和有效性。因此，写作前，必须先根据实际需要和可能的条件确定预测目标。

### （二）选好写作角度

经济预测报告与市场调查报告等文体的相关程度很高，因此，在撰写经济预测报告时，为不与有关文种混淆，应紧紧把握“预测未来”这一特征。

### （三）论证有力

撰写经济预测报告，首先，资料数据要真实；其次，观点材料要统一；最后，报告中所选用的资料数据要能反映事物本质，有典型意义。这样才利于做到论证有力。

### （四）语言准确，层次分明

经济预测报告不追求辞藻华丽，而要求语言准确，以精当的专用预测名词、术语、数据反映客观实际，清楚地表达预测内容，报告的层次一般按提出问题、说明问题、分析预测问题、解决问题的顺序展开写。

## 复习与训练

**一、名词解释**

经济预测报告　生产经济预测报告　成本经济预测报告

**二、填空题**

1. 经济预测报告的特点包括________、________和________。
2. 常见的经济预测报告标题有________、________ 和________三种形式。

**三、简答题**

1. 经济预测报告和市场调查报告有何异同？
2. 经济预测报告的正文由哪几部分组成？各部分具体应怎样写？
3. 定性预测和定量预测各有何优缺点？

**四、写作训练题**

深入当地的某个行业或市场进行调查研究，写一篇经济预测报告。

# 第七章 经济活动分析文书

## 第一节　财务分析报告

### 一、阅读与析评

**例文 1**

**加工大米成本高的原因**

稻谷加工出米率的高低，是影响大米进价成本和销售毛利的主要因素。我们在检查××××年上半年财务成果时，对大米加工成本进行了重点分析。××××年 1—6 月加工稻谷 3 770 万千克，百千克稻谷出米率为 67.66%，百千克大米加工成本达 34.88 元，与同品质的统购价相比高出 1.48 元，上半年内销外调大米 1 400 万千克，这项差价就毛损 20 万元，问题非常突出，经过深入分析，主要原因是：

1. 收购稻谷质量差，作价偏高。

自××××年颁布六种粮食国家标准后，稻谷按出糙率确定等级，对杂质、水分等单个项目实行增减价，在执行中由于种种原因，作价产生偏差，原价不符，较普遍的是质次价高。据××粮管所检查一仓早稻，抽样检验，出糙率为 74.54%，含杂 1.9%，含稗 363 粒，黄变粒达 2.1%，按标准符合四等，百千克 42.40 元，杂质超过标准扣价 0.18 元，应该作价 42.22 元，而实际的收购价为 42.56 元。百千克偏高 0.34 元。全县收购的早稻中经过检验鉴定的1 780万千克，含杂高达 2.16%，超过标准含杂量的达 20 多万千克。万埠加工厂对收购的晚稻进行检测，含杂达3.05%，加上水分、爆腰等损耗推算出糙率有68.7%。由于稻谷质量次而出米率低，影响大米成本，再加上作价的偏差，成本就更高了。

2. 加工质量次，价格受损失。

由于加工生产工艺上的问题，大米的合格率仅及66.5%。××××年上半年外调大米因质量问题而发生降价损失2万多元。大米中谷粒含量超过标准，含碎米多，是影响大米质量的主要问题。而含碎米多的原因除了加工过程中的问题外，稻谷登场脱粒时，由于农村大多采用滚禾脱粒而使谷粒受损，据检测，稻谷爆腰率一般在10%以上，高的达26%。

3. 原料、成品检斤不准确。

稻谷进厂，大米出厂，没有认真执行检斤计量的制度，有的虽经过磅，但无专人监磅，往往由搬运工人自报，以少报多；有的按箩计数，非少即多；有的按成品推算原料，出米率失真。这样造成库存大量溢耗，混淆了加工的实际情况。

我们认为，抓好粮食加工，是粮食企业增产增收的重要途径，它同粮食收购和保管工作又是密切相关的。因此必须加强全面质量管理的工作，从收购环节抓起，切实贯彻依质论价政策，正确掌握作价标准，提高检验技术水平，做到质价相符，保证加工出品率的提高和成本的降低。收购入库注意分等保管，既关系到加工质量，也关系到成本的准确真实。这两方面做好了，同时在委托加工时认真签订合同，明确经济责任，根据原料检测，定出率，定质量，严格检斤，按批结算，确定奖罚，就一定能够取得较好的经济效果。

××财务科

××××年××月××日

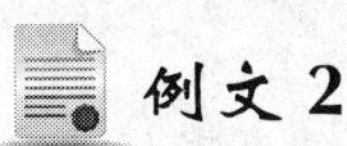


这是一篇专题财务分析报告，作者首先分析了加工大米成本高的三个主要原因以及这些原因的成因所在，并在结尾部分针对这些原因提出了相应的改进意见，分析透彻，意见中肯。

## 例文2

### ××××年上半年财务分析报告

一、主要财务指标完成情况

（一）商品销售额增加。本期商品销售额为385万元，比计划额增长14.34%，比上年同期增长了26.2%。

（二）费用水平下降。本期费用水平为4.01%，比上年同期下降幅度为10.09%，相对节约费用额为1.73万元。

（三）全部流动资金周转加快。本期全部流动资金周转天数为10.4天，比上年同期加快0.7天，相对节约流动资金占用额1.12万元；其中商品资金周转天数为72天，比上年同期慢0.2天，相对平均多占用商品资金3 200元。

（四）利润额增多。本期纯利润额为16.42万元，比上年同期增长47.61%；每百元销售额平均利润4.27元，比上年同期上升了16.99%。

二、采取的主要措施

（一）广开进货销货门路。除在市内努力寻找货源、购进紧缺商品外，还向市外积极组织进货。并根据货源情况以及季节变化，积极开展销货业务。对货源充裕的商品，通过增设售货摊棚、延长营业时间、开早晚市以及打破班组商品经营范围等办法大力进行推销，从而增加了商品的销量，扩大了销售额。如牛肉销量上升了22%，羊肉上升了20%，鸡肉上升了23%，糖果上升了42%，糕点上升了32%，水果上升了91%。

（二）把财务指标与班组评比奖励挂钩。在“百分赛”的评比办法中，把商品销售额、销售利润、费用率、商品资金周转率、商品损耗率等财务指标的实际完成情况，作为班组每月评比奖励的主要依据。这样按劳付奖、多劳多得，调动了职工的积极性。

三、存在的问题

（一）有的班组商品资金占用不合理，以致全场商品资金周转减慢。出现这种情况，是由于部分副食商品价格调高，直接影响了商品资金占用加大，当然，这里有客观因素，不可避免。但有的班组商品资金占用的增长却大于销售额的上升幅度，则说明商品资金占用不够合理。如早晚服务部销售额只增长15.79%，而商品资金占用额竟增长了26.98%。

（二）商品损耗率普遍增高。本期计耗的七个班组综合损耗率为0.06%，比上年同期的0.05%上升了20%。究其原因，多属在进货验收、挑选整理、搬运摆放以及保管等环节中，不按规定的操作规程办事造成的。

（三）费用开支有浪费。本期修理费开支比上年同期增加了44.32%，其原因主要是：(1) 不善于使用与保养机器设备而造成的故障多，修理随之增多；(2) 修建工程设计不周密，盖了又拆，增加了拆改费用。

（四）财产损失加大。本期财产损失比上年同期增加了三倍多，其中大部分是当事人失职而造成。如放入冷库的25千克对虾，由于保管人员粗心大意，忘记出售，时间长了，质量降低，结果削价处理，损失严重。由此说明，我场有的员工对待工作存在责任心不强的问题。

四、改进意见

为进一步搞好经营管理，要完善各种必要的规章制度。当务之急是要尽快制定好商品采购工作责任制，把好进货关。商品资金占用不合理、商品损耗率增高及费用开支有浪费等问题，目前虽与班组定期评比奖励挂钩，已经引起各班组的注意，但为了保证此类问题不再发生，还有必要进一步采取具体措施，加强管理，严格岗位责任制度，做到人人有专责、事事有人管，将管理工作落实到每个人身上，落实到每项工作中。例如，食品组应当把售货场与仓库的商品严格划分清楚，凡进货验收、销售上货、储存检查，都要有专人按规定手续负责办理，彻底解决商品管理上不够认真的问题。

××菜市场销售科<br>××××年7月10日

析 评

这是一篇单位的财务分析报告。标题由单位、时间、事由和文种组成。

正文分为两大部分：第一部分从"主要财务指标完成情况"、"采取的主要措施"、"存在的问题"三个方面对该菜市场的销售状况、费用水平、资金周转、利润增长、采取的有力措施和存在的主要问题进行了分析。文章善于抓主要矛盾，说明观点、分析问题多用准确的数据，注重选择典型事例，具有说服力。第二部分针对存在的主要问题，提出了"改进意见"，为菜市场的经营管理提出了合理、可行的建议。

全文思路清晰，语言简洁，分析透彻，层次分明，是一篇写得较好的财务分析报告。不足之处是文章开头缺少导言。

## 二、必需知识

### （一）财务分析报告的含义和特点

财务分析报告又叫财务情况说明书，是财务独立的企事业单位定期或不定期地对财务收支情况进行总结、分析后而撰写的书面报告。它是财务部门在检查、分析各项财务计划指标完成情况的基础上经过梳理、概括、加工、提炼而编写的说明性和结论性的文书，其目的在于向领导和有关部门提供财务收支情况，检查企事业单位完成生产、经营、科研成果转化或购销任务的情况，及时反映各项经济技术指标完成的实绩，探讨、揭露和寻找问题和原因，并提出指导性的对策和建议，为加速资金周转、保障财务工作正常运转、提高经济效益而提供可靠的依据。

财务分析报告主要具有如下特点。

1. 指导性

财务分析报告要分析财务活动中的各种矛盾，总结经验教训，以便采取措施，加强财政管理，使本部门本单位的财务活动自觉置于党和国家的方针政策引导之下、财政制度和财政监督之下、上级机关和本单位领导指导之下。所以，财务分析报告对经济部门和单位的发展方向、工作重点和计划的制定具有重要指导性。可以说，未来财务活动是以对过去财务活动的分析为基础的。

2. 综合性

财务分析报告主要运用各种会计、统计及有关业务资料，分析单位的财务情况，包括资金运用和效益情况、财务收支和指标完成情况等；然后在此基础上进行综合分析，预测发展前景，肯定成绩，提出建议。

3. 分析目的和作用的内向性

一个经济部门或企业单位进行财务分析，其根本目的是挖掘内部潜力，提高经济效益，改进和加强自身财务管理、生产经营管理的水平。因此，财务分析报告主要作用于内部，具有内向性的特点。

### (二) 财务分析报告的种类

1. 简要分析报告

一般围绕企事业单位的主要经济指标或财务上的若干主要问题有重点地进行分析，以观察该单位财务活动的基本情况、发展趋势和财务管理的改进情况。一般月末、季末的月度、季度财务分析，多采用这种类型。

2. 综合分析报告

即一个季度、半年或年度终结后，根据单位的会计报表和有关资料，对资金、利润、费用、成本、盈亏等方面的情况进行综合分析，以检查和总结一个季度、半年或全年内企事业单位生产、经营、管理以及有关方针、政策、法律贯彻执行的全面情况。

3. 专题分析报告

即根据企事业单位加强经营管理的需要，对某些重大政策性问题、经济措施或某些薄弱环节进行重点的调查和分析，以便及时解决问题，采取切实可行的措施，改进财务管理工作。

4. 对比分析报告

即业务主管部门对所属企事业单位的某些财务指标，采用分列对比的方式进行分析研究，以便找出差距，剖析造成差距的原因，使后进赶先进、先进更先进，推动劳动竞赛的开展。

5. 典型分析报告

即对完成经济指标好的或差的典型单位，或对某些典型事例，采取“解剖麻雀”的方法，有针对性地进行分析和研究，探求先进或落后的主客观原因，以便以点带面，推动全盘工作，或从中吸取教训，防止继续出现同样情况的失误。

## 三、结构和写法

### (一) 标题

财务分析报告的标题没有固定的写法，一般包括单位名称、时限、内容和文种四项，如“××公司20××年度财务分析报告”。也有的不写单位名称，在报告全文结束后署名，如“20××年×季度流动资金占用情况分析”。还可以用报告中提出的建议和意见作标题，如“关于迅速整顿成品奖金的建议”等。

### (二) 正文

财务分析报告的正文一般包括开头、主体、尾部三个部分。

(1) 开头。开头是情况的概述部分，概述分析对象的基本情况和财务活动情况、取得的主要成绩和存在的问题，以及对分析期间财务状况的基本评价等。这一部分既要有文字概述，又要有数据和指标的说明，为下文展开分析做好铺垫，同时使人一看就能对报告期间的财务活动情况有一个总的了解。

(2) 主体。这部分是财务分析报告的重点。它主要是对各项指标完成情况以及有关工作情况加以说明，并对影响指标增减变化的原因进行分析。在分析中要总结取得的经验和成绩，同时要指出存在的问题及其原因。分析原因要分清主观原因和客观原因，并指出主要原因是什么。在分析中还要注意不能就数字论数字、就事论事，应透过数字、事实联系财务活动中的实际情况，进行具体的、综合的、本质的分析。

(3) 尾部。尾部一般提出改进的意见和建议。这部分应写得具体而简洁，意见要中肯，建议或措施要切实可行。切忌画蛇添足、泛泛而谈。

## (三) 落款

落款要署上撰写财务分析报告的单位名称和年、月、日。

另外，有的财务分析报告还以附件的形式附上财务分析的有关表格和材料。

## 相关链接

### 财务分析报告的写作模板

**模 板**

××××年1—3月份财务分析报告

××××年1—3月份，本公司贯彻执行××××××文件精神，在××××的正确领导下，采取了××××等措施，财务分析情况良好，为公司完成全年的经济指标奠定了良好的基础。(概述财务基本活动情况、主要成绩和存在问题、基本评价)

一、主要财务指标完成情况

(一) 商品销售额增加

×××××××××××××××××××××××。

(二) 费用水平下降

××××××××××××××××××××××。

(三) 流动资金周转加快

××××××××××××××××××××××××。

(四) 利润额增多

×××××××××××××××××××××。

(五) ×××××××××

××××××××××××××××××××××。

(分析说明财务指标完成状况、费用水平、资金周转、利润、影响指标增减的主观原因和客观原因等方面的情况。要求有观点，能用准确数据和典型事例进行说明)

二、采取的主要措施及其效果

(一) 广开××××门路

×××××××××××××××××××××××××。

(二) 把财务指标与班组评比奖励挂钩

××××××××××××××××××××××××。

(三) 把××××××与×××××相结合

(分析采取了哪些措施，并说明各种措施的效果。要求有观点，能用准确数据和典型事例进行说明)

**框 图**

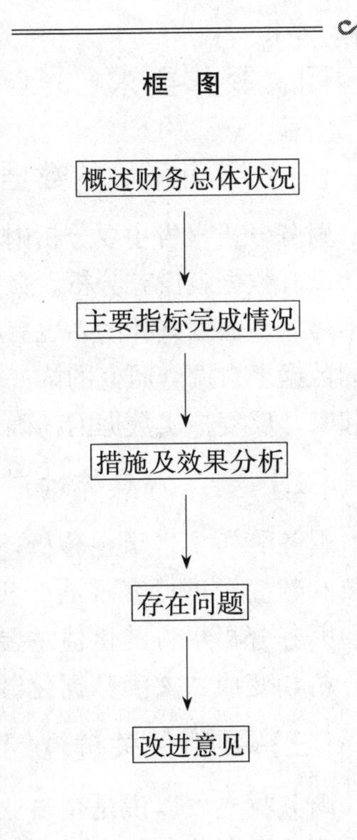

三、存在问题
(一) ××××××××××××××××××××××××
(二) ××××××××××××××××××××××××
(三) ××××××××××××××××××××××××
(四) ××××××××××××××××××××××××
(存在的主要问题)
四、改进意见
(一) ××××××××××
×××××××××××××
(二) ×××××××××
(三) ×××××××××××
(针对存在的主要问题，提出“改进意见”和建议)

×××××公司
××××年4月5日

## 四、写作要求

### (一) 要有精确的数据

财务分析报告主要分析财务收支状况、各项经济指标完成的好坏，要分析就离不开数据，没有数据就没有分析。数据不精确，分析的结果就不正确；数据残缺不全，分析的结果就不可靠。数据有死的，也有活的，死的数据来自计划、报表凭证、账表及其他书面材料；活的数据来自调查研究的第一手资料和对实物的清查，两者不可偏废。只有将二者有机地结合起来，反复核实数据的精确性，以此进行分析，得出的结论才是客观的、科学的。

### (二) 要深入具体地进行分析

财务分析报告重在分析，要动用科学的方法，对各种经济指标和财务收支情况，通过现象和数据，进行客观的、实事求是的分析，旨在找出创造成绩或存在问题的主客观原因。财务分析报告的价值主要在于能否分析得中肯、深刻、正确。常见的毛病是用数据代替分析，变成“文字数据化”，这可以说是财务分析报告的致命伤。

### (三) 要抓住关键性问题

财务收支可以说是企事业单位经济活动的晴雨表，它全面反映了单位的经济效益和物质文明建设所达到的水平。撰写财务分析报告，不是为分析而分析、为撰写而撰写，而是为了了解单位的整个经济运转状况和经营管理情况，找出获得成绩和存在问题的原因，以达到改进工作、改善经营管理的目的。这就要求在撰写财务分析报告时，一定要抓住主要矛盾，抓住关键性的问题，并解决之。

## 复习与训练

**一、名词解释**

财务分析报告　综合分析报告

**二、填空题**

1. 财务分析报告具有________、________和________三个特点。

2. 财务分析报告可分为________、________、________、________和________五大类。

3. 财务分析报告的正文由________、________和________三部分组成。

**三、简答题**

1. 财务分析报告正文的各部分如何撰写？

2. 撰写财务分析报告有何要求？

**四、写作训练题**

请仔细阅读例文2，试写一段分析其写作内容及写作思路的“析评”文字，再与例文2的“析评”作比较。

要求：在写作时不看例文2的“析评”。

# 第二节　产销分析报告

## 一、阅读与析评

### 例文3

**2月末生猪产销形势分析**

为了解当前生猪生产情况，做好××××年全省生猪购销工作，省公司组织全省基点县对2月末生猪生产情况进行了调查，并于3月7日召开了主产地市县公司经理座谈分析会。会上各地市县根据全面调查综合分析认为，当前生猪产销总的情况是：存栏基本稳定，但大猪存栏减少，二季度旺季难旺，价格不会大起大落。

一、当前生猪生产情况

1. 存栏基本稳定。（略）

2. 育肥猪存栏结构不合理。（略）

3. 流通渠道顺畅，市场价格平稳。（略）

二、二季度产销趋势

1. 按2月末存栏结构推算，全省二季度可供出栏肥猪915万头，与去年同期基本持平。由于大猪存栏减少，3—5月肥猪出栏货源减少，旺季不旺。

2. 省外需求拉力加大。（略）

3. 根据上述产销情况分析，预计二季度全部活猪收购均价每50千克400元左右。

三、工作要求及建议

1. 根据当前的产销形势，各级食品部门要充分发挥食品主渠道作用，在猪上做文章，采取养、杀、收、卖、运、易、储、加八字方针，抓住时期，积极购销，搞好储备，稳定市场。

2. 充分利用和发挥食品部门闲置的场地，积极稳妥发展规模饲养，采用多种方式走公司加农户的路子，建立较为完善的产销一体化基地。

3. 为搞好各级储备，增强市场调控能力，请政府及有关部门在资金、财税政策方面给予扶持，以利国有食品行业扩大购销，调节市场，保证居民日常供应的基本需要。

××省食品总公司

××××年3月9日

### 析评

这篇产销分析报告首先简明扼要地概括了生猪产销总的情况，然后具体分析了当前生猪的生产情况、二季度的产销趋势，并根据现状提出了相应的建议。整篇报告有理有据，内容充实，条理清晰。

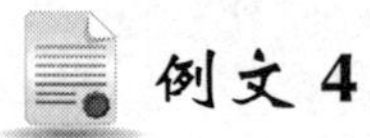

### 例文4

#### 需求增长平缓市场交易清淡

——近期物资市场形势分析

今年以来，全国生产资料市场发展比较平稳，基本上保持了资源丰富、供求宽松、购销平淡、价格下滑的买方市场格局。具体分析，当前物资市场呈如下特点：

一、需求增长平缓，市场交易清淡。今年以来，物资需求增长幅度不大，有些物资的国内消费量还有所减少。据测算，1—9月份16种主要物资的国内需求增长3.9%，比去年同期增幅回落了13个百分点，其中钢材需求增长1.9%，水泥增长9.5%，煤炭增长5.7%，铝增长2.7%，木材下降3.9%，铜下降11.2%。由于需求增长缓慢，市场上卖多买少，交易清淡，始终处于买方市场状态。据初步统计，1—9月份全国物资系统销售比去年同期下降39.3%，主要物资销售量全部下降。物资系统企业亏损逐月增多，前三个季度亏损额将超过20亿元。许多物资生产厂家也都反映购买需求不足，销售困难。进入三季度后，受季节性因素的影响，南方沿海的一些地区反映，物资需求出现回升的迹象，但回升幅度较小。

二、国产资源增幅下降，物资进口有所减少，但资源供给仍相对充裕。由于产品库存积压较多，生产企业普遍采取了各种限产压库的措施，三季度以来初见成效，主要生产资料产量增幅逐步回落。1—9月全国钢材累计产量为6 059万吨，比去年同期增长5.5%，增幅比上半年回落2.1个百分点。其中，9月份产量630万吨，同比仅增长1.1%。其他物资，如油品、铜、铜材、木材、机电设备、汽车等产量也为低速增长，甚至负增长。

进口过多依然是当前部分生产资料市场供大于求的主要原因之一。今年以来，采取了一些控制措施，看来见效较慢。1—9月份全国进口钢材1 660万吨，虽比去年同期下降了20%，但还是大幅度地突破了全年的计划，致使国内库存继续上升。

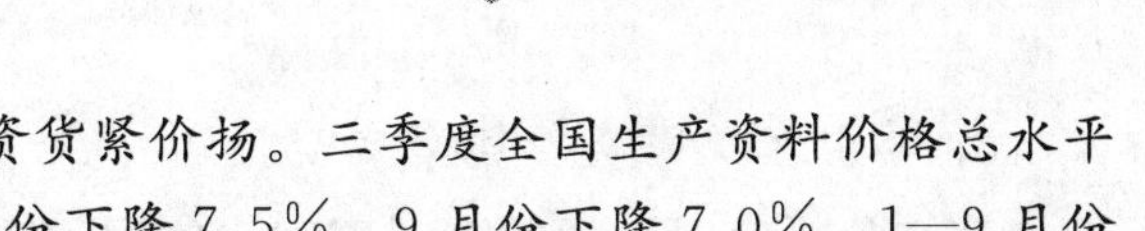


三、市场价格总水平稳步下降，少数物资货紧价扬。三季度全国生产资料价格总水平继续逐月下滑，其中7月份下降8.4%、8月份下降7.5%、9月份下降7.0%。1—9月份累计比去年同期下降了3%左右。其中主要是数量较大的钢材、汽车、机械设备等物资品价格仍继续下滑，不断探底，从而牵动整个生产资料价格水平的稳步回落。

从主要物资看，降多升少。全国一些重要钢厂和汽车等生产企业为了解决压库促销，频频下调出厂价格，如10月份首钢线材的大批量优惠出厂吨价已跌至2 600元。由于各钢厂纷纷下调出厂价格，从而推动了钢材，特别是建筑用钢材市场价格的新一轮下降。10月份北方地区6.5毫米线材市场吨价普遍降到2 700元左右，其他薄板、硅钢片、优质槽钢等生产用钢材价格也有不同程度的下降。汽车、金属切削机床、交流电动机等机电产品价格仍继续下滑，降幅在1%～2%。

今年以来，铜、铝、橡胶等在国际市场上价格涨幅较大，也是国内令人瞩目的热点。10月份铜、铝的市场吨价分别跃升到2.4万元和1.6万元以上，期货市场铜价最高时曾超过2.6万元，铝的价格接近1.8万元，形成了暴涨的局面。此外，橡胶、聚丙烯、ABS材料等化工产品价格稳步上扬，分别比年初上升1成到2成。

××统计局<br>××××年××月××日

### 析评

这份产销分析报告在概述生产资料市场基本情况的前提下，以具体的数据资料为依据，分款列项地分析了市场呈现出的几大特征，并说明了产生这些特征的原因。作者的分析有理有据，若能再相应提出几点措施、建议就更完整了。

## 二、必需知识

### (一) 产销分析报告的含义和特点

产销分析报告，是研究并反映工业生产和商业销售之间的关系，分析市场供应和需求形势的一种文体。

产销分析报告具有以下几个特点。

1. 对市场形势的分析性

产销分析报告要对市场上某种或某类产品的供需关系作出反应，分析其市场畅销或滞销的原因，并找出对策。所以，“分析”是产销分析报告的基本特点。

2. 明确的目的性和强烈的针对性

产销分析报告是针对市场产品供需形势的分析，能对生产企业和商业部门起到指导作用，使社会主义市场经济的管理实现科学化和现代化，而生产企业可以按照所分析的市场形势去生产急需的畅销产品，商业部门也可按照分析的市场形势去组织货源，满足市场和人们的各种需求。

3. 尊重客观事实，凭事实说话

产销分析应以市场的客观事实为依据，通过具体的情况、数字，分析某种或某类产品的畅销或滞销原因，并指出如何解决这些问题，以求具有现实指导意义。

### （二）产销分析报告的种类

产销分析报告可有各种不同的分类：按时间分，有总结性产销分析报告、现实性产销分析报告和预测性产销分析报告；按性质分，有综合性产销分析报告、专题性产销分析报告和单一性产销分析报告；按范围分，有国际市场产销分析报告、国内市场产销分析报告和地区（省、市、县和经济区域）市场产销分析报告；按行业分，有冶金、机械、轻工、化工、电子、建材等产品的产销分析报告；按环节分，有生产情况、购进情况、调运情况、储存情况、销售情况等的产销分析报告。

## 三、结构和写法

产销分析报告的结构由标题、正文和落款组成，各部分的具体写法如下。

### （一）标题

产销分析报告的标题一般有三种：第一种由时间和分析的问题或事项构成。第二种由分析的问题或事项构成。第三种由正副标题构成，在正标题上突出分析的问题或事项，副标题标明分析的时间，如正标题为“需求增长平缓，市场交易清淡”，副标题为“近期物资市场形势分析”。

### （二）正文

产销分析报告的正文，一般由引言、主体和结尾组成。

(1) 引言。引言又叫前言、导语。简明扼要几句话，或阐明分析的目的、要求；或概述产销的市场形势；或针对问题用数字介绍基本情况；或简述存在的问题。究竟写什么，应视具体情况而定。

(2) 主体。主体部分写对市场某种、某类产品或对整个市场的供需情况、形势的具体分析。着重分析产销各项指标是怎样完成的，或分析产销指标没有完成的主客观原因。这种分析应该有情况、有数据、有措施、有建议。至于具体写法，多种多样，可以列出小标题，也可以分款列项，还可分成几个部分。主体部分应有理有据，内容充分，条理清晰。

(3) 结尾。结尾是根据产销分析所反映出的问题，提出改进意见、建议和具体措施。要求观点明确，意见中肯，建议切合实际，措施能真正解决问题，切不可徒托空言，不讲实际效果。

### （三）落款

落款就是签署作者的姓名和单位以及注明写作时间。

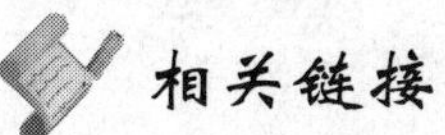


**产销分析报告的写作模板**

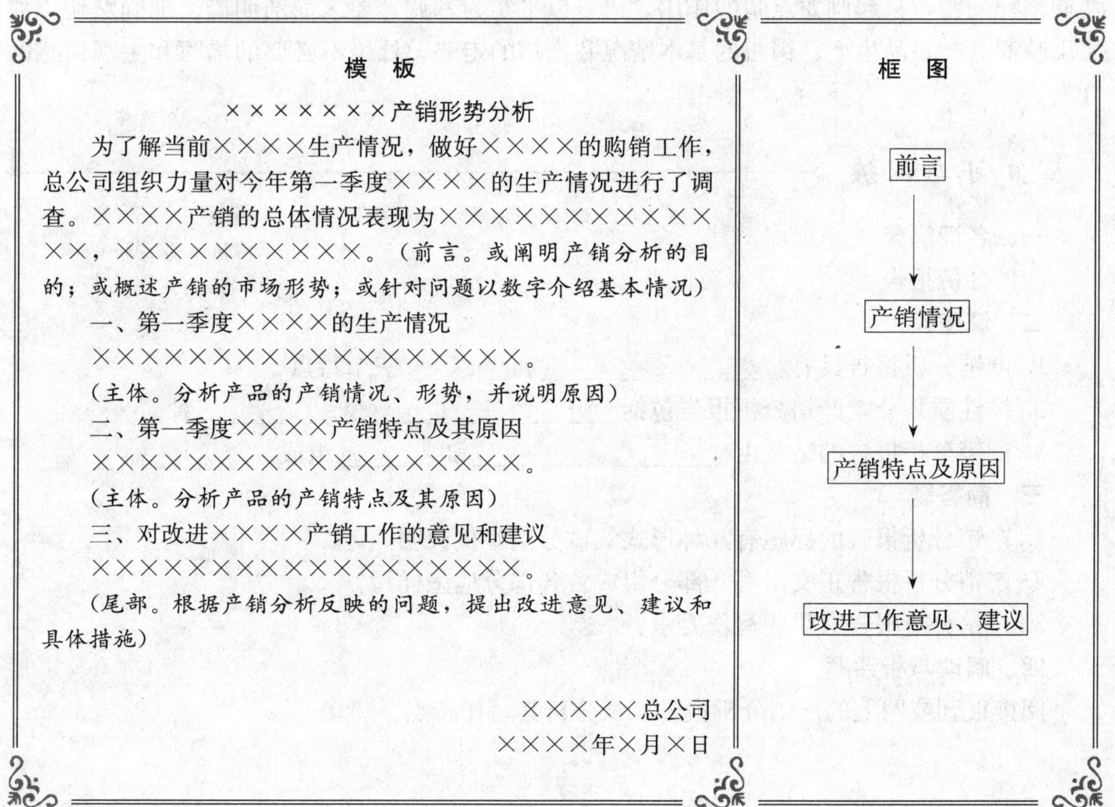

模板

××××××××产销形势分析

为了解当前××××生产情况，做好××××的购销工作，总公司组织力量对今年第一季度××××的生产情况进行了调查。××××产销的总体情况表现为××××××××××××××，××××××××××。（前言。或阐明产销分析的目的；或概述产销的市场形势；或针对问题以数字介绍基本情况）

一、第一季度××××的生产情况

×××××××××××××××××××。

（主体。分析产品的产销情况、形势，并说明原因）

二、第一季度××××产销特点及其原因

×××××××××××××××××××。

（主体。分析产品的产销特点及其原因）

三、对改进××××产销工作的意见和建议

×××××××××××××××××××。

（尾部。根据产销分析反映的问题，提出改进意见、建议和具体措施）

×××××总公司

××××年×月×日

框图



## 四、写作要求

### （一）要有明确的针对性

撰写产销分析报告一定要以市场为导向，有明确的针对性，即到底要解决什么问题：是解决产品适销对路的问题，还是开发新产品、扩大市场占有率的问题；是解决商品购销渠道的问题，还是解决商品实体使用价值的转移等。报告的针对性越强，对生产企业、商业企业及主管部门，特别是对工商管理部门的实际参考和指导意义就越大。

### （二）在分析上下工夫

产销分析报告和市场调研报告都是面向市场，对某种或某类产（商）品的供需状况作出如实的反映，但市场调研报告重在“情况”的报道，即哪些商品紧俏，哪些疲软、滞销；而产销分析报告虽然离不开事实和情况的介绍，离不开指标、数据和报表，但它的侧重点在“分析”，作出评价，在分析原因时，远因、近因、内因、外因都要注意到，通过对指标、数据、报表的具体分析揭示问题的实质，并找出相应的对策。如果没有客观、中肯、科学的分析，产销分析报告也就名不副实。

### （三）语言简明准确

产销分析报告以叙述、说明为主要表达方式，在对产销形势作出评估也用到议论，但强调精粹周密，只起画龙点睛的作用。语言以平实为基调，要求简洁明确、准确贴切，如实反映商（产）品生产、销售的基本情况和产销的走势，杜绝不必要的描写和主观情感的抒发。

### 复习与训练

**一、名词解释**

产销分析报告

**二、填空题**

1. 产销分析报告具有________、________和________三个特点。
2. 按性质划分，产销分析报告包括________、________和________三种。
3. 产销分析报告的结构由________、________和________组成。

**三、简答题**

1. 产销分析报告的标题有几种形式？试分别举例说明。
2. 产销分析报告正文由哪几部分组成？各部分应怎样写？
3. 产销分析报告有哪些写作要求？

**四、阅读与析评题**

阅读报刊或网上的产销分析报告，试分析其写作特点。

## 第三节 审计报告

### 一、阅读与析评

**例文5**

**关于××市日杂公司××××年度财务收支的审计报告**

×××市审计局：

根据××审综字〔××××〕×号审计计划安排，审计小组于××××年×月×日至×月×日，对××市日用杂品公司××××年度财务收支进行了就地审计。审计总金额825万元，违纪总金额为344 144.07元，应缴金额为48 166.40元。现将审计结果报告如下。

一、基本情况

××市日用杂品公司是××市供销社所属中型企业，××××年度与市供销社签订承包合同，实行利润递增包干，公司下属11个独立核算单位。

该公司于××××年×月由行政管理型公司变成了经济实体公司（由原日杂采购站和生活采购站合并而成）。现分为3个业务经营科室和8个行政职能科室。主营日用杂品、兼营五交化及家用电器、家具等。现有职工111人，固定资产103万元，自有流动资金39万元。全年销售额1 972万元，实现利润总额67.4万元。

二、发现的问题

1. 弄虚作假套取资金，给××路仓库发奖金8 000元。××××年末，市日杂公司决定日杂站和生活站给××路仓库（都是公司所属独立核算单位）承担8 000元劳动分红奖。该款应该在税后留利中支付，而两站采取弄虚作假的手段，在××××年1月份分别用转账支票从销售款中套出现金给仓库，分别用仓库开出的两张4 000元“苫布”假发票列入费用，该仓库没有入账，直接给职工发奖金，严重违反了《国有企业成本管理条例》和《现金管理暂行条例》。

2. 挪用流动资金22万元，建造营业楼。该公司××日杂大楼属于用自筹资金搞的基建项目，由于专项贷款不足，×××× 年从日杂和生活两站借用流动资金24万元，扣除两站×××× 年×月末自有资金账面余额2万元，实际挪用22万元用于基本建设。

3. 挪用流动资金22 000元，为职工买有奖储蓄。该公司动用现金和转账支票（流动资金），从农行买有奖储蓄22 000元。其中，生活站××××年×月和×月共买11 000元，日杂站×××× 年×月和×××× 年×月共买11 000元。此款存期为1年，利息以中奖形式支付，现已全部还本。该储蓄应由职工个人承担，但公司一直挂在往来账上未扣回。收到的330元中奖款，企业没有入账，直接给职工搞福利。

4. 鞭炮回扣收入款未进决算，随匿利润80 164.07元。该公司××××年末鞭炮回扣收入112 704.28元挂账，未进当年决算。按年末鞭炮库存额813 505.15元和厂方进货回扣率4%（最高）计算，库存应留回扣32 540.21元，实际多留了80 164.07元未进决算，影响了当年利润的真实性。

5. 截留出租收入列账外3 620元。该公司出租门前摊床一事，经查财会账目，没有反映有关租金收入。经多方查证和有关人员证实，租金由行政科收到。其中，××××年×月到×月收入1 105元，××××年×—×月收入2 515元，分别在保卫科和行政科有关人员手中。

三、处理意见

1. 对该公司弄虚作假套取现金给××路仓库发放奖金8 000元问题，根据《国务院关于违反财政法规处罚的暂行规定》第五条第一款和《现金管理暂行条例实施细则》第二十条第十款的具体规定，应将违纪金额全部收缴，并处以违纪额50%的罚款，合计应缴金额12 000元。

2. 对挪用流动资金22万元建造营业楼问题，根据《国务院关于违反财政法规处罚的暂行规定》第五条第四款和第九条，应调整账目归还原资金渠道，并按违纪额的10%罚款22 000元。

3. 对挪用流动资金22 000元为职工买有奖储蓄的问题，根据《国务院关于违反财政法规处罚的暂行规定》第九条，按违纪额10%罚款2 200元，中奖330元全额上缴，合计应缴金额2 530元。

4. 对截留鞭炮回扣收入80 164.07元，隐匿利润问题，根据《国务院关于违反财政法规处罚的暂行规定》第五条第四款和第六条，调整有关账目，并按违纪额的10%罚款8 016.40元。

5. 对截留出租摊床收入列账外3 620元问题，根据国务院有关文件规定，应全额上缴。

四、建议

针对审计中发现的问题，提出以下建议：该公司有关领导及财会科，今后应严格执行会计法，遵守财经法规，实事求是地处理各项经济业务；合理使用资金，认真贯彻专款专用的原则，加强会计基础工作，提高财会人员素质，按财务制度规定，正确摊提各项费用，如实、准确地反映企业财务成果。

附件：（略）

商粮贸审计处审计小组
组长：×××（签名）
××××年××月××日

从写作主体看，这是一篇外部审计报告。从基本内容看，它既是财政财务审计报告，也是财经法纪审计报告。在“基本情况”部分，作者简要说明了被审计单位的性质、人员构成、业务性质以及固定资产、流动资金、主要经济指标完成情况等，在“发现的问题”部分，运用段首撮要的技巧，分条列项指出被审计单位存在的问题，并对其性质及程度加以准确定论，思路清晰，有条不紊。作者提出的“处理意见”，注重提出有关依据，具有很强的说服力。作者所提“建议”，具有很强的针对性。

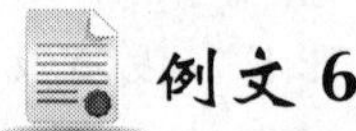

## 例文6

### 关于对×××县罐头厂全面审计的报告

×××市审计局：

根据省市审计会议的部署精神，县审计局于××××年3月7—15日，对本县唯一的亏损户×××县罐头厂去年1—10月的全部会计凭证、账表进行了全面审计。查实的主要问题和处理意见如下。

一、审计结果

该厂1—10月的经营管理情况不好，损失浪费433 862.78元，“两清”损失多报62 089.66元，不合理占用资金686 105元，漏提税款1 624.36元，做厂服挂账占用资金14 600元。在管理岗位上责任制不落实，对车间、科室签订的合同不兑现等，没有摆脱“吃大锅饭”的局面。

二、情况说明

（一）浪费损失严重（略）

（二）“两清”时多报包装物掉库损失（略）

（三）不合理占用资金（略）

（四）样品费用开支过多（略）

（五）漏计税款（略）

（六）做厂服占用资金（略）

（七）手续制度不健全（略）

（八）经济责任制不落实（略）

三、对该厂问题的处理意见

1. 该厂的浪费损失主要是经营管理不善造成的，问题严重。为达到教育全县的目的，促进各行各业加强经营管理，减少或避免损失，请政府批转这份报告，通报全县。

2. 建议其主管公司派专人对厂领导班子进行整顿，摆问题，查原因，落实领导责任制，端正经营思想。

3. 对“两清”损失要重新认真清理，其中多报的掉库损失要作调账处理。

4. 健全资金管理制度，应收销货款 294 807 元，逐笔落实清回。如果有清不回的呆账损失，要报告主管局、财政和税务部门研究处理。

5. 加强基本建设的计划管理，今后要杜绝基建超支，对现在已超支的部分要提出处理意见，报主管局、财政和税务部门研究处理。

6. 少提税款1 624.36元，12 月份补交。

7. 做厂服占用的资金，要根据县政府规定办理。

8. 严格控制样品费用，必须发出的样品要及时地反映在账上，不能搞账外管理。

9. 加强物资管理和财务管理。物资要按月清点，严格出入库手续，建立严密的物资管理制度；财务要全面核算，包装物的押金账要分户记载，专人管理，逐户清理以前的包装物押金账，清不回来的要说明原因，报告主管局和财税部门，如实反映，制止有数无实的做法。

×××县审计局×××审计小组<br>审计员　×××（章）<br>×××（章）<br>××××年××月××日

## 析评

这是一篇综合审计报告。标题是公文式的，由事由和文种构成；前言为概述式，简要说明了审计依据、审计者、被审计者及审计时间、业务范围等；报告主体的审计结果部分语言简练、内容简要，对审计出的问题作了数量和性质的评价；情况说明部分具体论述了审计结论，观点与材料和谐统一；最后一部分是处理意见，报告对审计出的问题提出了具体处理办法和建议，既有针对性又有可行性。

全文主旨明确，语言平实，层次清楚，条理分明，是一篇较好的审计报告。

## 二、必需知识

### （一）审计报告的含义和特点

审计报告是审计人员根据国家有关政策、法规、财经纪律，对被审单位的财务收支及有关经济活动的真实性、合法性等情况，或厂长、经理等有关经营者离任经济责任进行审核检查，就审查情况、结果、处理意见和改进建议等，向审计机关或授权部门提交的书面报告。

审计报告具有如下特点。

1. 合法性

审计组进点实施审计并向审计机关提出审计报告，是按照《审计表》规定的审计程序，履行法定职责。审计报告中对被审计单位的经济活动进行评价，提出处理意见和改进建议，也是以党和国家的经济政策和财经法纪为准则的，可见，审计报告是合法的。

2. 客观性

审计报告是审计组通过直接审查被审计单位的会计凭证、会计账簿、会计报表，查阅与审计事项有关的文件、资料，检查现金、实物、有价证券，并向有关单位和个人调查，取得证明材料，认定事实后撰写的。因此，审计报告中，无论是列情况、摆事实，还是作评价、提建议，都是以客观求实为根本，容不得半点虚伪和夸张。

3. 公正性

审计报告的公正性可以从两个方面来理解：一是它的客观性决定了它的公正性；二是审计报告初稿须征求被审计单位的意见，无论是相同意见还是不同意见，审计组都必须将其连同审计报告定稿一起上报审计机关。可见，审计报告的公正性是明显的。

### （二）审计报告的种类

按内容不同，审计报告可分为如下类型：

（1）财政、财务收支审计报告，又可分为财政收支审计报告和财务收支审计报告两种。财政收支审计报告，是指对某一级政府的财政收支进行审计所提出的审计报告；财务收支审计报告则是对企业或行政事业单位的财务收支进行审计所提出的审计报告。

（2）财经法纪审计报告，亦称专案审计报告，是对严重违反财经法纪的贪污、盗窃、侵占国家资产、严重损害国家利益等行为进行立案审计所提出的报告，同时也是证明被审计单位的会计报表是否可靠可信，财务状况是否真实、正确，经济活动是否合规合法的报告。

（3）经济效益审计报告，是对被审计单位的经济效益作出审计所提出的审计报告。主要目的和作用是向被审计单位和主管部门提供改善经营管理、挖掘企业内部潜力、提高经济效益的依据和建议。

（4）外资审计报告，是指对引进的外国资金进行审计所提出的审计报告。引进外国资金包括向外国贷款、世界银行援助项目、中外合资和外商投资等。目前我国审计机关已开展的外资审计业务，一是借贷资金审计，二是合资经营审计，三是援助项目审计。

（5）审计鉴证报告，是指对经济案件或经济纠纷案件，经过审计所提出的起证明鉴别作用的审计报告。多数由注册会计师事务所和注册审计师事务所接受委托承担。

## 三、结构和写法

### （一）标题

审计报告的标题一般采用公文式标题，其写法常见的有以下两种形式：

（1）四项式。标题中写出审计机关、被审计单位、审计内容和文种。如“××市审计局关于×××开发公司经济效益的审计报告”。

（2）三项式。标题中省略审计机关，只写被审计单位、审计内容和文种。如“关于××食品厂2006年财务收支的审计报告”。这种写法适用于两种情况：一是审计报告是作为审计机关的文件发出的，文头已标明“×××审计局文件”的字样；二是将审计机关写在具名处。

### （二）主送单位

主送单位即审计报告的受文单位，要写全称或规范的简称。如××市审计局、×××进出口公司等。

### （三）正文

审计报告的正文包括导言、被审计单位的基本情况、审计中查明的问题、处理意见和建议。

（1）导言。即审计报告的开头部分，一般包括以下内容：审计的依据、对象、时间、内容、范围、方式等。这部分结束往往用“现将审计情况（结果）报告如下”或“现将该厂的评估结果报告如下”等语句过渡下文。

（2）被审单位的基本情况。它是对审查范围内的基本情况进行概要的说明或评价。一般包括被审计单位的性质、规模、经营范围、相关项目的财务经济情况及规定指标完成的情况等。如在流通企业的利润审计中主营业务收入、支出的情况，其他业务利润收支的情况，营业外收支的情况等。

（3）审计中查明的问题。对于指明存在问题的审计报告，这部分的内容是审计报告最重要的部分，其中主要写明查证核实了哪些问题以及这些问题的性质、造成的不良影响、经济损失程度及后果等。这部分内容由于事关重要，所以在查证反映问题时一定要实事求是，慎之又慎，材料要充分，证据要确凿，引用的法规、制度等文件要准确，这样才能使审计报告更具客观性、公正性。

（4）处理意见和建议。在查明问题的基础上，引证有关法律、法规、规章和具有普遍约束力的决定、命令的条款，同时根据其问题的性质，作出具体、明确的处理意见。如调整有关账目、没收非法所得、补缴税金、处以罚款等。对严重违反财经纪律，甚至触犯国家法律的人，应追究其经济责任，或建议行政管理部门进行处理，或建议提交有关司法部门审理。在作出处理决定后，审计人员还可就如何帮助被审计单位从中吸取教训、提高思想认识、加强制度的管理、改进工作、提高经济效益等提出合理化建议，供被审计单位及其主管部门领导参考和决策。

### （四）附件

附件主要是将查证出问题的证明材料，如有关凭证、账表、证据的影印件等，作为审计报告文字说明部分的补充和佐证，附在正文之后，这也是审计报告结论的依据。

### （五）落款

落款写明审计机构的名称、审计人员的姓名以及审计报告的写作日期，年、月、日必须写全称。

## 相关链接

### 审计报告的写作模板

**模 板**

关于××××公司×××××的审计报告

×××××：

根据×××〔××××〕×号文件精神和上级的安排，本审计小组于××××年×月×日至×月×日，对×××××公司××××年度财务收支进行了××××××××××××××××××××××××。（导言：审计的依据、对象、时间、内容、范围、方式等）

现将审计结果报告如下。（文种承启语）

一、基本情况

×××××公司是××所属中型企业。×××××××××××××。

该公司×××××××××××××。（被审计单位基本情况：性质、人员构成、经营范围、业务性质以及固定资产、流动资金、主要经济指标完成情况等）

二、发现的问题（或“审计结论”）

1.××××××××××××××××××××。（问题或结论之一）

2.××××××××××××××××××。（问题或结论之二）

（审计中发现的问题：段首撮要的写法，准确定论一个个发现的问题，在各问题的展开部分准确引用法规、制度条文，以说明问题属何性质，会造成何种不良影响，以及经济损失的程度和后果等）

三、处理意见（或“意见”）

1.××××××××××。（处理意见或意见之一）

2.××××××××××。（处理意见或意见之二）

（处理意见：写明依据有关法律、法规条款，或根据查出的问题的性质，提出相应的具体、明确的处理意见）

四、建议

1.××××××××××××××××。

2.××××××××××××××××。

**框 图**

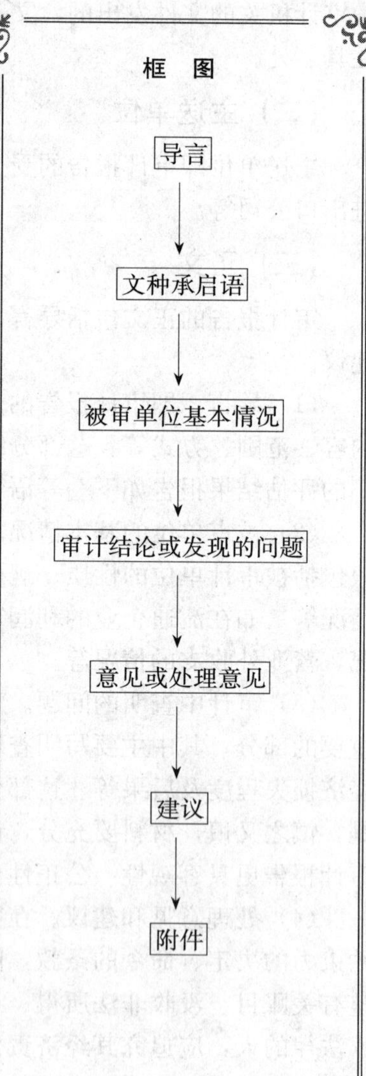

（建议：提出针对性强的具体、明确的建议）

附件：1. ×××××× 1份

2. ×××××× 3份

××××××审计小组

组长：×××（签名）

××××年×月×日

## 四、写作要求

### （一）客观公正，实事求是

审计报告要尊重事实，客观公正；报告中提出的问题必须有经过验证的根据，并有充分可靠的材料作为佐证。事实材料既不夸大也不缩小，对于证据不足或未经查明的事项，可暂时搁置，不要轻率地写入报告，以免陷于被动。

### （二）抓住重点，分析典型

审计工作中收集的材料不少，但写作审计报告时不能面面俱到，要抓住重点，通过典型事例说明问题。

### （三）准确定性，建议切实

审计报告不但要写明审计中发现的问题，而且要根据有关规定，确定问题的性质，提出审计决定。与此同时，要具体写出切实可行的建议，帮助被审计单位改进工作。

### （四）语言准确、平实、精练

审计报告语言必须准确、精练，合乎逻辑和语法。数字准确无误，一般不用分数。结论性的意见和评价，观点要鲜明，措辞要适当、严谨。如是“贪污”还是“挪用”，是“疏忽”还是“有意”，定性应准确，决不能含糊。

## 复习与训练

**一、名词解释**

审计报告

**二、填空题**

1. 审计报告是在审计任务完成以后作出的书面总结性报告，它具有________、________和________三个特点。

2. 审计报告按其内容可分为________审计报告、________审计报告、________审计报告、________审计报告和________审计报告。

3. 审计报告的正文应包括________、________、________和________四部分内容。

**三、判断题**

1. 审计报告是一种具有法定效力的严肃文体，因而所列事实和材料必须确凿充分。（　　）

2. 审计报告要求全面完整，因而在内容安排上要面面俱到。（　　）

3. 报表说明和附件是审计报告的主体。（　　）

**四、阅读与析评题**

下面是某审计单位对×××化学品厂财务状况的审计报告书，请仔细阅读所给素材，回答以下问题：

1. 请运用所学内容，指出该审计报告在结构上有哪些不足。

2. 该审计报告没有标题，请你为其拟制标题。

3. 审计报告的审计问题部分应采用段旨撮要的方法，将每一段落的主要内容加以概括、提炼，写在文中空线处。

________________________________

今年三季度，我们对×××化学品厂上半年的财务状况进行了检查。通过查账，初步发现少结算利润856 735.40元，应补缴所得税471 204.47元、调节税257 020.62元。在财务管理方面也存在不少问题，归纳起来有以下三个主要方面：

第一，____________________。在化妆品生产中，包装材料所占比重很大，但该厂对包装材料没有严格的进厂验收和保管制度，生产耗用倒轧计算，忽高忽低，心中无数。如今年2月份生产的一批高档银耳珍珠蜜，实际完成产量9 900多瓶，但耗用瓶子竟达20 000多只，耗用瓶盖亦达14 000多只。在材料明细账上，经常出现红字。如一笔包装大众护肤霜的盒子，生产实际耗用是13 450只，由于在材料支出账上多写了一个“0”字，不仅账面出现了红字，而且虚增生产成本23 116.04元。据今年1—6月统计，该厂包装材料原因不明的盘亏和报废，未经领导批准就自行转账列入成本的金额共有32万元之多。

第二，____________________。该厂目前外加工协作单位有80多个，委外加工材料有的比较贵重，如把珍珠加工成珍珠粉、人参加工成人参露等。据自算，一年委外加工的材料价值和费用合计约1 000万元。对这样大的金额进出，却没有一套严格的管理制度。不少加工业务中，存在着无加工合同、无消耗定额、无质量标准、无工缴审核和无对账制度的“五无”情况。不少加工单位任意浪费加工材料不承担经济责任，如委托外地某制盒厂加工高级化妆品礼盒，发出丝缎1 562.5米，回厂产品实际上用料不到500米，损耗率高达68%。但由于没有相应制度，无法追究。还有一些单位把多余的加工材料出售，作为自己的收入。我们检查了一家工厂，发现委托×××化学品厂加工洗发精塑料瓶的下脚就有这种情况，后经我们提出，追回1万余元。

第三，____________________。该厂的账册设置，没有正式总账，采取以表代账；核算成本的表格和转账凭证填写草率马虎，难于审核检查；材料核算尤为混乱，收料单上数量金额可以随便涂改。另外，该厂又不按照国家会计制度的核算规定计算材料成本差异，仅此一项，我们检查就发现少算利润605 300.22元。同时，该厂的销售成本计算也存在问题，如质量不好的产品退货，用红字发票冲减了销售收入，却不同时冲减销售成本，造成一些退货变成了账外物资，这次检查中就有58 300.10元。

以上检查中发现的问题，我们已向企业领导汇报，并与有关科室交换意见，提出加强财务管理的建议，企业领导比较重视，表示要把我们的建议列入企业整顿的内容。希望你公司督促该厂及时纠正结算错误，落实改进措施。

# 第八章 经济筹划总结文书

## 第一节　经济工作计划

### 一、阅读与析评

**例文 1**

**××公司新职工培训指导计划**

第一章　教育目的与内容

1. 教育目的：对本企业新录用的职工介绍企业的经营方针，传播本企业职工所必备的基本知识和业务技能，提高其基本素质，使之在较短时间内成为符合要求的职工。

2. 教育内容：

(1) 明确本企业的生产目的和社会使命。

(2) 明确本企业的历史沿革、现状、在产业中的地位和经营状况。

(3) 了解本企业的机构和企业组织。

(4) 掌握本企业的规章制度和厂规厂法。

(5) 掌握本企业各部门的业务范围和经营生产项目。

(6) 了解本企业的经营风格和职工精神风貌。

(7) 了解本企业对职工道德、情操和礼仪的要求。

(8) 通过教育培训考察学员的个人能力和专业特长。

## 第二章　教育实施要领

1. 教育指导者：

(1) 企业主要领导全面负责教育指导工作，其他相关人员应参与。

(2) 计划的编制和组织实施由总务部或人事部负责。

(3) 全体职工都应协助教育培训工作。

2. 培训时间：一般为 3 个月，根据实际情况可适当延长或缩短。

3. 编班：为便于组织培训，根据学员学历，可分成不同的班组，并指定一名班组长。外出参观或实习时，可根据实际需要，重新编班。

4. 作息时间：集中培训的时间安排为“上午：×时×分到×时×分；下午：×时×分到×时×分”。实习时间同企业作息时间一致，参观时间视情况而定。

5. 教育方法：

(1) 专业知识传授采取集中授课的方式。

(2) 实习则采取到实习工厂或企业车间部门实际操作的方式。

(3) 参观。根据教育员的布置，实地考察，并由学员提交参观报告。

(4) 培训日记。培训期间，要求学员对培训感想和认识作出记录，以提高学员的观察和记录能力。

(5) 在培训过程中，尽量让学员接触生产实践，尽量提供更多的参考资料和视听教材。

## 第三章　模拟安置

1. 目的：在新职工教育培训期间，根据企业的组织设置，将学员模拟安排到不同部门，以考察其能力和适应的部门，为正式安排提供依据。同时也使新职工尽快地了解企业情况。

2. 时间：模拟安置时间从培训正式开始起，到正式安排上岗。以 15 天为一周期，全体学员轮流更换工作。

## 第四章　教育培训实施要领

1. 基础理论教育（见附表一）。(略)

2. 实习教育（见附表二）。(略)

3. 注意事项：

(1) 对企业的机构设置、规章制度、生产经营管理系统要作重点介绍。

(2) 对各部门的职权范围、工作内容等要作详尽介绍。

(3) 要让学员清楚地掌握工作性质和责任。

(4) 要使学员真正掌握业务知识。

(5) 要重点培养学员的责任心和效率意识。

(6) 培养学员的礼仪修养，养成礼貌待人的习惯。

(7) 使学员意识到校园生活与企业生产的差别，感知到自己新的责任与地位。

(8) 培养学员尊重知识、严肃认真的工作态度。

(9) 注意培养学员的集体精神和企业意识。

(10) 不应把新职工的教育培训任务仅局限于企业领导，要使全体企业职工参与教育培训工作。

××××年××月××日

析 评

这是一篇写得较好的职工上岗培训计划，属专项计划。文章通过分章结构，表述了培训的目的、内容、指导者、时间安排、教法、模拟安置、注意事项等内容。计划的“三要素”，即目标、措施、要求已体现其中，考虑较周密，上岗针对性较强，操作性也较强。

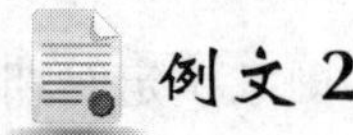
## 例文 2

### 内贸系统××××年内审工作要点

××××年，内贸系统审计工作总的指导思想是：认真贯彻全国审计工作会议精神，坚持以经济效益为中心，以强化企业管理、建立内部约束机制和现代企业制度为重点，转变思想观念，改进审计方法，加强审计监督，更好地为企业转换经营机制、提高经济效益服务，为宏观调控和领导决策服务。主要做好以下几项工作：

一、继续深化经济效益审计，帮助企业扭亏增盈。主要应对资金使用、盈亏真实、投资联营、流动资金贷款利息支出、库存商品结构、经济合同等项目进行审计。对企业内控制度进行评审，帮助企业建立自我约束机制，提高经营管理水平。

二、坚持经济责任审计，完善承包经营责任制。实行各种形式的承包经营责任制，都必须进行经济责任审计，坚持“三行三后”的制度。承包经营责任审计，要摸清家底，明确承包人的经济责任，正确处理国家、企业和职工三者之间的利益关系，使承包的各项指标科学合理；兑现审计，主要应查清经营成果的真实性，做到分配合理，防止短期行为；离任审计必须客观评价离任者在任职期间的业绩和遗留的问题，为人事部门全面考核、聘任干部和新一轮承包提供客观依据。

三、开展资产管理审计，确保国有或集体资产保值增值。（略）

四、重视基建工程审计，努力核减不合理工程支出。（略）

五、开展股份制企业的审计试点，推进现代企业制度建立的进程。（略）

六、搞好行业审计调查，加强部门审计。（略）

七、改进审计方法，提高审计质量。（略）

八、加强审计队伍建设，提高审计人员素质。（略）

国内贸易部审计局

××××年××月××日

析 评

这是一份综合经济工作计划。导言部分开门见山，写年度开展内审工作总的指导思想，接着分条列项对八个方面的工作提出了工作目标、措施和要求。对于各个方面的工作均采用段旨句领起，继而展开的写法。

一般来说，工作面广、比较大的工作计划都不宜也不太可能写得过细和过于具体，而应写得比较概括、宏观。本例文就具有这种特点。

## 二、必需知识

### （一）经济工作计划的含义及特点

国家、单位或个人将今后一定时期内生产、工作、学习等预先拟定的目的、任务、方法、步骤，用书面形式表现出来，就是计划。

所谓经济工作计划，是指经济战线各行业、部门、企业、单位根据党和国家一定时期的路线、方针、任务和经济政策、法律、法规，结合自身的实际情况和承担的任务，事先对今后一段时间内的工作或某项经济活动所作出的打算、部署和安排。

经济工作计划有以下特点。

1. 目的性

目的性是指在一定时间内，完成什么任务、获得什么效益，都要有明确的目的。如果目的不明确，计划不仅无法制定，而且也毫无意义。

2. 预见性

工作计划这种常用公文同其他公文文种不同，它不是事情过后行文，而是事情进行之前行文。事前行文就需要对所做的工作进行设想，做什么工作，达到什么目的，如何去做这项工作，采取什么方法、步骤、措施，可能会出现什么问题等，都要有一个预见性的设想。

3. 可行性

要完成某项任务，达到某种预期目的，当然必须拿出一定的措施来，而且这种措施应该是可行、有力的，才能保证工作任务的顺利完成，否则完成预定任务就是一句空话。因此，在制定工作计划时要在措施上下工夫。

### （二）经济工作计划的种类

经济工作计划的种类繁多，按性质分，有经济综合计划和经济专项计划；按时间分，有年度计划、月份计划、周计划等；按内容分，有生产计划、质量计划、财务计划、成本计划、利润计划、信贷计划、税收计划、商品购销计划等。以上分类，只是从某一角度而言的，就一份具体的计划来说，往往兼跨几类，如《××商厦××××年度商品流转计划》，既是单位计划，又是年度计划和某一具体内容的计划。

## 三、结构和写法

经济工作计划的结构和一般工作计划没有什么区别，在写法上也没有固定的格式。一般可采用条文式或表格式，也可以既有条文又有表格。如果是大单位、时间长的计划，还可以采用正式文件的形式。但不论哪种形式，通常都包括以下几个项目。

## （一）标题

标题即计划的名称。一般有全称标题、简称标题、文章式标题三种。

（1）全称标题包括以下四项：制定计划的机关或单位名称、计划的适用时间、计划的内容范围、计划的种类。如“×××厂××××年财务工作计划”。

（2）简称标题即简略了其中某个组成部分的标题。如“××××年审计工作要点”。

（3）文章式标题，通常以文字表明计划的内容或要达到的目标的形式出现。如“为实现本公司××××年创利2 500万元而奋斗”。

未定稿的计划，要根据性质在标题后或下一行用括号注明“草案”、“草稿”、“初稿”、“征求意见稿”、“供讨论用”、“送审稿”等不同字样。

## （二）正文

正文即计划的主要内容。它是计划的主体，正文一般分前言、主体和结语三部分。

### 1. 前言

前言（指导思想），即计划的开头，是全文的导语，也是制定计划的背景、依据。前言通常要交代有关的背景材料，对基本情况作出分析，说明上级领导机关的要求、本单位的实际情况、提出任务的依据、开展工作的指导思想、计划的总任务和总要求等。以上内容并不是每一份计划都必须全有，写什么要视具体情况而定。

前言是计划的总纲，回答“为什么做”和“能不能做”的问题，使人们了解执行计划的必要性和可能性。语言应准确鲜明、简明扼要，切忌套话、大话和空话。

### 2. 主体

主体是正文的中心部分，是计划的核心内容。包括目标、措施、要求。

（1）目标，即回答“做什么”、“做到什么程度”的问题。根据需要和可能，提出明确的目标、主要任务和重要指标，这是计划的灵魂，因为奋斗目标是产生计划的导因，努力方向是制定计划的出发点。在提出任务时，要确定重点，分清主次；在提出指标时，应写明数量界限和质量标准。内容可分条列项，也可列成表格，或将部分内容列成表格作为附件处理。

（2）措施，即回答“怎么做”。是指实施计划的具体办法和方案部署。这是实现计划的切实保证。要写明达到既定目标需采取的手段、办法，依靠和动员的力量，创造的条件，排除的困难。对于力量的部署，应明确负责的主管部门、协同配合的单位，尤其对非常规、跨部门的任务，更要明确分工，还要写明检查、奖惩等事项。

（3）要求，即回答“做得怎样”、“如何做完”之类的问题，主要是质量、数量、时间上的要求。质量上要达到什么标准、什么水平、什么程度，数量上要达到什么指标，时间上什么时候完成该项工作，等等，这是计划效益指标的具体设想，要想多、快、好、省，就要在“要求”这一项里加以具体设计。

计划事项中的目标、措施、要求，称为计划的“三要素”。这三要素是互相联系的，没有目标，或者目标不明确，就谈不上措施、要求；没有具体的措施，目标就难以实现；而没有具体要求，实现目标的效率、质量就没有保证，它们之间是互相依存、缺一不可的。

3. 结语

一般写希望和意见两项。正式文件式的计划往往加上"此计划自制定之日起施行"。有的不写结语，计划事项写完后自然结束。如有结语，一定要注意时代感和针对性，要写得鲜明、生动，有鼓动性，有号召力。

## （三）落款

一般包括制定计划的单位和日期两项。日期写在正文的右下方，一定要详写，包括年、月、日。如果标题中没写明制定计划单位的名称，要在日期前写明，并加盖公章。

此外，凡与经济工作计划有关的一些材料，在正文中表述不便时，可用附表和附图。这些附表、附图及有关说明文字，都应视为计划的组成部分。如果需要抄报、抄送某些单位，也要分别写明。

## 相关链接

### 计划的写作模板

| 模板 | 框图 |
| --- | --- |
| ××公司××××年×××工作计划<br>××××××××××××××，××××××××××××××××××××××××××。为此，特制定本计划。（前言：或依据，或总任务和要求，或完成任务的意义，或制定计划的目的）<br>一、工作目标<br>1. ×××××××××××××××××××。（工作目标之一）<br>2. ×××××××××××××××××××。（工作目标之二）<br>3. ×××××××××××××××××××。（工作目标之三）<br>二、工作措施<br>1. ××××××××××××××××××××××××××××××。（办法、条件、负责人，即"怎么做"之一）<br>2. ××××××××××××××××××××××××××××××。（办法、条件、负责人，即"怎么做"之二）<br>3. ×××××××××××××××××××××××××××××××。（办法、条件、负责人，即"怎么做"之三）<br>二、步骤程序<br>1. ×××××××××××××××××××××××××××××××。（步骤或阶段，即"何时完成"之一）<br>2. ××××××××××××××××××××××××××××××××××。（步骤或阶段，即"何时完成"之二）<br>3. ××××××××××××××××××××××××××××××××××。（步骤或阶段，即"何时完成"之三）<br>××公司<br>××××年×月×日<br>（说明：目标、措施、步骤程序，可分开写，也可将措施和步骤程序放在一起写。或条文式，或图表式，或条文图表结合式） | 前言<br>↓<br>工作目标<br>↓<br>工作措施<br>↓<br>步骤程序 |

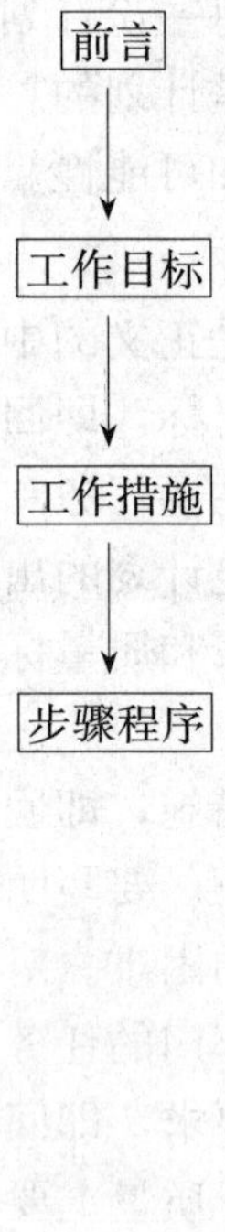

## 四、写作要求

### （一）要坚持从实际出发，又体现出创新精神

制定计划要坚持从实际出发，实事求是。既要以党和国家的有关方针政策及有关要求为制定依据，又要结合本单位的实际情况，走群众路线，以保证计划的认同度和可行性，正确认识和把握事物发展的内在规律，准确、敏锐地预见未来。同时，还要在计划中体现出创新精神。

### （二）要目标明确，步骤稳妥

计划要指导人们的行动，要达到预期的效果，就必须做到目标明确、任务具体，要科学安排工作进程，明确规定完成时间，以便于计划执行者互相配合、互相督促，共同保证计划的完成。

### （三）随时检查，适时修改

由于计划是事先制定的，所以在执行过程中难免有不尽完善的地方，这就要求计划执行者和计划制定者共同在实践中注重考察计划的可行性，随时检查、分析计划执行情况，结合实际适时修改，不断完善。

## 复习与训练

**一、名词解释**

计划　经济工作计划

**二、填空题**

1. 经济工作计划的主要特点有________、________和________。

2. 经济工作计划，按性质可分为 ________和________。

3. 经济工作计划正文一般由 ________、________和________三部分组成。

**三、判断题**

1. 经济工作计划主要是靠执笔人独立思考、反复推敲、字斟句酌制定出来的。(　　)

2. 经济工作计划的基本内容概括起来是：做什么—怎么做—做得怎样。(　　)

3. 未定稿的经济工作计划要在结尾处注明“草案”“讨论稿”等字样。(　　)

4. 本单位、本部门的经济工作计划是用来指导自己今后行动的，所以提出指标和措施都要考虑是否对本身有利，要从本单位、本部门的利益出发。(　　)

5. 制定计划要以党和国家的路线、方针、政策以及上级指示精神为依据。(　　)

**四、阅读与析评题**

认真阅读以下这篇文章，分析其结构和写法是否合乎一般规范，并提出修改意见。

### ××××年下半年的烤烟商品流转计划

××××年度烤烟商品流转计划到6月末业已结束，为了不影响各地安排工作和

市场供应，经请示省计委同意，暂下达××××年下半年烤烟商品流转计划，各地可按此安排工作，待国家计划下达后，再按国家计划执行。

现将有关问题说明如下：

今年烤烟生产好于去年。预计收购可完成或超额完成国家计划，比去年将提高20%以上。各地要充分认识今年的大好形势，做好旺季的一切准备工作，搞好收购、供应和调拨。为此，要求做到：

一、收购

要做好收购准备，加快收购进度，努力完成或超额完成国家收购计划。要求在年底前，把应收的收上来。要积极帮助社队搞好后期田间管理，改进烘烤技术，提高烤烟质量，提高均价。收购质量、均价力争达到历史最高水平，即上、中等烟占30%以上，均价达到陆角。

二、供应

要根据边收边调的原则，积极安排调运。省外调拨计划和出口计划，中央尚未下达，待中央下达后再另行通知。

××供销社××公司

××××年××月××日

# 第二节　经济工作总结

## 一、阅读与析评

### 例文3

#### ××××年上半年经济工作总结

××××年是××区的“社区建设年”，在区委、区政府的正确领导下，我办按照市、区经济发展的新思路，树立“大服务”、“大城管”、“大发展”观念，以经济建设为中心，大力推进城市社区建设，通过整合社区资源，发挥“三个主体”作用，促进属地经济与社会的协调发展。半年来，经过全办干部职工的共同努力，我区经济工作取得了一定的成绩。

一、今年上半年的主要经济指标完成情况及分析

今年1—6月份，实现国内生产总值40 180万元，同比增长25.83%，完成年度预期目标任务的52.7%。其中，实现工业总产值11 889万元，同比增长81.6%；实现第三产业收入14 592万元，同比增长87.5%；实现出口创汇234万美元，完成年度预期目标任务的26.35%；直接利用外资355.9万美元，完成年度预期目标任务的79.08%。

从上述各项经济指标的完成情况看，我办上半年的经济运行继续保持较快增长的态势，工业企业的经济整体效益上升，第三产业出现蓬勃发展生机，带动我区经济的持续增

长，实现了时间过半经济指标也完成过半的良好局面，为今后的经济发展奠定了良好的基础。

二、主要做法

取得以上的成绩，我们的主要做法如下：

（一）领导重视，认识到位。

在今年3月底××区招商引资工作会议和第一季度经济分析会议上，区领导都不同程度强调了经济工作的重要性，提出要千方百计把我区的经济工作搞上去。面对严峻的经济形势，我办党政班子清楚认识到只有紧跟区委、区政府的工作部署，调整抓经济工作的思路，改变方式方法，切实采取措施，才能尽快扭转经济工作的被动局面，确保全区经济的快速、持续、稳定发展。因此，我们及时摆正经济工作的位置，主要精力抓经济，充分调动全办上下的积极性，形成了以经济建设为中心，广泛开展各项社区建设活动的良好氛围。

（二）狠抓招商引资。

我办站在谋全局的高度，积极响应“园镇互动”和“做实区、做强镇”的战略，将招商引资工作纳入重要议事日程，及时调整招商工作机构，充实招商引资工作人员，返聘已退休的原分管招商引资、具有丰富工作经验的张××副主任，专抓招商引资工作，从而在组织、人员上确保了招商引资工作的正常开展。街道党政一把手主动拜会外商，大力宣传全市的发展规划、投资环境、引资政策、资源产业等情况，务必使外商投资项目在我区落户。在领导的带动下，我街招商办人员发扬顽强拼搏精神，积极参与粤台经贸会和粤港经贸会等省、市、区招商引资活动，采用走出去、请进来的方法，广泛与港、澳、台、内地客商接洽，千方百计争取外商投资，对项目全力跟踪落实，全程服务办理，充分做好“留商培商”工作。1—6月份，成功引进了三家外资企业，投资总额为355.9万美元。

（三）以小区物业市场化运作为契机，发展城市经济。

辖区地处老城区，属地多为行政事业单位，经济资源相当匮乏，尤其是没有大型工业企业，但是我区作为政治、文化中心所在地，也有它的优势，包括环境、科教、文化等方面，并且第三产业的发展空间还很大。近期，××街道××社区物业管理通过招投标，已成功推向了市场。

三、存在的问题

从1—6月份的各项指标构成，以及对具体企业的调查分析看，我办对经济形势不能盲目乐观。存在的问题主要如下：

（一）上规模的企业发展不理想。三家企业中，有两家分别是制衣、纸制品生产的传统工业，科技含量不高，上半年的产值均呈不同程度的下降趋势。上规模的企业太少，已使我办的主要经济指标产生容易波动的特性。

（二）新引进的项目没有达到预期的产出目标，新的经济增长点不足。

（三）由于各种原因的影响，企业多数工人不愿参保，并牵涉劳资纠纷，使我办完成其他相关任务指标的难度增加。

四、当前要突出抓好的几项工作

（一）目标指标有人落实，工作绩效与考核挂钩。当前，我区在经济方面出台了一系列行之有效的政策和措施，建立了相应的奖惩考核机制，引导各镇、街道用新的方式方法发展经济，我们一定要乘这股东风，在搞好城市管理的同时，突出经济工作“重中之重”的地位，调整、充实抓经济工作的人员，保证做到指标有人跟踪落实、服务工作有人抓办；并根据我办实际，制定必要的可操作性强的奖惩措施，把经济发展预期目标的完成情况与党政领导、各部门的年度考核挂钩，建立经济增长目标责任制，实行经济工作的动态管理，确保将今年下半年的经济增长任务落到实处。

（二）发挥资源优势，拓宽第三产业的发展。我办辖区地处城市中心地带，优势资源在于城市商业功能的发挥。因此，我们要抓住各种有利时机，利用城市资源发展各类第三产业。如结合城中旧村改造，引导其向商业街区发展，壮大属地经济。

（三）扶持重点企业，促其加快发展。要组织力量深入企业，及时了解和掌握企业完成生产经营的情况，利用各种条件扶持重点企业的发展，特别对××电子有限公司这种产值、创汇、纳税大户，希望通过市、区、街联动协调，解决其在生产经营过程中出现的调配费、社会保险费的缴纳等问题，并提供更多的贴身服务。

（四）利用市、区功能区的条件，以今年下半年航展为契机，加大招商引资的力度，尤其注重对区外资金的引进跟踪。

（五）当前，区正在酝酿对街道的财税分配管理办法，我办要在配合辖区税源调查研究的基础上，提出我们的合理要求，力争做到经济资源的合理配置，充分发挥街道发展经济的积极性，推动辖区经济快速发展。

××区××办<br>××××年 8 月 11 日

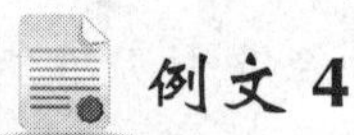


这是一份按板块式结构写的时段性经济工作总结。正文由经济工作开展的背景、完成情况、取得的成绩、主要做法、存在的问题以及当前的工作重点等部分组成。文章思路清晰，有一定的思想深度，写出了做法、经验，找出了存在的问题，明确了努力的方向，善用数字说明，语言准确，层次分明，是一篇写得较好的经济工作总结。

## 例文 4

### 科技立厂　人才兴业

××××制药总厂

××××制药总厂从最初的以 30 万元贷款、两口煮中草药的大锅和 3 台压片机起家，现在已发展成拥有 70 多家分厂（公司）的大型综合性企业集团公司，××××年在全国 500 家最大型工业企业中名列第 73 位，制剂生产能力居全国同行业首位。经过 20 年的发展，全厂职工从 20 多人增加到8 200多人，产值从24.7万元增加到11.95亿元，创利税从 5 万元增加到8 329.9万元，固定资产从 17 万元增加到24.1亿元。××××制药总厂之所以能迅速发展，效益显著，主要经验就是走“科技立厂”之路，依靠科技进步促进企业发展。

一、为市场兴科技

厂领导对科技进步的认识，经历过一个从不自觉到自觉的过程。厂的前身，是××××农场的中草药制药车间。它同其他国有企业不同，是一家国家预算外、国家计划外、国家医药系统外的企业。除开办费外无国家直接投资，只能原料自己找、生产自己管、产品自己销。企业自“出生”时起，就面临市场竞争的环境。但是，建厂初期，厂领导并没有意识到要靠科技进步开发新产品来增强竞争力。无人过问新产品开发和科技工作，生产工艺陈旧，产品几年一贯制，到××××年平均每年只有两个产品投产，以致工厂有好几次产品质量不过关被用户大批退货，滞销积压。××××年，工厂陷于停产，连工资都发不出。事实使药厂领导意识到：企业生存的关键在市场，市场的关键在产品，产品的关键在科技进步；没有科技进步，就没有企业的生存和发展。因此，厂领导提出了“科技立厂”的指导思想，并在实践中逐步摸索出了一条把科技进步同企业发展有机结合起来的新路，从而有力地促进了企业的发展。我们的主要做法是：

1. 根据市场需要制定科技计划。根据市场预测和实际销售信息，确定产品发展方向，部署新产品研制开发和技改技革工作。每年提出短、中、长期科研课题，做到生产一代、开发一代、研制一代、构思一代，保证新产品、新技术不断。

2. 在科研成果与市场需求之间架“金桥”。企业建起了功能齐全的实验室，形成了设备完善的检测能力，还专门建造了中间试验分厂，为企业和社会科研成果转化为商品创造了条件。我们还同国内 20 多个省市和港澳地区、国外共 40 多家大专院校、科研院所、企事业单位合作，以预付科研经费、有偿转让科研成果、售后利润分成等办法，把社会上的科研成果接过来投入生产，形成新的生产力，创造出更大的社会经济效益。

3. 把科研同经济效益挂上钩。厂明确规定，作为奖励对象的企业科研成果，除了在科研水平上应达到国家、部、省、市、企业的一定要求外，还要能创造一定数量的产值、利润、销售额或节能降耗等经济效益。水平高、创利多的成果多奖，反之则少奖或不奖。但对有社会效益而无经济效益的科研项目，仍以赞助或拨给科研经费的办法加以支持。

改革开放以来，全厂先后开发新产品 942 个，平均每年 67 个，产值和实现利润分别增长 197 倍和 71 倍。

二、为科技聚人才

××××制药总厂视人才为兴业之本，特别重视做好科技人员的工作，为企业科技进步揽才、育才、用才。

1. 充分信任和大胆使用有才智的知识分子，最大限度地调动其积极性。厂长×××认为：共产党人要有胆识和胸怀去团结一切可以团结的人，化消极因素为积极因素，尤其要敢于信任和使用我们自己培养出来的知识分子。他顶住来自各方面的压力，招聘了一批由于各种原因流落到社会上的工程技术人员，充分信任，放手使用，使他们的一腔报国之情和聪明才智得到了充分发挥。对待知识分子，坚持用辩证的观点看人，用其所长，不求全责备；真诚相见，平等相待；既重视文凭、职称，又看其真才实学和实际工作能力；坚持从实践中发现人才、培养人才、大胆提拔使用人才，在政治上热情关心和帮助他们，条件成熟的及时吸收入党。

2. 给科技人员开展工作创造优越的工作和生活条件。在企业固定资产投资和技术改造中，舍得在改善科研条件上下大本钱。先后建起了药物、中药、儿童药、兽药、化学合成、生化、食品、电子 8 个设备齐全的研究所，引进国外先进设备，建成了具有国内先进水平的检测中心，形成了从初试、中间试验到产品检测的系列科研设施。企业还给科技人员专门发资料费和专席饭卡。在奖金分配上也注意向科技人员“倾斜”。厂里实行“厂内职称评定”办法，对实际工作能力和水平达到评定职称标准，而因指标、配额等限制未能评上相应技术职称的，由厂里在一定时间内按同等职称聘任，并享受相应的待遇。

3. 开展以更新知识为主的继续教育活动。随着科学技术的不断发展和知识更新，科技人员原有的知识陈旧周期不断缩短，因此工厂开展了以学习新技术、新知识为主要内容的继续教育活动，定期举办各种形式的论证会、技术报告会，开办各种类型的培训班等，为科技人员更新知识提供服务。教学力量以本厂科技人员为主，课题紧扣生产、科研的需求，学以致用。

通过认真做好上述工作，在厂内创造了一个聚集人才的良好环境，使科技人员“招得进，留得住，用得上”，为促进企业发展作贡献。改革开放前，企业只有各类科技人员 12 人，占企业职工总人数的 1%。××××年，已增至 2 200 多人（其中高级职称 74 人、中级职称 397 人、初级职称 1 332 人），占企业职工总人数的 26.8%，高于全省和全国企业的平均水平，在企业中层以上的领导干部中，有职称的工程技术人员占 70%以上。现在，已经形成老中青、高中初级相结合的科研队伍。

三、为落实抓管理

“科技立厂”，体现在科技管理上的办法是：

1. 健全科技组织。总厂设技术开发委员会，由厂长、副厂长和有关部门负责人组成，负责领导、协调全厂工作。技术开发委员会下设办公室、研究所、开发办、科协、情报中心等，具体负责各方面的工作。各分厂和独立企业都设有科研机构和群众性的科协组织，在全厂“织”起了一张联系上下、沟通左右的科研管理网络。

2. 保证科研经费。企业每年从超额利润总额中提取不少于 10%的资金作为科研经费，并随着企业的发展而不断增加。××××年，全厂的科研经费只有 16 万元，××××年则达1 000万元。除了经常性的科研经费外，还设立了科研成果奖励基金，每年从利润中提取 1%，专款专用。

3. 建立考核奖惩制度。我厂在评定厂内职称、聘任科技干部、考核日常工作、奖励科研成果等方面，建立了一套完整的制度和办法。例如，在制定厂内岗位责任制时，对科技人员的职责和要求作了明确的规定；建立了科技人员专业技术档案，为培养、考察、使用、晋升科技人员提供依据；制定了《科技奖励方案》，对科技人员开发新产品、应用新技术、改造旧工艺等取得的成果，视情况给予 100 元～10 万元的奖励，并明确项目主持人所获奖金不少于总额的 40%。为了防止由于工作不负责任造成的失误和损失，企业还规定对由于主观原因而造成项目不能按期完成或达到 2 万元以上经济损失的责任者，除作出书面检讨外，还要视情况给予扣罚奖金、通报、解聘、行政处分等处罚。

4. 广泛开展群众性的科技竞赛活动。××××年以来，在全厂开展了以“六个一”为主要内容的“讲理想、比贡献”活动。“六个一”即提一项增产节约的合理化建议，解决一个产品创优质的技术难题，参与推广应用一项节能降耗的先进技术或工艺，参加一项挖潜查漏的技术咨询论证或技术革新的协作活动，写一篇有应用价值的科学论文，增收节支100元。把科技进步的大目标，分解为小题目，发动职工广泛参与。厂科协组织合理化建议评审小组，经常开展多种形式的评比活动，使群众性的科技竞赛活动开展得既有声势，又很扎实。

**析评**

本文是一篇典型经验总结，尽管是一份“老文”，但极具写作借鉴意义。

标题鲜明地揭示了文章的中心。标题句式工整，两两对称，“科技”与“人才”相连，“立厂”与“兴业”呼应。

前言部分介绍基本情况，这是一般经验总结必不可少的。本段内容包括：企业的性质、规模、地位，以及产值、税利、固定资产的前后对比数据；进而引出总结中心，与标题相呼应。

正文以小标题把经验分为三部分：“为市场兴科技”、“为科技聚人才”、“为落实抓管理”。三条经验在结构上形成三个层次，在逻辑上呈层层递进的关系，三个层次内部其条理结构也层层递进。如第一层“为市场兴科技”，围绕一个“兴”字，层层递进——先述说起初困境，由困境引出领导认识的提高，形成“科技立厂”的指导思想，并采取了三项做法，最后以取得成绩作结，层层生发。又如第二层次“为科技聚人才”，围绕一个“聚”字，层层递进——思想高度重视、决策正确周全（三条措施）、执行落实具体、事业兴旺发达。再如第三层次“为落实抓管理”，围绕一个“抓”字，先有组织落实，继而经费落实，再是制度落实，最后是群众性的广泛落实，层层递进，步步深入。

主体部分的表述以观点统帅材料，以材料说明观点，材料同观点有机地统一，并采用了段旨概括法和序数排列法来表述，使文章显现出清晰的层次和条理，使读者易于理解和掌握。文章语言平实、简要、明确，表达方式以说明、叙述为主，又有确切的议论说理。

## 二、必需知识

### （一）经济工作总结的含义及特点

总结，是对过去一定时期内的实践活动包括工作、学习、思想等方面进行回顾、分析、评价，以得出经验教训或引出规律性的认识而所写的一种事务文书。

总结是人们认识客观事物、掌握客观事物规律的一种手段。我们通常所说的“小结”、“体会”，实际上也是总结，只是反映的内容比较简单，时间较短，范围较小。

经济工作总结是总结在经济领域里延伸的一个分支，是经济战线各行业、部门和单位对一定时期内的经济活动进行全面、系统的回顾、分析和研究，从中找出经验、引出规律性的认识的文书。

如果说经济工作计划是回答“做什么”与“怎样做”的问题，那么经济工作总结就是回答“已经做了什么”、“如何做”、“做到什么程度”的问题。经济工作总结具有如下三个特点。

1. 内容的回顾性

经济工作总结的内容是对过去实践的回顾。它不是设想去做什么，而是回答做了什么以及是怎样做的，这一点正与计划相反。因此，对经济工作内容不允许虚构，不允许“合理想象”，只能是过去一段时间经历过的事实的总结性再现。据此，有人将经济工作总结称为“马后炮”、“事后诸葛亮”。这种说法其实也并不是完全消极的，而且，对下一阶段工作来说，它又是“马前炮”、“事前诸葛亮”，成为制定下一步工作计划的依据。所以，经济工作总结不仅具有对过去实践活动的回顾意义，而且更具有对未来工作的指导意义。

2. 认识的规律性

写经济工作总结，事实是基础。因此，要陈述具体事实。但陈述事实不能就事论事、罗列材料，而是要在事实的基础上总结出规律性的东西。所谓规律，即事物固有的、内在的、本质的、必然的联系，在经济工作总结中则反映为基本经验。为此，在写作时它要求用正确的立场、观点、方法对具体事实进行全面、系统、深刻的分析，找出经验、教训，总结出一些新鲜、独到而又具有一定指导意义的规律性的东西，具有一定的理论高度，以此作为未来行动的向导。而那些“例行公事”、就事论事的经济工作总结，是与这一特点相悖的。

3. 对象的个体性

经济工作总结是以自身的实践活动为对象的，多用第一人称，写本地区、本部门、本单位或本人都做了些什么，即“我写我”。因此，行文应有鲜明的个性特征，让人一看就知道写作本体的与众不同之处。这一点与新闻报道或调查报告置身于局外的撰写角度是完全不同的。

## (二) 经济工作总结的种类

经济工作总结的种类繁多，归纳起来大体上可分为综合性总结和专题性总结两大类。

1. 综合性总结

综合性总结又称全面总结，是经济战线各行业、部门、单位对一定时期内主要工作的各方面的情况进行全面的总结。这类总结内容详细，涉及面广，时间较长，既要反映成绩，又要找出差距；既有经验、做法，又有教训、体会；有时还要提出今后的工作意见等。总之，它要展现整个工作的全貌。综合性总结通常采取分部分的写法，即按照基本情况、成绩收获、存在问题、经验体会、今后意见等几个部分，顺序而下，各自成章。它往往是领导向群众做工作总结报告、向上级汇报工作情况，或与外单位交流经验、工作告一段落后而写的。

2. 专题性总结

专题性总结又称经验总结，是经济战线各行业、部门和单位对某项工作、某项活动或某个问题所作的专门总结。专题性总结的本质特征就是一个“专”字，其内容单纯、集中、详尽、具体、针对性强，深入而有重点地探索规律，有一定的思想深度，往往起到典型引路、以点带面、推动全盘的作用。它偏重于对经验、成绩的总结，对其他内容往往一笔带过或略而不提；但也有偏重于从反面总结问题、教训的，剖析其主客观原因，以引起人们的警醒。专题性总结在经济工作中运用得十分普遍，在报刊上发表的大多是这一类总结，有着很强的现实指导意义。

## 三、结构和写法

### （一）经济工作总结的结构

经济工作总结的写法不拘一格，常见的结构有分点式、小标题式、条目式、板块式和全文贯通式五种。

1. 分点式

分点式即将总结的内容按性质和主次轻重分点平列，各点之间有着内在的逻辑关系，有事例、有分析、有比较、有结论，其优点是行文简洁，眉目清楚，自由灵活，生动活泼，但很难把握，一般适用于领导机关带全局性的专题总结。

2. 小标题式

小标题式即在正文部分按逻辑关系分成若干小标题，逐层深入地进行总结。小标题的内容往往是获得成功的原因，即具体的经验，或是某一经济工作阶段性的标志。这种写法层层展开，条理清晰，脉络分明，一目了然，一般适用于专题性总结。

3. 条目式

条目式即以基本情况开头外，以下按工作项目排列，各项工作即为一个条目。每个条目内部都分成基本情况和成绩、存在问题和教训、对今后工作的要求三个部分，若干条目组合成一个有机的整体。这种写法内容专一，条目鲜明，一般适合于问题比较复杂、工作繁多的综合性总结。

4. 板块式

这是经济工作总结的基本结构形式，即将全篇按照内容的不同分成若干板块，一般为基本情况、成绩和经验、问题和教训、方向和设想等部分，即按照“总—分”或“总—分—总”的思路进行安排。其优点是容量大、内容集中、眉目清楚、整体性强，一般适用于综合性总结。

5. 全文贯通式

它既不分条列项，也不列小标题，而是按时间或事物发展的顺序，全文贯通，一气呵成。一般紧扣总结主旨，先叙述情况，次写认识，后写经验体会。这种写法中心突出，叙议结合，一般用于专题性总结。

### （二）经济工作总结的写法

不论是哪种结构的总结，一般均由标题、正文和落款三部分组成。

1. 标题

经济工作总结的标题有两类：单行标题和双层标题。

（1）单行标题。单行标题又有三种：全称式标题、简称式标题、文章式标题。

全称式标题由单位名称、时限、内容和文种组成，如“××公司××××年财务工作总结”。

简称式标题是全称标题的简略，即上述四项在一个标题中不一定都出现，可根据具体情况而省略某些项目，如“××××年购销工作总结”、“商品仓储工作总结”等。

文章式标题直接将总结的主要内容（主要经验、应吸取的教训等）清楚地揭示出来，便于读者了解总结的主旨，如“××××年引进外资工作的回顾”。

(2) 双层标题。双层标题即同时使用主标题和副标题。一般主标题点明总结的主要观点或基本经验；副标题作进一步的补充和说明。二者相互配合，可使读者在读正文前对总结的主要内容有清楚的了解，如“适应改革开放形势，努力做好国税征收工作——××市地税局××××年工作总结”。

**2. 正文**

这是经济工作总结的重点，以用得最多的板块式总结为例，一般由开头、主体、结尾三部分组成。

(1) 开头。开头也称前言、导语，主要概述基本情况。即简要交代时间、地点、背景、环境、主客观条件、有利因素和不利因素，以及工作发展状况；或者说明总结的指导思想、范围、目的，以及对工作的总评价，起到开宗明义的作用，给人以总体印象。要求简单精练，突出重点，有吸引力。

(2) 主体。这是总结的核心，一般包括以下三部分：

一是过程与做法。讲清楚原计划要求做什么，采取了哪些办法和措施，工作步骤是怎样的，抓住了哪几个主要环节，有哪些好的做法等。对于人们不很熟悉的新事物、新工作，对于处理那些比较复杂、繁难的问题，介绍一些有普遍意义的做法是很必要的，这样能给人们以启迪和借鉴。

二是成绩与经验。这是总结的精髓，也是衡量一篇总结的价值之所在。无论是综合性总结，还是专题性总结，它都是必不可少的。成绩指工作中取得的物质成果和精神成果，经验指取得这些成果的原因和方法等。这些内容必须翔实、具体，言之有物，条理清楚。按照它们的逻辑关系，或以主次为序，或以轻重为序，或以因果关系为序，或以时间先后为序。成绩要实事求是，有一般情况，有典型事例，还要有令人信服的统计数据，有时还可用到对比说明。经验必须从实践中反映出来，能真正反映工作进程中的内在规律，能上升到一定的理论高度。

三是问题和教训。问题指工作中的缺点和失误，教训指反面的经验。要用一分为二的观点，总结出工作中所遇到的问题，采取了哪些有力措施加以解决，目前还有哪些遗留问题，它们给工作带来什么影响和损失，要着重分析出现问题和失误的主客观原因，并由此得出应吸取的主要教训，以防重蹈覆辙。能够发现问题，并接受教训，总结才有意义。

(3) 结尾。结尾是在总结经验教训的基础上，针对存在的问题，提出今后的努力方向和有效的改进措施；或者按照工作的发展趋势，提出新的工作目标；或是对下一步改进工作的设想、意见和安排等，以表明决心，展望前景。这部分要与开头相照应，行文要简洁、自然。

**3. 落款**

经济工作总结的落款包括署名和日期。在正文之后另起一行的右下角署名，写出总结单位名称或个人姓名，接着在下一行写出总结的年、月、日。如标题中已标明单位名称，落款处署名就可省去。

## 相关链接

### 总结的写作模板

模　板

××公司××××年工作总结

××××年是我公司××××××等各项工作取得明显进步的一年。一年来，公司全体员工坚持×××××××，×××××，围绕×××××××××××，抓住机遇，大胆改革，锐意创新，开拓进取，无论经济效益还是社会效益都取得了显著的成效。（前言：概述工作任务，指导思想，主要成绩）

一、×××××××××××××××（基本做法、成绩和经验）

1. ×××××××××××××××。

2. ×××××××××××××××。

3. ×××××××××××××××。

二、××××××××××××××××（基本做法、成绩和经验）

1. ×××××××××××××××。

2. ×××××××××××××××。

三、××××××××××××××××（基本做法、成绩和经验）

1. ×××××××××××××××。

2. ×××××××××××××××。

3. ×××××××××××××××。

四、×××××××××××××××（主要存在问题。反映问题的总结，这部分是重点；经验总结不写这部分）

1. ×××××××××××××××。

2. ×××××××××××××××。

3. ×××××××××××××××。

五、×××××××××××××××（今后的工作和努力的方向）

××××年一月十五日

（说明：总结的常见结构有三种：

1. 分部式结构。即按“情况—成绩—经验体会—问题—今后设想”或者“做法—效果—体会”分成几个大部分写。

2. 阶段式结构。把工作的整个过程按时间顺序划分成几个阶段来写。

3. 观点式结构。根据内容归纳出观点分大层次，以“一、二、三……”序号排列，条文之间逻辑比较严密。）

框　图

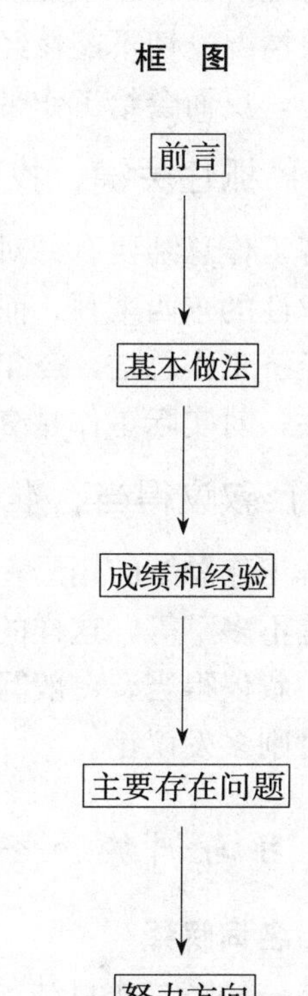

## 四、写作要求

### （一）实事求是

撰写经济工作总结必须本着实事求是的态度，从客观实际出发，既要有新发现，又要如实反映情况。切不能在经济工作总结中夸大成绩、隐瞒失误、自欺欺人，那样非但不能推进工作，反而会给工作带来非常消极的影响。

### （二）抓住关键，找出带有规律性的东西

经济工作总结要有针对性，要通过对大量繁复材料的研究，抓住其中最有价值、最能体现规律性的东西来写，而不要罗列材料、泛泛而谈。那种抓不住重点、抓不住关键的一般化的经济工作总结，今年可以用，明年改一下时间和数字还可以用，写总结仿如例行公事的做法，对实际工作是毫无用处的。

### （三）叙议得当，准确清楚

经济工作总结的用语一定要准确，避免使用笼统、含糊的词语，如“大体上”、“可能是”、“差不多”等，这样的词语不能给人以准确、清楚的印象。同时，要以叙述为主、叙议结合、叙议得当。一般写工作过程、列举典型事例以叙述为主，分析经验教训、指明努力方向时则多发议论。

## 复习与训练

**一、名词解释**

总结　经济工作总结　综合性总结　专题性总结

**二、填空题**

1. 经济工作总结的特点有________、________和________。

2. 经济工作总结的写法，常见的有________、________、________、________和________五种。

3. 总结的主体一般由________、________和________三部分构成。

4. 经济工作总结的写作要求有________、________和________。

**三、判断题**

1. 写经济工作总结时应该如实反映情况，就是把做过的事情都写在总结里。（　）

2. 经济工作总结的文章式标题一般都是直接标明总结的基本观点。（　）

3. 经济工作总结的用语一定要准确，避免使用如“大体上”、“可能是”、“差不多”等笼统、含糊的词语。（　）

**四、阅读与析评题**

试读下面这篇病文，分析并评价其在占有材料、分析材料、找出规律性等方面做得如何。

## ××公司上半年工作总结

半年来本公司在精神文明和物质文明方面做了许多工作，取得了很大成绩。半年来，主要做了以下工作：动员组织公司干部和广大群众学习中央文件；安排、落实全年生产计划；推行、落实工作责任制；修建子弟小学校舍；建方便面生产车间厂房；推销果脯、食品、编织产品；解决原材料不足问题；美化环境，栽花种草；办了一期计算机技术培训班；调整了工作人员，开始试行干部招聘制。

半年来，在工作繁杂，头绪多而干部少的情况下，能做这么多工作，主要是：

一、上下团结。公司领导和一般干部都能同甘共苦，劲往一处使。工作中有不同看法，当面讲、共同协商。互相间有意见能开展批评与自我批评，不犯自由主义。例如有干部对经理未作商议就擅自更改果脯销售奖励办法而影响产量一事有意见，经当面提出，经理做了自我批评，并共同研究了新的奖励办法，又出现了增产势头。

二、不怕困难。本企业刚刚起步，困难很多，技术力量薄弱，原材料不足，产品销路没有打开等等。为此，领导干部共同想办法，他们不怕跑路，放弃自己的休息时间，忍饥挨饿受冻，四处联系，终于解决了今年所需要的原料，推销了一些产品。

三、领导带头。公司的几位主要领导带头苦干，实干。他们白天到下边去调查了解情况、解决问题，晚上才开会研究问题，寻找解决的办法。领导干部夜以继日地工作，使公司工作上了台阶。

××公司<br>××××年××月××日

### 五、写作训练题

试选择一种总结写法，写一份自己某段时间的学习或工作总结。

# 第九章 经济规章文书

## 第一节 章 程

### 一、阅读与析评

**例文 1**

**××××公司章程（草案）**

第一章 总 则

第一条 为贯彻××省商业储运公司关于“储运、贸易、维修、稳步增长”的经营方针，活跃市场，方便人民生活，特成立××××公司。

第二条 ××××公司（以下简称公司）是在××省商业储运公司直接领导下的独立核算全民所有制企业，科级编制。地址在××市××路××号，法人代表是×××。

第三条 公司是为商品流通服务，方便购销、方便群众生活的经营机构。

第四条 公司的宗旨是：客户至上、信誉第一、优质服务、严格管理，不断提高经济效益和社会效益。

第二章 组织体制

第五条 公司直接对外进行经营业务活动。在经济中具有法人地位，经理是法人代表。

第六条 本公司干部、职工的来源是省商业储运公司，经营的资金由××省商业储运公司拨款，注册资金为××万元。

第七条　公司实行经理负责制，经理是行政负责人，由省商业储运公司经理聘任，接受委托负责本公司的经营管理。

第八条　公司内部设置饮料部、开发部、家电部、储运部。

第九条　选出代表参加上级公司职工代表大会，树立职工主人翁责任感，保障职工当家做主的权利。

第三章　经营范围

第十条　本公司主营：批发、零售五金交电、家用电器、照相器材、饮料制品、工艺品、日用百货、纺织品、日杂用品、农副产品。兼营：批发、零售、代购代销塑料制品、装饰材料、建筑材料及商品装卸、包装整理、横向业务联系。

第十一条　生产经营方式：批发、零售、服务、代购代销。

第四章　经营管理

第十二条　本公司遵守国家政策法令，在上级公司指导下进行经营业务活动，制定各项规章制度，并严格执行。

第十三条　各项营业收费按国家物价部门规定标准执行，不得乱收费。

第十四条　在业务活动中以与对方单位签订合同的形式来明确各自的责任，如发生违约，按照《中华人民共和国合同法》有关规定处理。

第十五条　公司内部各部门之间坚持团结协作、平等互利、利益均衡的原则。凡涉及某一班组的利益情况，必须及时协商妥善解决，不允许任何一方利益受损害。

第五章　财务结算和收支分配

第十六条　收入、费用、付款结算按人民银行制度规定办理。

第十七条　本公司会计核算按照《中华人民共和国会计法》和上级规定的财务、会计制度进行账务处理，按国家规定照章纳税，做好审计工作。

第十八条　本公司实行经营承包责任制，由上级公司下达财务承包任务，所创超额利润由省商业储运公司定出留成比例，其余上缴省商业储运公司统一用于国家财政。

第十九条　本公司对职工的劳动报酬实行“各尽所能，按劳分配”制。

第六章　附　则

第二十条　加强对干部、职工的思想政治教育和业务培训，提高服务质量和业务水平。

第二十一条　公司领导必须关心职工生活福利，在力所能及范围内解决职工实际困难。

第二十二条　定期对干部、职工进行考核，奖励和惩罚按《企业职工奖惩条例》和上级公司《人事管理制度》执行。

第二十三条　本章程未有规定的事宜及在实践中有不完善之处，其修订、补充权归本公司主管单位。

## 析评

这是一则组建公司的章程。

标题加了“草案”两字，是由于公司尚在筹建，章程未经全体职工代表大会通过。本文随同《企业法人申请开业登记注册书》一起报工商行政管理部门批准注册和经职代会通过后才可去掉“草案”字样，同时在标题下用括号标注年、月、日。

正文依据公司所决定的经营方略，分章列条写总则、分则、附则。总则 4 条，分别说明公司的性质、宗旨、名称、编制、地址和法人代表。分则共 4 章 15 条，分别规定了公司的组织体制、经营范围、经营管理、财务结算和收支分配等事项。末章附则 4 条，说明思想政治教育、业务培训、福利、考核以及修订权等未尽事宜。

本文格式规范，思路清晰，语言准确。

## 例文 2

### ××股份有限公司发行股票章程

#### 第一章　总　则

第一条　××股份有限公司（以下简称公司）是以公有制为主体的社会主义股份制企业，是依法注册登记、独立核算，具有法人资格的经济实体。经中国人民银行××分行批准发行股票，为维护投资者的合法权益，特制定本章程。

第二条　公司由国家股、单位股、个人股组成。

国家股是指全民所有制企业的国家资产折成的股份。

单位股是指集体所有制企业的资金折成的股份以及其他企事业单位认购的股份。

个人股是指个人资金认购的股份。

第三条　公司股票是发给入股者的股份所有权凭证。股票持有者享有按股领取红利等公司章程规定的股东权利，并在股票金额范围内承担公司经营亏损或破产的有限经济责任。

股票可以转让、抵押和继承，股票遗失可以申请挂失。

第四条　公司发行的股票名称为：上海××股份有限公司股票。

公司发行的股票为不定期限的记名式股票，并以人民币计值，每股股值为人民币 100 元，股份总额为 25 万股，合计人民币 2 500 万元。

#### 第二章　发　行

第五条　公司向社会公开发行股票 6.09 万股，计金额 609 万元。其中单位股 3.59 万股，计金额 359 万元，主要向横向联合中投资方发行。个人股 2.5 万股，计金额 250 万元，主要向本公司职工发行。个人购买股票至多 20 股。

第六条　公司发行股票委托金融机构代理发行。

第七条　公司按季向中国人民银行××分行金融行政管理处报送财务报表，并向股票持有者公开公司经营情况。

第八条　公司股票按××××年××月××日××人民政府发布的《××股票管理暂行办法》中规定的范围发行。

#### 第三章　转　让

第九条　公司股票可以转让买卖，但必须通过经中国人民银行××分行批准经营股票交易业务的金融机构办理。

单位股股票只限于单位之间转让。

第十条 股票转让买卖以现货为限。

股票交易价格可由交易双方自行商定。委托金融机构进行交易的，股票价格可由委托方自行决定。

第十一条 公司按季向社会公开经注册会计师查核鉴证的财务报表。

第四章 分 配

第十二条 公司在依法向国家缴纳税金后的利润中先提取一定比例的盈余公积金、公益金，剩余部分列为按股分红基金，用于当年分红。当按股分红基金过大时，则适当留存作分红后备基金，用于以丰补歉。

第十三条 公司股票只计红利，不计股息。红利率由董事会决定。

第十四条 公司发放红利于每年年终决算后进行。股票发行的第一年，自发行日至年终决算日不满1年的，红利并入下一年度发放。公司发放红利时，对个人股按国家规定扣缴20%的个人收入调节税。

第十五条 公司在发放红利日前登报公告。

第十六条 公司如发生经营亏损，且未建立红利后备基金，当年不发红利，以后也不再补付，投资人对亏损负有限经济责任。

第五章 附 则

第十七条 本章程由××股份有限公司董事会负责解释。

第十八条 本章程自中国人民银行××分行批准之日施行。

### 析 评

这是一则写得较好的开展业务的规范章程，使用章断条连式结构。总则共4条，分别说明公司性质，制定本章程的目的，公司的组成成分，股票持有者的权利及股名、股值等。分则共3章，分别规定了股票的发行、转让、分配等方面的具体规范。附则共2条，规定了章程的解释权和施行日期。

例文结构符合规范章程的一般写法，构思周密，条款完整，语言简洁、明晰。

## 二、必需知识

### (一) 章程的含义和特点

章程是有条理、有程式的规章，是政党、团体、企业等社会组织对本组织的性质、宗旨、任务、组织机构、组织成员、活动规则或企业的权利、义务、经济性质、业务范围和规模、活动制度以及就某项业务所制定的规章。它是这一组织（或业务）的纲领性文件，具有行业（或业务）的规范性和组织约束力，该组织全体成员（或该项业务人员）必须遵守，按“章”行事，如果违反章程规定，要受到处理，甚至被停职或开除。

章程与条例、规定、办法、细则等文种相比较，有以下两个显著特点。

1. 准则性强

凡成立一个企业、团体、组织，都必须制定一个章程。根据国家有关方面的规定，申报成立企业、团体组织，必须同时上报章程草案，以便让主管部门全面了解其性质、宗旨。企业等社会组织一旦获准成立，首先应审定、通过章程，用以约束全体成员，并作为组织一切活动的准则。

2. 使用广泛

章程主要用于制定组织规程，从总体上说，使用还是较为广泛的。在我国新民主主义革命时期，章程广泛运用于制定政府机构、经济、交通等方面的规范。目前除广泛用于制定企业等组织的规程外，还用于规定机构性质、任务、某项活动的原则。章程还是涉外法律文书之一，中外合资企业用其规定该企业的宗旨、组织原则、经营范围、经营管理方法等，是约束该企业投资各方的规范性文件。

### （二）章程的种类

1. 组织章程

组织章程是最为常见的章程，多用于制定企业等社会组织的组织准则和成员行为规范。这类章程具体规定社会组织的性质、宗旨、任务、组织原则、机构设置、任务职责、成员资格、权利、义务、纪律、经费来源及使用等。如《××××协会章程》等。

2. 规范章程

规范章程多用于制定某项活动的准则或某些事项的治理依据，主要用以明确标准做法、具体原则要求，或确定某项活动的宗旨、程序、安排、要求等。如《公司发行股票章程》、《×××奖学金章程》等。

3. 企业章程

企业章程主要用于规范合资企业的经济活动、管理活动，随着中外合资企业、内资联营企业的增多，企业章程的使用范围逐渐扩大。国内独资企业（包括国有、集体和个体）一般不制定这类章程。章程功能及使用要求在《中华人民共和国中外合资经营企业法》和《〈中华人民共和国中外合资经营企业法〉实施条例》的有关条款中有详细表述。章程还可用来制定国内企业的工作规程，如《中国人民保险公司章程》。

## 三、结构和写法

### （一）标题

标题由组织、活动、事项、单位或社会组织的全称加“章程”两字构成。有的还在标题下面注明此章程通过的时间和会议名称。

### （二）正文

正文是章程的主体。正文的内容包括总则、分则、附则三部分。下面主要介绍组织章程和企业章程正文中总则、分则和附则的写作要点。

1. 总则

一般来说，组织章程总则部分要准确、简明、庄重地写明该组织的名称、性质、宗旨、任务、指导思想和组织本身建设的要求等内容。总则是章程的纲领，对全文起统率作用。有些党派团体的章程采用序条式写法，将总则部分作为总纲，不分章条而独立于分则各章之前，如《中国共产党章程》、《中国共产主义青年团章程》、《台湾民主自治同盟章程》等。

企业章程总则部分一般要写明企业名称、宗旨、经济性质、隶属关系、业务范围等。

2. 分则

组织章程分则部分一般需写明以下内容：

(1) 组织人员：参加条件、参加手续和程序、承担义务和享受的权利、对成员的纪律规定等。

(2) 组织机构：领导机构、常务机构和办理机构的设置、规模、产生方式和程序、任期、职责、相互关系等。

(3) 组织经费：来源和管理方式。

(4) 组织活动：内容和方式。

(5) 其他事宜：视不同组织、团体的需要确定。

企业章程分则部分主要需写明资本、组织、人事管理、资产管理、利润分配等内容。

3. 附则

附则是主体部分的补充，主要说明解释权，修订权，实施要求，生效日期，章程与其他法规、规章的关系及其他未尽事项等。组织章程还需说明办事机构地址或对下属组织的要求等内容。而企业章程则一般写公布施行与修改补充等问题。也有的章程不写附则内容，如《中国共产党章程》、《中国共产主义青年团章程》等。

## 相关链接

### 章程的写作模板

**模　板**

××××××公司章程（企业章程）

第一章　总　则

第一条　为×××××××××××，特成立××××××公司。（制定章程目的）

第二条　公司是在×××××××领导下的××所有制企业，××编制。地址×××××××，法人代表是×××。（企业名称、隶属关系、机构、地址）

第三条　公司是以××××××××。（服务对象、经济性质）

第四条　公司以××××××××××为宗旨。（宗旨）

第二章　组织体制

第五条　公司开展×××××××××业务活动，在经济。

**框　图**

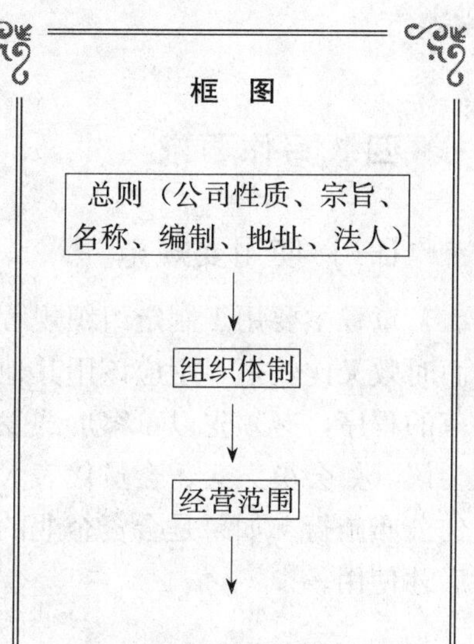

中具有法人地位，经理是法人代表。

第六条　本公司×××××××××，注册资金为××万元

第七条　公司实行××负责制，经理是行政负责人，×××××××××。

第八条　公司内部设置××××××××××。

第九条　公司职工代表大会制度××××××××××。

第三章　经营范围

第十条　本公司经营范围：××××××××××。

第十一条　本公司生产经营方式：××××××××××。

第四章　经营管理

第十二条　本公司遵守国家政策法令，在×××指导下进行经营业务活动，制定各项规章制度，并严格执行。

第十三条　各项营业收费按××××××××××。

第十四条　在业务活动按照《中华人民共和国合同法》有关规定处理，××××××××××。

第十五条　公司内部××××××××××。

第五章　财务结算和收支分配

第十六条　收入、费用、付款结算按人民银行制度规定办理。

第十七条　本公司会计核算按照《中华人民共和国会计法》和上级规定的财务、会计制度进行账务处理，按国家规定照章纳税。

第十八条　本公司经营实行×××××××制。

第十九条　本公司对职工的劳动报酬实行“各尽所能，按劳分配”制。

第六章　附　则

第二十条　××××××××××。（政治教育、业务培训等）

第二十一条　××××××××××。（考核制度）

第二十二条　本章程解释权归×××，修改权归××××。

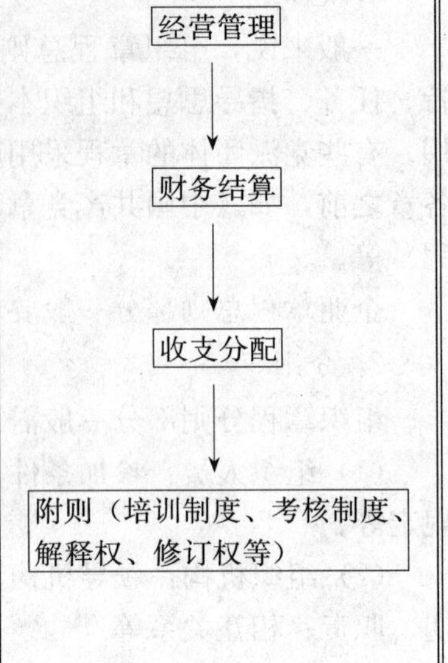


## 四、写作要求

### （一）使用要规范

章程主要用于制定组织规程。用于制定单位某方面的规范时，如果其内容比较单一，而时效又比较短，则应该用其他规范性文件行文。即使是用来制定组织规程，也要履行规范的程序，必须先以草案形式发到组织成员手中征求意见，在此基础上再经本组织最高级会议（如会员大会、会员代表大会）审议通过。在使用过程中，不能只由少数人草拟，匆匆公布施行。如果是合资企业的章程，则必须在充分协商、条款内容经过反复讨论、成熟后才使用。

### （二）结构要严谨

章程结构要合乎规范写法。格式规范、结构严谨有助于维护章程的严肃性。

### （三）条款要简短、单一

章程，除一些大型团体组织规程内容比较丰富，条款可以相对长些外，一般条款要写得简短些。最常见的毛病是在写作组织宗旨、任务时，大段列入一般性的内容，文字繁冗。若一般性原则写得过多，指导性、操作性又较差，更不便于记忆。只有每条内容表述一个完整独立的意思，才方便执行。此外，还要注意对社会组织及其成员意愿的准确把握。

### （四）要注意简章与章程的区别

简章，通常是对某项工作、某一事项的办理原则、要求、方式、方法作出规定的文书，内容只是有针对性地说明某一工作或事项的办事程序，在性质上更接近于“规定”和“办法”，如《××市市级机关招收公务人员简章》、《××大学招生简章》等；而章程在适用范围上和写法上皆与之不同。

## 复习与训练

**一、名词解释**

章程

**二、填空题**

1. 章程的显著特点是 ________和________。

2. 章程的主要类别有________、________和________。

3. 经济规章文书的条文，每________条表达一个完整的规范（内容），不能一条规定写几种规范（内容），以条代章。

**三、简答题**

1. 试述组织章程、企业章程的总则、分则和附则的写作内容。

2. 章程的写作有哪些要求？

**四、病例析改题**

试指出下面章程存在的问题并写出修改稿。

**××大学校友会章程**

本会是××大学校友的群众组织，本会宗旨是遵循党的方针政策，发挥校友作用，倡导民族精神，为学校争光，为四化建设服务。为此，特拟订以下细则：

第一条　活动内容。

1. 加强与母校联系，为母校作贡献，为校友知识更新提供方便，创造条件。

2. 密切校友之间的联系，沟通信息，互相协作，提供方便，把各位校友所辖的企业或单位搞得锦上添花。

第二条　会员条件凡在××学校毕业，并且现在担任领导职务的人，均可加入本会。

第三条　会员义务遵守本会章程，执行本会决议，完成本会交给的工作；积极参加本会活动，为建设好本会献计献策，出钱出力，充分利用手中权力为本会服务。

第四条　本会最高权力机构是领导小组，由处级以上职务的若干校友组成，职权是审查通过计划、审查工作报告、通过并修改章程。

第五条　会员权力：行使表决权、选举权、被选举权；可优先取得××大学和本会编印的有关学术资料。

第六条　领导小组下设秘书部、信息部，吸收少量未兼领导职务的人做具体工作。

第七条　经费来源：动员领导职务高的会员单位提供赞助，按领导职务大小缴纳会费。

第八条　本章程从领导小组通过之日起实施。

**五、写作训练题**

以某社会组织成员的身份为该组织起草一份章程。有关内容允许合理想象、扩充。

# 第二节　规　定

## 一、阅读与析评

### 例文 3

**××市小型国有企业租赁经营试行规定**

第一章　总　则

第一条　根据国家有关文件精神，为了探索新的经营方式，进一步搞活小型企业，特制定本规定。

第二条　本规定适用于我市实行租赁经营的小型国有企业。

第三条　对小型国有企业实行租赁经营，是在不改变企业所有制性质的前提下，依照所有权与经营权适当分开的原则，实行租赁机制与按劳分配原则、民主管理制度相统一的一种社会主义经营方式。

第四条　企业租赁经营，只是经营方式的改变，其行政隶属关系、党群关系和财政、税收渠道不变。

第二章　租赁程序

第五条　企业的出租权属于国家。企业出租，由主管局（公司）会同财政局审查批准。

第六条　租赁企业的方式，可以集体承租，也可以个人承租，以集体或企业全体职工承租为主要租赁方式。

第七条　出租企业面向社会实行公开招标。

第八条　凡中华人民共和国公民，拥护党的路线、方针、政策；有经营管理能力和相当于中等专业以上的文化水平（集体承租的指代表）；有一定数量的个人财产和两位具有正当职业并有一定财产的保人（集体承租不用保人），均可投标。经出租方资格审查合格的投标者，允许到投标企业调查，编写投标书和经营管理企业方案。

第九条　由出租方和聘请的有关专家、学者及出租企业的职工代表，组成考评委员会，对投标者进行答辩考评，从中选择优秀者，经企业主管部门进行品德、业绩考核后，确定承租人。

第十条　承租人确定后，出租方和承租方须签订租赁合同。其主要内容应包括：租赁双方的权利与义务、租赁期限、租金数额与缴纳方式、利益分配、债权与债务处理等事宜。由企业主管部门负责人、承租人和保人代表在租赁合同上签字。

第十一条　在签订合同的同时，由出租方、承租方及财政局、银行代表对出租企业的资产进行核查注册，作为租赁合同的主要附件。

第十二条　合同签字后，由租赁双方持合同向公证部门申请公证。公证部门确认合同合法，出具公证书后，租赁合同正式生效。合同与公证书的正本交出租企业的主管部门，出租企业、承租人和公证处各一份，副本报工商行政管理部门和有关银行备案。正本与副本具有同样法律效力。

第十三条　承租人（集体承租的指代表）如不是企业租赁前的法人代表，须持变更企业法人代表申请报告、租赁合同及公证书，到工商行政管理部门办理变更法人手续、领取营业执照。

第十四条　租赁手续办理完毕后，由企业主管部门负责人陪同承租人到所承租的企业，召开职工大会，宣读租赁合同，承租人正式就职。

第三章　承租人的权利与义务

第十五条　承租人是企业租赁期间的法人代表，是从事社会主义经营活动的劳动者。

第十六条　承租人对租赁企业的生产经营和行政管理全面负责。有权自主使用、支配企业的财产，使设备不断更新；有权决定企业机构设置、人员配备、分配形式和经营方式；在保证完成国家计划的前提下，有权按工商管理规定从事多种经营。

第十七条　承租人必须认真贯彻执行国家的方针、政策和有关规定，不得违法经营；必须接受国家下达的指令性计划，完成合同规定的各项经济技术指标；必须接受政府有关部门的监督指导，不得随意改变国家规定的经营方向。

第十八条　承租人必须努力提高经济效益，带领职工走共同富裕的道路，在政策允许的范围内，逐步提高职工的收入，改善职工的生活福利待遇。

第十九条　承租人要尊重职工的民主权利，定期向职工代表大会报告工作，听取职工的意见和建议；要维护职工的劳动权利，不得无故裁减人员；要主动向企业党组织报告工作，接受党组织的监督。

第二十条　承租人必须树立职业道德观念，文明生产，文明经商，不断提高产品质量和服务质量，维护消费者利益。

第二十一条　承租人必须对企业的全部财产实行社会保险。

## 第四章　租　金

第二十二条　实行租赁经营的企业，除了照章纳税外，要向企业的主管部门缴纳租金。工业企业缴纳的租金，主管部门按规定返给企业，作为企业留利，在国家和地方财政部门规定范围内合理使用；商业企业缴纳的租金，主管部门按规定可提取行业发展统筹基金。

第二十三条　核定租金要兼顾国家、企业、职工、承租人四方利益，在保证国家增收、企业多留、职工收入逐步增长的原则下，依据企业固定资产、自有流动资金、经营状况、地理环境和市场动态等因素，参考本规定附后的计算公式，由租赁双方具体商定。

第二十四条　租金可分为基数递增租金和固定租金两种形式。基数递增租金，是指由租赁双方商定各租赁年度的基数利润和基数租金，并在基数租金基础上，按计租年度企业的实际利润与基数利润的比例适度上浮计算出实际租金。当实际利润低于基数利润时，承租人要照缴基数租金。固定租金，是指由租赁双方商定不因利润增减而上下浮动的承租各年度的租金数额。承租人按年度缴纳租金。小型商饮服务企业或亏损工业企业可采用固定租金形式，其他企业一般应采取基数递增租金形式。

## 第五章　承租人的收入

第二十五条　租赁企业在租赁年度留利中扣除当年租金后，剩余赢利在企业和承租人之间按合同规定的比例分成。承租人分得的红利即为个人劳动所得，受国家法律保护。

第二十六条　鉴于承租的风险性和市场的多变性，承租人分得的红利不宜全部转为消费基金。一般以支取职工年平均收入的 5 倍左右为宜，剩余部分作为承租保证金存入企业，不计利息，不分红利，租赁终止时一次或分期从企业提取。承租保证金在承租人提取前暂不缴纳个人所得税。

第二十七条　承租人在租赁期内停发工资、奖金，但保留工资级别，享有晋级权；终止租赁合同后，享受其应有的工资待遇。

第二十八条　如租赁年度的企业留利不足以缴纳租金时，承租人必须以个人财产抵补。承租人个人财产不足应补数额时，以保人财产抵补。因承租人过失，造成严重损失，要依法追究其责任。

## 第六章　合同的变更、终止或解除

第二十九条　租赁双方均不得随意变更、终止或解除合同。如单方变更、终止或解除合同，须按国家经济合同法规定承担经济责任。

第三十条　由于国家政策、法规和客观环境发生预料不到的重大变化，致使租赁经营出现异常状况，确需变更合同时，租赁双方可协商修订合同或作出补充规定，送有关部门备案。修订后的合同或补充规定，经公证机关确认后具有法律效力。

第三十一条　出现下列情况之一者，出租、承租方均可经仲裁部门按法定程序终止或解除合同。提出终止或解除方不承担经济责任。

（一）承租人因经营管理不善，致使企业超过合同规定出现连续亏损，出租方有权提出终止或解除合同。

（二）承租人不执行合同规定，损害了出租方的利益，出租方有权提出终止或解除合同。

（三）出租方违背合同规定，严重干扰承租人经营自主权，使其无法自主经营，承租方有权终止或解除合同。

（四）承租人按合同规定应得红利不能兑现，承租方有权提出终止或解除合同。

（五）由于本规定第三十条原因，租赁双方没有满意的解决办法，任何一方均可提出终止或解除合同。

第三十二条　租赁期满后，由出租方、承租方和财政局、银行代表对租赁企业资产核查无疑义后，按法定程序解除租赁关系，并通知有关各方。延长租赁期，须重新履行租赁程序。

## 第七章　管　理

第三十三条　实行租赁经营的企业继续享受有关的行业政策、规定待遇。实行租赁的企业，由于经营方式和分配方法已不同于国有企业，可按集体企业进行管理。

第三十四条　承租人的个人纯收入缴纳个人所得税，不计入企业工资总额。承租人用个人所得支付给保人和有特殊贡献人员的报酬，不计入企业奖金总额。

第三十五条　经市有关部门核准后，租赁经营企业可实查计利润工资含量浮动办法。即按上年税前计入成本中的工资总额占租赁合同规定的租赁年度基数利润的多少，核定比例上下浮动，工资总额计入成本。

第三十六条　承租人个人投资更新设备，其产权归承租人个人所有。个人投资，允许按银行利率计息、分期收回。个人投资收回后，更新设备的产权归企业所有。

第三十七条　企业租赁前的债权、债务，承租方均须继承。对于债务，租赁双方可在不损害债权人利益的前提下协商具体偿还办法，列入租赁合同条款，作为处理有关债务的依据，并通知债权人和有关部门。

## 第八章　附　则

第三十八条　集体企业租赁可参照本规定执行。集体企业出租权属于企业职工大会或职工代表大会，由主管局（公司）会同税务局审批。

第三十九条　本规定自发布之日起施行。

附：计算公式（略）

### 析评

这是一篇实施性规章，全文较长，共39条。第一章总则写制定本规定的依据、目的、适用范围、实施规定的前提和有关说明等。第二至七章构成分则，内容包括租赁程序，承租人的权利与义务，租金，承租人的收入，合同的变更、终止或解除，管理等，这些都是本规定必不可少的内容，各章的内容区分合理。末章附则为本规定的补充说明条款和有关内容。

本规定规范清楚，语言明晰。但有些条项的内容在写法上仍值得推敲。如第二十四条的写法可以分出两项，使此条内容分成三段，即分别以“基数递增租金”及“固定租金”各另起一段成为项，各项起头分别加上带圆括号的汉字数码“(一)”和“(二)”。其他内容较多的条也可考虑分段列项。此外，附则中应加“解释权”一条。

## 二、必需知识

### (一) 规定的含义和特点

规定是国家机关及其部门和企事业单位对有关事项作出政策性限定的法规性公文。《行政法规制定程序暂行条例》把“对某一方面的行政工作作部分的规定”的文体称作“规定”。企事业单位使用的规定主要用于制定内部的规章。

规定的含义体现在三个方面：一是制作、使用者，主要是行政机关及其部门。企业、事业单位有时也使用规定，主要用于制定单位有关方面管理工作的规章。二是在内容构成上，规定一般用于对某项工作作出部分限定，往往涉及一些政策性、界限性的内容，因而限定性强。三是在文种类属上，规定是常见的一种法规性公文，并以使用灵便、写法多样的面貌出现，是对国家法律的重要补充，也是企业、事业单位作为制定内部规章的主要文种。

规定主要有如下三个特点。

1. 使用广泛

规定是使用比较广泛的文种。国家机关可以使用，企事业单位也广泛使用。可以用于制定较长期的规范，也可以用于对阶段性工作作出限定；可对重大事项作出规定，也可以用于一般性的内容；可以就某些事项作出全面的规定时使用，也可以对某些事项的某一点作出规定时使用，还可以在对某些条文作解释、补充时使用。

2. 制发和处理灵便

规定的制发和处理比较灵便。有时可用文件形式直接发布，也可以像其他法规性公文那样，作为附件，用发文通知发布。而且，由于它的使用呈多样化，规范对象可大可小，时效、篇幅可长可短，使用者层级可高可低，因而制发和处理受限制较少。

3. 限定性

规定的制约和依据作用，主要表现在它用限定行为规范、制定办理准则及规范界限，对活动开展、事项管理、问题处置作出规定，因而其限定性比较强。在法规性公文中，它属于限制性法规文件，即多为解决“应该如何”和“不应该如何”的界限问题，特别是一些禁止性、限制性“规定”，其限定性特点尤为突出。

### (二) 规定的种类

规定适应面广，各级各类单位都可以使用，按其行文目的及规范内容分，主要有以下四种类型。

1. 政策性规定

这类规定主要用以规定一些政策规范，依照有关法律法规条文，制定有关的准则和政策，作为开展某项活动、某项工作的主要办事依据，其依据性与政策性较强。如《××省国家建设征用土地拆除城镇华侨房屋的规定》，其政策性和约束力都较强。

2. 管理性规定

这类规定主要用于制定某方面工作的管理规则，在一定范围内提出管理要求、禁止事项，达到加强某些工作管理，规范活动和行为及限制某些不规范、不合理、不正常行为的目的。如《关于实行专业技术职务聘任制度的规定》，这类规定都有较强的管理性。

3. 实施性规定

规定也可以作为实施法规的文种而使用，其用法近似“实施办法”。如《关于贯彻〈中华人民共和国药品管理法〉的有关暂行规定》。这类规定是和实施原件配套使用的，其功能和实施办法、实施细则相同。

4. 补充性规定

为实施有关法规文件而制定的规定，如《关于高级专家退休问题的补充规定》是对《高级专家离退休若干问题的暂行规定》某些条款的补充。

## 三、结构和写法

规定的结构包括标题和正文，下面分别加以介绍。

### （一）标题

规定的标题，常见的有三种写法：

（1）由发文机关、规范内容加“规定”构成。这种标题与行政公文标题写法一样，由发文机关、事由、文种构成，事由用介词结构“关于……的”来表述。这种写法最为普遍。

（2）由规范范围、规范内容加“规定”构成。

（3）在“规定”前加某些修饰语。

### （二）正文

规定的正文一般由因由、规范、说明三部分组成。不同类型的规定，其内容构成及具体写法也不尽相同。

（1）政策性规定。政策性规定着重于界限划分、明确范围、提出要求和惩处情况，解决“应当怎样”和“不应怎样”的问题。

（2）管理性规定。它侧重于规定管理原则、管理职责、质量标准、措施、办法、管理范围及要求。

（3）实施性规定。其写法和实施办法、实施细则大体类似。它侧重于对实施文件的有关事项作出规定，对原件条款作出解释，提出具体的实施意见。

（4）补充性规定。主要就原件中某些提法不够明确、不够具体的方面加以明确、补充或解释，以便实施。

以上各类规定，因由和说明部分写法相似：因由部分一般说明制定依据，说明部分附带说明制定权、解释权和施行日期。

相关链接

**规定的写作模板**

| 模　板 | 框　图 |
|---|---|
| ××××××××××规定（管理性规定）<br>第一条　为××××××××××，特制定本规定。（目的、依据）<br>第二条　××××××××××。（规定的管理原则）<br>第三条　×××××××××××××。（规定的管理职责）<br>…………<br>第×条　××××××××××。（规定的质量标准）<br>第×条　×××××××××××××。（规定的具体措施）<br>第××条　×××××××××。（规定的具体管理范围和要求）<br>第××条　本规定自××××年12月1日起施行。<br>××××年4月15日发布的《××××规定》同时废止。（规定生效日期、废止原发布规定的说明） | 目的、依据<br>↓<br>管理原则<br>↓<br>管理职责<br>↓<br>质量标准<br>↓<br>管理措施<br>↓<br>管理办法<br>↓<br>管理范围<br>↓<br>管理要求<br>↓<br>生效日期、说明 |

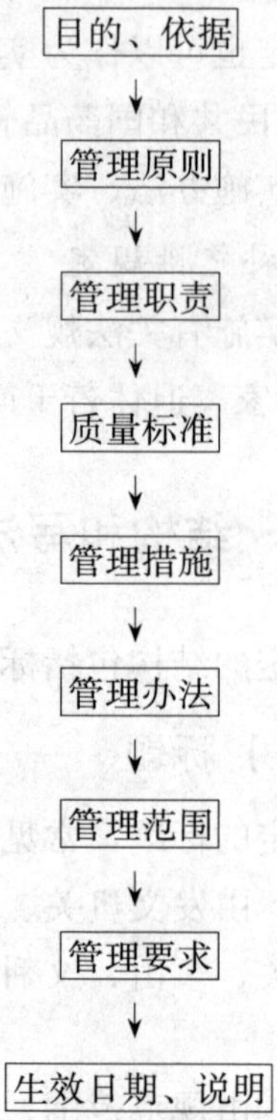

## 四、写作要求

### （一）正确使用规定，避免滥用、错用

规定的使用比较广泛，但在具体使用中还是有一定的限制。按照国家行政法规制定的有关规定，凡对某一行政工作作出部分的规定，可以用“规定”。也就是说，对某一行政工作作比较全面、系统的规定，不宜用“规定”行文，对某一行政工作作出具体详细的规定，也不宜用“规定”行文，这在选用文种时应加以注意。一般来说，凡用来制定一些单方面的规定性、政策性强的有关条款，都可以用“规定”，但必须注意它是侧重于规定性、制止性及政策性方面的。此外，对具体工作来说，有些临时的、阶段性的工作则应用“通知”行文，有些局部性的、业务性强的则应用“规则”、“制度”一类文种行文。

### （二）写法灵活规范

规定的写作，在结构安排上，篇幅较长的将整篇分若干章，再分条表述；篇幅不长的只

分条表述，依次排列制定因由、规范条项和说明事项。这类写法最常用。而“补充规定”则一般无须分章、分条列出，也不求完整系统，只根据需要，有多少项就说多少项。有的规定还加前言，略摆情况，简述理由，申明意义。规定的写作切忌反复论证及具体陈述。

## 复习与训练

**一、名词解释**

规定

**二、填空题**

1. 规定的特点主要有________、________和________。
2. 规定的主要类型有________、________、________和________。
3. 规定的正文由________、________和 ________三部分组成。

**三、简答题**

1. 实施性规定的正文内容侧重写哪些方面？
2. 管理性规定的正文内容侧重写哪些方面？

**四、病例析改题**

下面是一篇规定，指出其毛病并修改。

### 关于解决文山会海的规定

“文山会海”助长官僚主义作风，更为甚者，它是导致领导核心脱离群众，脱离实际，影响工作效率提高的症结。它有害于建设和改革，有损于党的优良作风，必须予以解决。为此特作出如下规定。

一、必须精简会议。每周四、五、六三天定为县里无会日。

二、严格控制会议次数。凡召集乡、镇、局副职以上干部开会，会议的组织者要按照分工，事先分别向县委办公室、政府办公室挂号，经过平衡，报县委书记、县长批准后，方得开会。

三、压缩会议规模，减少陪会人员。各种会议要精心安排，做到有关的单位参加；可一人参加的不让二人参加；只需工作人员参加的不再通知领导干部参加。今后县召开会议，无特殊需要的，各委归口单位不参加，会议的贯彻、执行、落实由各委统一安排。

四、提倡开短会、小会、联合会。除县党代会、县人代会、县政协会外，其他会议最长的不得超过三天。凡能联合召开的会议不再单独召开。不开或尽量减少“单打一”的会议。凡任务紧急又涉及全县的，可召开电话或广播会议。

五、提倡现场办公，到基层解决问题。

六、改革开会方法。凡大型会议有报告材料的，向与会人员印发文稿，不再作会议报告，在学、议文稿的基础上，领导作总结性报告。会中一般不出简报。

七、大力裁减文件。县委、县政府发文件要由办公室严格把关。县委、县政府各办一种简报，各部、委、办不再另搞简报，下发文件也要尽量压缩。部、委、办召开会议，不发文字会议通知和编组名单、日程安排等。

各种会议，事先不印发典型发言材料，根据需要会后整理印发。

八、精练文件内容，提倡写短文。写有情况有分析的文章，改进文风，剔除空话、套话，克服文牍主义。琐碎小事不向下要文字材料，不滥发文件、表格。

九、要经常深入基层，面对面了解情况，传达意见。

十、加快文件批办速度。对乡、镇、局等基层单位的请示、报告，从收文之日起半月之内必须提出回复意见。对上级来文也要及时批阅、承办，一般要在文到之日起五天之内提出承办意见。

以上十条希望各单位监督执行。

××××年××月××日

**五、写作训练题**

试拟一份班费管理规定。有关内容可作合理补充。

# 第三节　制　度

## 一、阅读与析评

### 例文 4

**门卫管理制度**

一、门卫是本厂精神文明的窗口。门卫工作人员在值班时间务须衣饰整洁，对来访者以礼相待，态度和蔼。

二、门卫工作人员必须坚守工作岗位，做好安全保卫工作。

三、传达室是工作场所，外来人员不准在室内谈天闲坐。外来联系工作的人员必须出示介绍信，并进行来访登记，方可进厂。

四、上班时间谢绝会客。除急事外，私人电话一般不传呼。集体参观必须持上级主管部门介绍信，并事先与本厂有关部门联系，经同意后才能入厂。

五、本厂职工一律不准带小孩上班，不准带零食，不准穿拖鞋，进厂必须衣冠端正，佩戴厂徽（佩在胸左上方），未佩戴者需登记上报。外包工、临时工、外来学习培训人员进厂应出示凭证。

六、凡本厂职工迟到者必须登记。上班期间因公外出，应持出厂证。凡经批准的病假、事假、调休等人员出厂应持有准假证。所有持证人员必须在门卫登记后才能出厂。对无证出厂者，门卫有权登记并及时上报人保科。

七、凡厂内的原辅材料、生产设备、工具零件、成品、半成品等一切物资一律凭成品物资出厂单或实物现金发票出厂联出厂。凡拎包等物出厂要主动向门卫打招呼。对不符合手续出厂的物品，门卫有权询问、检查或滞留。

八、各种车辆按指定地点停放，未经批准不准入厂。

××市××化工

××××年1月3日

析评

这一份企业的《门卫管理制度》，是一种岗位性制度。内容以人为中心，涉及出入厂人员、物品和车辆管理。一方面，规范对外来人员（来联系工作的人员和集体参观人员）的管理；另一方面，规范对内部人员及物品、车辆的管理（上班期间进出厂的注意事项和有关考勤事宜）。条理清晰，规定明确，针对性强，便于执行。值得提出的是，文中个别词句还有待推敲，如“门卫是本厂精神文明的窗口”应略去。

## 二、必需知识

### （一）制度的含义和用途

制度是国家机关、团体、企事业单位为了加强对某项工作的管理而制定的要求有关人员共同遵守的管理操作规程和行为准则。

常见的制度有会议制度、公费医疗制度、保密制度、门卫制度等。

建立制度，是为了明确职责、规范行为、提高工作质量，达到优化管理的目的。

### （二）制度的特点

（1）规程具体性。即制度所体现的工作规范和工作程序，都是针对某项具体的工作或具体的岗位而制定的。规程具体，利于促使该项工作顺利展开，提高工作质量。

（2）准则性。制度对人们的制约比不上规定，制度主要是作为一种行为准则。

（3）发布形式多样性。制度除作为文件发布外，还可以张贴或悬挂在某一岗位和工作现场。

### （三）制度的主要类型

（1）岗位性制度。即对做好某一个岗位的工作而制定的管理操作规程和行为要求。如《××公司保安工作制度》、《××厂门卫制度》等。

（2）法规性制度。即根据有关政策法规而制定的某一项工作的工作程序和管理规范。如《××银行资金营运管理制度》、《××公司用电管理制度》等。

## 三、结构和写法

### （一）标题

标题有两种写法：一种由制发机关、制度内容和文种构成，如“××公司财产管理制度”；另一种由制度内容和文种构成，如“××岗位责任制度”、“行政事业单位定期审计制度”等。

### （二）正文

内容较多、涉及面较广的制度，正文的内容分总则、分则、附则三部分。总则说明制文的目的、根据和指导思想。附则说明执行要求及生效日期等事项。分则是除总则和附则之外的中间部分，是对某项工作的实质性规范。

内容较单一的基层单位的制度，其正文一般第一条写制定制度的目的、要求、适用范围等，中间各条写制度的各项具体规范，最后一条写施行制度的要求及生效日期。

也有的制度各条均写具体规范，略去制定制度的目的、适用范围和生效日期等。

### （三）签署

写在正文右下方，由制发机关名称、制发时间构成。如果标题已注明制发单位，则此处可省略。

**相关链接**

**制度的写作模板**

| 模 板 | 框 图 |
|---|---|
| ×××××制度（基层单位或岗位制度）<br>一、为了×××××，特制定本制度。（制定制度的目的、要求）<br>二、本制度适用于××××××××××××××××。（制度的适用范围）<br>三、×××××××××××××××××。（制度的具体规范）<br>四、×××××××××××××××××。（制度的具体规范）<br>…………<br>十五、本制度从××××年×月×日起生效。（施行制度的要求、生效日期）<br>××××××公司<br>××××年3月3日 | 目的、要求<br>↓<br>适用范围<br>↓<br>具体规范<br>↓<br>要求、生效日期 |

## 四、写作要求

（1）内容必须符合党和国家的方针、政策及法律。

（2）条文必须具体、实在，针对性强，具有可行性。

（3）语言准确、明晰、简练，不含糊笼统，以免产生歧义。

## 复习与训练

**一、名词解释**

制度

**二、填空题**

1. 制度具有________、________和________三个特点。

2. 制度的主要类型有________和________。

3. 建立制度，是为了明确职责、规范行为、提高工作质量，达到________的目的。

**三、判断题**

1. 制度的标题一般不写“关于”两字。（ ）

2. 总则、分则、附则三部分齐备的制度多是内容较多、涉及面较广的制度。（ ）

3. 制度可以各条均写具体规范，略去制定制度的目的、适用范围和生效日期。（ ）

**四、病例析改题**

请认真阅读下文，指出其存在的毛病，并写出修改稿。

### 用电管理制度
### （××厂××××年×月×日发布）

第一条 制定本制度，是为了合理利用国家电力资源，充分发挥用电设备潜力，达到安全、经济、合理、节约用电的目的。

第二条 加强用电管理、严格用电制度。实行内部经济合同制，每月根据生产、工作任务把用电指标下达到车间、部门，做到日清、旬结、月考核，实行节奖超罚，充分调动各用电部门的积极性。

第三条 所有用电部门应切实做到“五有”：

1. 用电有计划。

各用电部门不得随意更换生产设备、照明设备，以搞好计划用电；特殊情况需要更换时，需经动力科批准，否则动力科有权停止供电。

2. 消耗有定额。

工艺科根据产品数量、加工性质、工艺流程，制定当日用电定额，下达到车间和所有用电部门，同时交能源办公室一份备考。

3. 考核有计量。

所有用电部门的电度表不许任意更动，以免损坏，影响考核；不属于同一电度表的线路不准自行接线使用，违者罚款 10～15 元。

4. 使用有制度。

各用电部门要认真执行动力部门许可的用电时间，否则动力部门有权停止供电。如劝阻不改者，每千瓦用电罚款 8 元。

5. 节约有措施。

所有用电部门的生产、照明设备均应有专人负责，做到人走灯灭、机床停。

第四条　变电所（室）人员要严格按规定做好用电记录，发现问题立即报管电人员，并按规定时间将用电记录呈报有关部门，登记考核。

第五条　所有办公室、集体宿舍、家属点的照明设施不得超过 60W（有特殊需要者经厂长批准），违者罚款 10 元。如不经批准擅自接线使用电熨斗、电炉者，根据不同情节，处以 20～100 元罚款。由此造成损失者，要负经济责任。

第六条　对常年坚持节约用电有贡献的集体或个人，根据贡献大小，分别在不同范围内予以表扬，或作为评先条件之一；对提出用电合理化建议和双革措施，并且有节电经济效果的集体或个人，要给予物质奖励。

第七条　各部门要经常开展用电安全和合理节约用电教育，普及用电常识，使有限的电力资源在我厂发挥应有的作用。

# 第十章 经济契约文书

## 第一节 合　同

### 一、阅读与析评

**例文 1**

航空运输合同

托运人（姓名）________与中国民用航空________航空公司（以下简称承运人）协商空运________（货物名称）到________（到达地点），特签订本合同，并共同遵守下列条款：

第一条　托运人于________月________日起需用________型飞机________架次运送________（货物名称），其航程如下：

________月________日自________至________，停留________日；

________月________日自________至________，停留________日。

运输费用总计人民币________元。

第二条　根据飞机航程及经停站的条件，可供托运人使用的载量为________千克（内含客座）。如因天气或其他特殊原因需增加空勤人员或燃油时，载量照减。

第三条　飞机吨位如托运人未充分利用，民航可以利用空隙吨位。

第四条　承运人除因气象、政府禁令等原因外，应依期飞行。

第五条　托运人签订本合同后要求取消飞机班次，应交付退机费用。如托运人退机前承运人为执行本合同已产生调机费用，应由托运人负责交付此项费用。

第六条　托运人负责所运货物的包装。运输中如因包装不善造成货物损毁，由托运人自行负责。

第七条　运输货物的保险费由承运人负担。货物因承运方问题所造成的损失，由承运人赔偿。

第八条　在执行合同的飞行途中，托运人如要求停留，应按规定收取留机费。

第九条　本合同如有其他未尽事宜，应由双方共同协商解决。凡涉及航空运输规则规定的问题，按运输规则办理。

托运人：________　　承运人：________

开户银行：________　　开户银行：________

银行账号：________　　银行账号：________

________年__月__日

**析 评**

这是一份分条列项式经济合同，内容精短，语言简洁，格式规范。首部写当事人姓名和事由。第一至九条写标的、数量和质量、价款和酬金、履行期限、地点和方式这些主要的条款。不足之处是漏写了违约责任和合同份数、保存方式。

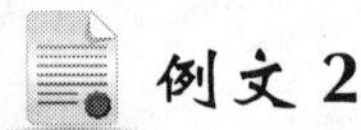

## 例文 2

### 经营租赁合同

出租单位：××五金公司（简称甲方）

承租人：×××（简称乙方）

一、甲方同意乙方的要求，将原有“××路五金零部件门市部”租赁给乙方经营使用，经双方协商签订本合同，共同遵守。

二、原“××路五金零部件门市部”共有固定资产 2.3 万元，其中房屋建筑面积 100 平方米，经营面积 65 平方米，货架 11 个，柜台 20 节，保险柜 1 个，办公用具若干。乙方每月按固定资产总额 4%的比例向甲方缴纳固定资产占用费。乙方每月向甲方缴纳占用国家流动资金使用费 160 元。

三、原“××路五金零部件门市部”属微利企业，近 5 年来平均月赢利额上千元，经乙方充分考虑，同意每月向甲方上缴实现利润的 10%作为统筹基金，每月一般不低于 120 元。

四、本租赁合同有效期为两年，自××××年 6 月 1 日起至××××年 6 月 1 日止。

五、合同履行期间，甲方对乙方的经营方向进行监督，负责对乙方的业务指导，组织乙方参加各种政治活动，保障乙方在不违反国家政策和规定的前提下自主经营，赢利除足数缴纳租金外自主使用。乙方要及时向甲方汇报业务经营情况，未能按月缴纳时，按应缴金额每日罚 3%的滞纳金。

六、乙方在租赁经营期间，各种政治待遇不变，拥有自主经营的权利。

七、乙方向甲方缴纳的租金总额为1 200元，每月月初前5天内向公司财务科缴纳，一般缴纳转账支票，如没有在银行另立账户，也可以缴纳现金。

八、本合同正本3份，甲、乙及监证机关各1份；副本5份，甲方3份，乙方2份，分别交有关部门备查。

九、其他未尽事宜，由甲、乙双方协商解决。

甲方：××路五金公司（签章）

负责人：（签章） 乙方：×××（签章）

监证机关：（签章） 负责人：（签章）

××市工商行政管理局监制合字第10号

××××年5月28日

析 评

这是一则条文式租赁合同。

标题标出合同的性质。立合同双方分别写明出租单位（甲方）和承租人（乙方），然后分条列款分别标出合同内容，最后为签订合同负责人的签章，同时，注明监证机关及编号和日期。

## 二、必需知识

### （一）合同的含义、作用和特点

1. 合同的含义

《中华人民共和国合同法》（以下简称《合同法》）规定：合同是平等主体的自然人、法人、其他组织之间设立、变更、终止民事权利义务关系的协议。本书只介绍合同的书面形式即合同书的写作知识。

合同的当事人，可以是公民（自然人），也可以是法人或者其他组织。

2. 合同的作用

签订合同是一种法律行为，其主要作用是：有利于维护合同当事人的合法权益和明确当事人的权利、义务。随着《合同法》的实施及合同的普遍采用，合同必将在发展社会主义市场经济中发挥重大的作用。

3. 合同的特点

合同主要有以下四个特点：

（1）合法性。合同的撰写要严格遵守《合同法》的规定。

（2）平等互利性。签订合同的双方或多方的法律地位是平等的，合同是协商协作的产物。合同条款中权利义务也是相互的、对等的，不能将其建立在损害对方或他方的利益之上。合同内容也应是等价有偿的。

（3）协商一致性。合同的签订是一个协商一致的过程。合同的内容只有表达当事人彼此一致的意愿，才能成立。只有当事人经过充分的协商，将承担的义务和应享有的权利充分表达出来并形成文字，合同关系才算真正建立。因此，没有充分表达意愿、草率成文的合同，是难以保证实施而最终实现经济目的的。同时，在履行合同过程中，如需要变更合同条款，也要重新协商补签，任何不经双方或多方协商一致而改变合同者，要承担违约责任。

（4）规范性。规范性具有两层含义：一是依法成立的合同对当事人具有法律约束力；二是合同的写法和格式需要规范。

### （二）合同的种类

合同可以按不同标准分为不同的种类。按时间分，有长期、中期、短期合同；按形式分，有书面合同和非书面合同；按写法分，有条款式合同、固定式合同和条款表格结合式合同；按内容分，《合同法》列有 15 大类：买卖合同，建设工程合同，承揽合同，运输合同，供用电、水、气热力合同，融资合同，仓储合同，保管合同，租赁合同，借款合同，行纪合同，居间合同，技术合同，赠与合同，委托合同。

## 三、结构和写法

尽管合同的种类各异，但一般均包括首部、主部、尾部三部分。

### （一）首部

首部主要包括以下各项：

（1）标题。标题写在合同首页上方正中位置，要明确写出合同的性质，如“买卖合同”、“技术合同”。有的合同还在标题下方书写合同的编号。

（2）合同当事人名称或者姓名。合同当事人是指签订合同的双方或多方的名称或者姓名，要准确写出签约单位或个人的全称、全名，并在其后注明双方约定的固定指代，如一般写“甲方”、“乙方”。如有第三方，可将其称为“丙方”。在对外贸易合同中，有时可指代为“卖方”、“买方”。不论在什么情况下，合同中都不能用不定指代“你方”、“我方”来指当事人。

（3）引言。引言就是合同的开头部分，主要写签订合同的目的或依据。常用的表达句式为：“为了……”或“根据……”。

若选用表格式合同，则应依据国家工商总局和有关部门制定的合同的规范文本要求，填写有关内容。

### （二）主部

主部是合同的主要部分，一般多采用条文法。按双方当事人的约定，详细写明主要条款和其他条款的内容。

#### 1. 主要条款

合同的内容由当事人约定。合同一般应具备以下条款：

（1）标的。标的是合同当事人权利义务所共同指向的对象，是合同的基本条款。没有标的的合同是无效合同。标的可以是物、货币、劳务、智力成果等。签订合同的双方对标的要协商一致，写得具体、明确。

（2）数量和质量要求。数量和质量要求是指从数量和质量的角度对标的进行精确度量，它决定双方当事人承担的权利义务的大小、范围。数量是标的具体的计量，如借款金额，建设工程项目、工作量等。要明确标的的计量单位，如吨、米、件等。质量要求是对标的质的要求，如产品、商品、工程的优劣程度。应明确标的质量的技术标准（如国家标准、行业标准）、等级、检测依据等。

（3）价款或报酬。这是指合同标的的价格，是合同双方当事人根据国家法律、法规、政策和有关规定，对标的议定的价格；是合同一方以货币形式取得对方商品或接受对方劳务所应支付的货币数量。要明确标的的总价、单价、货币计算标准，付款方法、程序，结算方式；若与外方合作，要写明支付币种。

（4）合同履行的期限、地点和方式。履约期限就是合同的有效期限，是合同法律效力的时限和责任界限，过时则属违约。日期用公元纪年，年、月、日书写齐全。地点是指当事人履行合同义务、完成标的任务的地点。履行方式是当事人履约的具体办法，如借贷合同的出资方要以提供一定的货币来履约；劳务合同的某一方要提供某种具体的劳动服务，如照看小孩、打扫卫生等。

（5）违约责任。违约责任是指合同的当事人不能履约或不能完全履约时，所要承担的经济责任和法律后果。具体包括违约金、赔偿金和其他承担责任的法律形式等。

“违约责任”是履行合同的重要保证，也是出现矛盾分歧时解决合同纠纷的可靠依据。

2. 其他条款

其他条款是指除上述必备条款外，经双方当事人协商确定的其他条款。它包括：

（1）不可抗力条款。这项条款的作用是，如果发生了当事人不能预见的或人力不可抗拒的事故（如洪水、地震、台风等），导致履行合同困难时，当事人可根据这一条款，依据《合同法》的规定，部分或全部免予承担责任。

此条款的内容应包括不可抗力事故的范围、后果等。

（2）解决争议的方法。此条款要约定在履行合同发生争议时解决问题的方式和程序，要明确注明是通过仲裁解决、协商解决还是诉讼解决。

### （三）尾部

尾部是指合同的结尾和落款部分。主要包括：

（1）合同的有效期限和文本保存。有效期限是指合同执行生效、终止的时间，是合同当事人要求必须具备的条款。文本保存是指注明合同文本的保管方式，即合同一式几份及当事人保管的份数。

（2）落款。这部分是合同特定的内容和格式，即在合同的有效期限和保管条款下方，依次写出当事人的名称、签章、法定通信地址、法人代表、银行账号、签约日期和地点等。

有些合同有特殊要求或有附件，也要在尾部注出。通常是在合同正文“其他条款”之后注明："合同附件、附表均为本合同的组成部分，且有同等的法律效力"。如工程承包合同要在"附件"中列出工程项目表、工程进度表、工程图纸等。这些附件、附表均标写在合同落款的最下方，即"年、月、日"以后的部位。由于社会活动多种多样，合同也就有各自的特点和侧重点，拟写一份合同，在遵守国家法律、法规的前提下，其格式还要视实际情况而定。

**相关链接**

合同的写作模板

**模板**

××××××合同

××××××（以下简称甲方）与××××××（以下简称乙方）根据××××××××××，经商协一致，特签订本合同。（目的、根据、背景）

第一条　×××××× ××××××××××××××××××××××××××××。

第二条　×××××××××××××××××××××××××××××××××××××。

…………

第×条　×××××××××××××××××××××××××××××××××××××。（各方承担的法律责任、享有的权利。包括：标的、数量、质量要求、价款或报酬）

第×条　×××××××××××××××××××××××××××××××××××××。（合同履行期限、地点和方式）

第×条　×××××××××××××××××××××××××××××××××××××。（违约责任）

第×条　×××××××××××××××××××××××××××××××××××××。（解决争议、未尽事宜方法）

第×条　×××××××××××××××××××××××××××××××××××××。（合同份数、保管及有效期；附件）

甲方：（盖章）　　　　乙方：（盖章）
甲方代表：（签名）　　乙方代表：（签名）
通联地址：　　　　　　通联地址：

年　　月　　日

**框图**

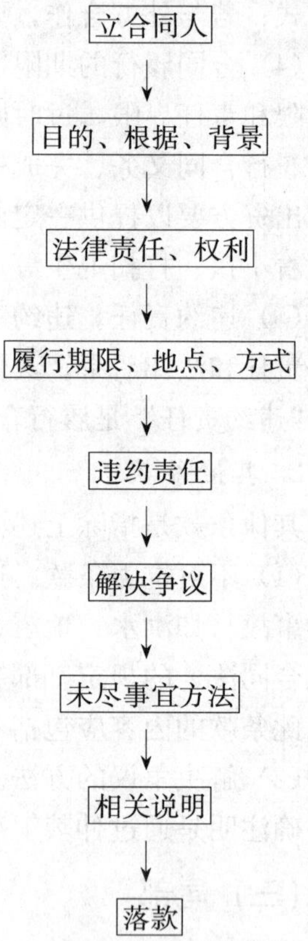

立合同人
↓
目的、根据、背景
↓
法律责任、权利
↓
履行期限、地点、方式
↓
违约责任
↓
解决争议
↓
未尽事宜方法
↓
相关说明
↓
落款

## 四、写作要求

### （一）合法

订立合同，必须依法办事。当前存在的突出问题是：有的合同内容违反国家的法律和政策，这类合同不仅不受法律保护，还可能被依法追究法律责任。

### （二）合理

合同必须贯彻平等互利、协商一致、等价有偿的原则，任何一方都不得把自己的意愿强加给对方。

### （三）合格

合格即合乎合同的一般写作格式和必备的主要条款。

### （四）完善、明确

不仅格式和主要条款要完善，每一条款的内容也要尽量周密严谨，避免产生漏洞。如标的物不仅要写明数量和质量，而且要写明计量单位、质量的技术要求和标准等。有的合同就是因为质量标准和检验手段不明确而发生纠纷。如供货方负责维修商品，其人员的旅费、工资等由谁负责等，都要明确、具体地加以规定。

### （五）做好调查研究

一份合同能否成立、有效，能否全面履行，必须满足基本的有效条件。这些条件包括：当事人要有合法资格，订立合同必须遵守国家法律，贯彻平等互利、协商一致、等价有偿的原则，履行法定的手段。而要做到这些，必须在写作前做好调查研究。首先要调查对方属于何种身份。其次要调查对方履行合同的能力。可以通过检阅证件文件、当事洽谈、现场考察、从旁调查等多种途径了解，避免不法分子利用合同买空卖空，或由于客观条件、设备等原因无法履行合同而造成损失。再次要调查本单位履约的能力。签订合同还必须从己方实际出发，才能保证全面履行合同，否则就会招致违约而负违约责任。最后要对社会、市场进行调查，多掌握一些情况，尽可能使合同订得切合实际，以确保质量。

## 复习与训练

**一、名词解释**

合同

**二、填空题**

1. 合同的主要特点是________、________、________和________。
2. 合同按写法分，可分为________、________和________ 。
3. 合同一般包括________、________和________三部分。

**三、简答题**

1. 合同主部的主要条款有哪些？
2. 合同主部的其他条款包括哪些内容？
3. 合同的写作要求有哪些？
4. 试述《合同法》所列 15 大类合同的名称。

**四、写作训练题**

根据下述内容，写一份买卖合同。

大丰果品商店的代表张××，于××××年×月×日与光明园艺场的代表叶××签订了一份合同。双方在协商中提到：大丰果品商店购买光明园艺场出产的水蜜桃4 000千克、鸭梨5 000千克和香蕉苹果7 500千克。要求每种水果在八成熟采摘后，一星期内分三批交货，由光明园艺场负责以柳筐包装并及时运到大丰果品商店；其包装费和运输费均由大丰果品商店负担。各类水果的价格视质量好坏，按国家规定当地收购牌价折算，货款在每批水果交货当日通过银行托付。如因突然的自然灾害不能如数交货，光明园艺场应及时通知大丰果品商店，并互相协商修订合同。在正常情况下，如果大丰果品商店拒绝收购，应处以拒收部分价款20%的违约金；光明园艺场交货量不足，应处以不足部分价款30%的违约金。这份合同一式四份，双方各执一份，各自送上级单位备案一份。

**提示：**

（1）购买各类水果，可列表表示这一条款（见附表）。

（2）本合同各条款项目顺序为：一、产品名称、品种规格、数量；二、交货日期；三、质量要求；四、验收办法；五、交货方法、包装运输方式和费用负担；六、结算方式和期限；七、违约规定；八、其他约定事项。

**附表**

| 产品名称 | 品种规格 | 计量单位 | 数量 | 单价 | 总额 | 备注 |
|---|---|---|---|---|---|---|
| | | | | | | |
| | | | | | | |
| | | | | | | |
| | | | | | | |
| 合计人民币金额（大写）： | | | | | | |

# 第二节　意向书

## 一、阅读与析评

### 例文 3

**横向经济联营意向书**

××市化工厂（以下简称甲方）和××县××乡经济合作社（以下简称乙方）于××××年×月×日在××地就发展横向经济联合的问题进行了初步协商。根据双方需要，为更合理利用双方各自优势，提高经济效益和社会效益，双方一致同意在平等互利的基础上达成以下联营意向：

1. 按照互惠互利的原则，双方共同创办国营与集体联营的综合服务公司。该公司在创建之初的生产经营项目主要有两个：一是利用甲方一车间环氧乙烷生产装置在生产过程中生产的废渣石灰脚生产煤渣砖；二是代客户运输。

2. 甲方提供运输工具计 2.5 吨载重车数辆给联营企业，按月收取适当的租用费。乙方提供综合服务公司所需的生产人员。

3. 此联营项目投资总额初步估计为 15 万元（包括基建、厂房、设备及流动资金）。甲方投资比例约为 90%，乙方投资比例约为 10%，实现的利润按投资比例分成。

4. 综合服务公司具有法人地位，向工商行政管理部门申请注册登记，实行独立核算，自负盈亏。

5. 双方各派代表×人组成筹建小组，具体负责筹建工作。筹建工作组应于××××年×月底完成可行性研究并提交工作方案。

6. 有关具体问题双方在进行可行性研究后作进一步协商。

7. 本意向书一式四份，双方各执两份。

| | |
|---|---|
| 甲方：（盖章） | 乙方：（盖章） |
| 甲方代表：×××（签字） | 乙方代表：×××（签字） |
| ××××年××月××日 | ××××年××月××日 |

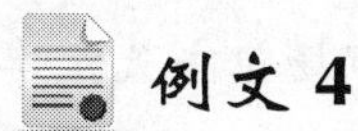

析 评

这是一则写得较好的经济联营意向书。标题由事由和文种构成，导言写明签订意向书的单位，并用承上启下惯用语导出横向经济联营的各项意向，分项排列。落款部分由双方当事人署单位名称、代表人名称、日期等。本例文结构合理、清晰，层次段落也比较清楚，文字表达上注意了简练，有关关键性的地方措辞注意留有余地，这种写法是可取的。

## 例文 4

### 意向书

甲方：中国石化总公司××石化总厂

乙方：香港××国际有限公司

日期：××××年×月×日

地点：××石化总厂宾馆北楼

双方为合资兴建建筑陶瓷产品事宜，签订本意向书。

#### 第一章 基本构想

1. 适用法律及合资原则

双方按照《中华人民共和国中外合资经营企业法》及中国政府的有关规定，在平等互利、友好协商的原则指导下，进行合资经营活动。

2. 合资形式及项目名称

双方合资组建有限责任公司，公司名称为《×××陶瓷有限公司》（以下简称“公司”）。

3. 经营范围和生产规模

建筑陶瓷的生产和经营，规模为墙地砖（品种待双方再定）200×104 平方米/年。

4. 合资公司地址

中国××省××市××区。

5. 合资期限

从领取营业执照之日起计 15 年。

6. 资金及筹措

投资总额约 1 250 万美元。

注册资本按《国家工商行政管理总局关于中外合资经营企业注册资本与投资比例暂行规定》，初定为 600 万美元。

注册资本甲方投入约 60%，乙方投入约 40%，双方皆以现汇或现金投入，以美元计算。(甲方固定资产投入或租赁，双方再定)

注册资本之外的资金，公司向中国境内外贷款解决，双方各以投资比例承担债务。

7. 设备来源及资产

保证质量、降低消耗、安全和长周期生产的必需设备由中国境外引进，配套及国内可满足要求的设备由国内供应。

公司界区所有的设备、设施、建筑及界区外的排洪设施为公司所有；界区之外与之配套的工程和设施，包括职工生活服务由甲方提供有偿服务。

8. 技术

生产设备采用国际上已工业化的先进技术。产品按 CEN 标准生产。

9. 生产用原材料供应

中国国内能满足技术要求的原材料及辅料在国内采购；国内无法保证的材料向国外购买。

公司生产所需的水、电由甲方按甲方平均价供应，燃料由甲方按国际市场价当天汇率提供。

10. 产品销售方针

公司产品一级品 70%以上外销。

11. 优惠待遇

公司享有国家法律规定之中外合资的优惠待遇，甲方为之承担办理的责任，费用由合资公司支付。

## 第二章　合资工作实施

该意向书签字生效后，双方即开始下列实质性工作：

1. 环境影响报告、可行性研究报告

环境影响报告甲方已经完成评估，乙方认可。可行性研究报告甲方已委托××建筑设计院完成草拟工作，双方进一步协商后，作为正式报告出版并组织评估。

如项目可行，以上工作的费用，由合资企业支付。

2. 筹建工作

待可行性研究报告评估之后，若双方同意合资，即签订合资协议，协商成立董事会，具体安排合资公司的筹建工作。

第三章　其　他

1. 有效期

从签字生效起两年内有效。

2. 终止本意向书的条件

须符合以下条件之一：

(1) 双方缔结了进一步的条约。

(2) 超过有效期。

(3) 双方表示不再探讨合资办厂。

3. 份数

中文文本4份，双方各执2份。

| 甲方： | 乙方： |
|---|---|
| 中国石化总公司××石化总厂 | 香港××国际有限公司 |
| 代表：××× | 代表：××× |
| ××××年××月××日 | ××××年××月××日 |

析评

这是一份意向书。本文采用文种式标题，导语部分标明了签订意向书的单位全称、日期、地点。正文部分分为基本构想、合资工作实施和其他三大项，尾部包含在“其他”项中，为各方谈判代表签字、签订时间和抄印份数。本例文条理清楚，结构严谨，文字表述简洁明了，条款中对具体问题不涉及具体细节，即只做到条款的原则性，使其中的关键问题能够留有余地。

## 二、必需知识

### (一) 意向书的含义、作用和特点

1. 意向书的含义

意向书，是双方或多方就某一项目进入实质性谈判之前，根据初步接触所形成的带有原则性、意愿性和趋向性意见的文书。

2. 意向书的作用

在对对方的资信能力、技术、经营作风未充分了解前，对合作项目先签订一个意向书是较为合适的。意向书和合同相似，都是用以表达双方通过谈判而获得共同意向或共同决定的一种形式。

3. 意向书的特点

意向书一般具有如下三个特点：

（1）目标的导向性。意向书是双方为了表示某项合作意愿而签订的文书，可为下一步磋商奠定良好的基础。因此，它只是一种导向性文书，合作目标只求总体轮廓清楚，不求描述具体；合作意向只求大体方向一致，不求进程具体和步骤明确。

（2）条款的原则性。意向书的各项条款必须是就一些重大问题作出原则性的确定，不求对一些具体问题分项列款表述，更不涉及具体细则。这样才可能求同存异，取得较为满意的结果，为进一步研讨留有余地。

（3）行文的灵活性。意向书的行文措辞一般比较灵活、讲原则，以便在条款文字中既洋溢着一种友好的气氛，又不至于太拘泥死板。

### （二）意向书的种类

意向书的具体种类较多，但就合作各方所享有的权益和承担的义务来看，可分为两大类：一是具有“双方契约”和“有偿合同”性质的意向书，这种意向书使签约双方或各方既享有一定的权益，也承担一定的义务。二是具有“单方契约”和“无偿合同”性质的意向书，这种意向书的签约双方中只有一方单独承担某种义务。

## 三、格式和写法

意向书的写作格式一般分为标题、导语、正文和尾部四个部分。

### （一）标题

常用标题有三种形式：一是文种性标题，即写明“意向书”三字，这种写法较少；二是简明性标题，由事由和文种两项组成，如“关于合作办学的意向书”；三是完全性标题，一般由合作双方名称、合作项目和文种三项组成，如“××××和×××合作经营××度假村意向书”。

### （二）导语

导语通常要求说明以下几层意思：一是签订意向书的单位；二是明确该意向书的指导思想和政策依据；三是规定本意向书需要实现的总体目标。最好用承上启下的惯用语结束引言，导出正文。

### （三）正文

正文是意向书所要实现的总体目标的具体化，一般都以分项排列条款的形式来表述，各项条款之间的界限要清楚，内容要相对完整，既不要交叉重叠，也不要过于琐碎，更不能有所疏漏。

正文后部一般以“未尽事宜，在正式签订合同或协议书时予以补充”作结语，以便留有余地。

### （四）尾部

尾部为各方谈判代表签字、签订时间、执存份数、报送单位等。

## 相关链接

### 意向书的写作模板

**模 板**

××××× 意向书

××××××（以下简称甲方）与××××××（以下简称乙方）于××××年×月×日在×地就×××××××××××进行了初步协商，就有关事宜，达成如下合作意向。（目的、根据、背景）

一、××××××××××××××××××××××××××××××××。

二、××××××××××××××××××××××××××××××××。

…………

×、×××××××××××××××××××××××××××××××。（双方意图、倾向认识、较认同的事项）

×、未尽事宜，在签订正式合同时予以补充、确立。

×、本意向书一式×份，双方各执×份。

甲方：（盖章） 乙方：（盖章）

甲方代表：（签字） 乙方代表：（签字）

甲方通联地址： 乙方通联地址：

××××年×月×日

**框 图**

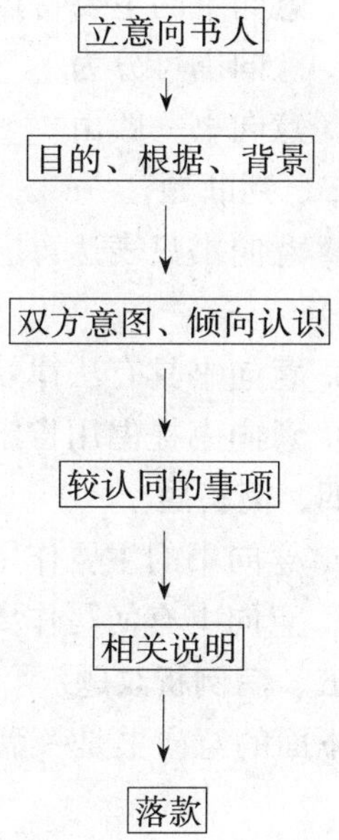

立意向书人
↓
目的、根据、背景
↓
双方意图、倾向认识
↓
较认同的事项
↓
相关说明
↓
落款

## 四、写作要求

（1）不要表现出我方对关键问题的要求。如前所述，意向书仅仅是表明双方对某个项目的意愿和趋向，而不是对该项目的完全确认，在编写项目意向书时，我方对项目中的关键问题的要求，不宜写入，以便在下一步洽谈时，能进退自如，取得主动。

（2）凡我方要上级或其他部门才能解决的问题，不能写入意向书。兴办一个项目，必然涉及很多有关部门，绝不是项目承办单位能单独解决的，因此，在拟定项目意向书时必须谨慎从事，不可把不适当的诺言写入意向书。

（3）不要写入超越我方工作范围的意向条款，也不要写入与我国现行政策和法规相抵触的内容。

（4）思考要周密，用词要准确，不要随便使用肯定性的词句，尤其是在关系到双方权益的问题上，以便留有余地。

## 复习与训练

**一、名词解释**

意向书

**二、填空题**

1. 意向书的主要特点是________、________和________。

2. 意向书可分为 ________和________两大类。

3. 意向书一般由________、________、________和________四部分组成。

**三、判断题**

1. 意向书只表达意愿和初步意见，对某些重大问题不必表态，同时不提具体要求。( )

2. 意向书具有法律效力。( )

3. 意向书提倡用肯定性语句。( )

**四、简答题**

1. 意向书的主要作用是什么？与合同的作用有何异同？

2. 意向书有何写作要求？

**五、病例析改题**

下面的意向书是一篇病文，试指出其毛病，并改正。

### 共建合资企业意向书

一、甲、乙两方愿以合资或合作的形式建立合资企业，定名称为××有限公司，地址在中国××省××市××街××号。建设期为××年，即从××××年至××××年全部建成。双方签订意向书后，即向各有关上级申请批准，批准的时限为×个月，即××××年×月至××××年××月完成。然后办理合资企业开业申请。

二、合资公司经营范围：合资公司从事××产品的生产、研究和开发。新产品在中国国内外市场销售，并进行销售后的技术服务。

合资公司的生产规模：生产初期年产×××吨；正常生产期年产×××吨。

三、合资公司为有限责任公司。合资各方按其在注册资本中的出资额比例分配利润、分担亏损和承担风险。

总投资为××万元，其中注册资本为××××万元，贷款为××万元。××部分投资××万元；××部分投资××万元。

甲方投资××万元（以工厂现有厂房、水电设施现有设备等折款投入），占注册资本的百分之××。乙方投资××（以折美元投入，购买设备），占注册资本的百分之××。

四、合资公司所需要的机械设备、原材料等物资，应首先在中国购买，如果中国国内不能满足供应的，可以在中国国外购买。

五、合资企业自营出口或委托有关进出口公司代理出口，价格由合资企业定。

六、合资年限为×年，即××××年×月至××××年×月。

七、合资企业其他事宜按《中外合资经营企业法》有关规定执行。

八、双方在各方上级批准后，再具体协商有关合资事宜。

九、本意向书生效后，甲、乙双方应认真遵守本意向书的规定。任何一方因不执行本意向书规定的义务，对方有向违约一方索取赔偿经济损失的权利。

十、本意向书用中文和××文写成，两种文本具有同等法律效力。

××厂（甲方）　　　　××××公司（乙方）

代表：　　　　　　　　代表：

××××年××月××日

# 第三节　招标书

## 一、阅读与析评

### 例文 5

**京九铁路×××编组站通信工程招标书**

为了快、好、省地建成京九铁路×××编组站，经铁道部批准，××铁路建设指挥部对京九铁路×××编组站通信工程进行招标。

一、招标工程的准备条件

京九铁路×××编组站通信工程的以下招标条件已经具备：

1. 本工程已列入京九铁路建设计划；

2. 已有经国家批准的设计单位出的设计图和概算；

3. 资金、材料、设备分配计划和协作配套条件均已分别落实；

4. 本工程的标底已报建设主管部门和建设银行复核。

二、工程内容

1. 站场通信工程；

2. 通信站工程；

3. 无线列调工程。

三、工程范围及主要工程数量

1. 工程范围：×××编组站全部通信工程。

2. 主要工程数量：（略）

四、承包方式

1. 中标单位以包工期、包质量、包造价、包材料的原则承包本工程。

2. 中标单位承包的项目及费用：（略）

五、承包工程的工期（略）

六、工程质量技术安全要求、工程监理、工程验收标准（略）

七、物资供应（略）

八、工程价款的支付和结算

详见本工程临时施工合同条款。

九、投标注意事项

1. 投标文件的编制。（略）

2. 投标文件的递交。

标书要加盖企业及其法人代表的印章，密封后，在××××年××月××日下午××时前派专人送到××铁路建设指挥部（××市××路×号）。逾期交送标书作废标论。

3. 开标、评标时间及方式。

(1) 开标时间：×××× 年××月××日。

(2) 评标结束时间：×××× 年××月××日。

(3) 开标、评标方式：建设单位邀请建设主管部门、建设银行和公证处及投标方参加公开开标、审查证书，采取集体评议方式进行评标、定标。

(4) 中标依据及通知：（略）

十、其他要求（略）

××铁路建设指挥部（章）

地址：×××××

电话：×××××××××

传真：×××××××××

邮政编码：××××××

联系人：×××

××××年××月××日

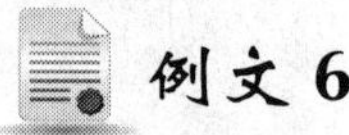


这份招标书格式规范。标题直奔中心；正文分为两大部分，即引言和主体。引言直述招标的依据、目的和标的；主体部分先说招标已具备的条件，再说招标工程的内容、范围、数量、承包方式、工期以及开标、评标等内容。全文采用分条列项方式写作，思路清晰，内容表达分明。

## 例文 6

### ×××大学修建教学楼招标通告

经上级主管部门同意，我校将修建一栋教学大楼。由××市城市建设委员会批准，本工程实行公开招标，择优选定承包单位，现将有关招标事项通告如下：

一、工程名称：×××大学教学楼。

二、施工地点：××市××路×号。

三、建筑面积：××××平方米。

四、设计及要求：见附件（略）。

五、承包方式：实行全部包工包料。

凡有投标意向的国内有法人资格且具有一、二级施工执照的企业，只要有其主管部门和开户银行的认可，均可投标。

投标人请于××××年6月5日之前来人或来函索取招标文书，收取成本费30元，逾期不予办理。

投标人请将投标文书及上级主管部门的有关签证等，密封投寄或派员直送我校基建处。收件至××××年7月5日截止。

开标日期定于××××年××月××日，地点为我校行政办公楼第×会议室。在××市公证处公证下启封开标。

招标单位地址：××市××路×号

传真：××××××××

电话：××××××××

联系人：×××

××大学招标办公室

××××年5月5日

**析 评**

例文标题由单位名称、招标项目名称和文种三部分组成。正文将建设单位名称、工程项目、施工地点、建筑面积、设计和质量要求等事项及要求逐条列出，简明扼要，符合一般工程项目招标书的要求。

## 二、必需知识

### （一）招标书的含义

招标书又称招标说明书，是招标人为了征召承包者或合作者而对招标的有关事项和要求作出解释和说明，利用投标者之间的竞争而达到优选投标人的一种告知性文书。

### （二）招标书的种类

招标书有各种不同的分类方法：按时间分，有长期招标书和短期招标书；按范围分，有面向企业内部、系统内部的招标书和面向全社会的公开招标书，或本地区招标书和外地区招标书、非竞争性招标书和排他性招标书等；按计价方式分，有固定总价项目招标书、单价不变项目招标书和成本加酬金项目招标书等；按性质和内容分，有工程建设招标书、商品交易招标书、选聘企业经营者招标书、企业承包招标书、企业租赁招标书、劳务招标书、科研项目招标书、技术引进或转让招标书等。

## 三、结构和写法

写作招标书的目的是邀请投标人参加投标。招标书不必把招标条件写得很详尽，具体要求另用招标文件说明，发送或出售给投标人。招标书的内容主要包括：招标单位和招标项目名称，招标项目的具体要求，投标资格与方法，技术、质量、时间等要求，投标开标的日期、地点和应缴费用等。

招标书一般由标题、正文与结尾三部分组成。

### （一）标题

标题通常由招标单位名称、招标项目名称和文种三部分构成。如“××大学修建图书馆楼的招标通告”。也有的省略招标项目或只写文种。

### （二）正文

正文一般用条文式，有的也可用表格式。对于招标的条件和要求、投标开标的日期等投标人应知事项，应简要概括，分条列出。商品交易招标书要求标明商品的名称、数量规格、价格等。科研项目招标书则要求写清招标原则、项目名称、任务由来、研究开发目标、研究开发内容、经济技术指标、研究开发的进度要求、成果要求、经费要求、承包单位的条件及要求等。

### （三）结尾

结尾要写清招标单位名称、法人代表并加盖印章，以及签署日期、联系人姓名、招标单位的地址、邮政编码、电话号码、传真等，必要时还可写上开户银行及账号。

**相关链接**

招标书的写作模板

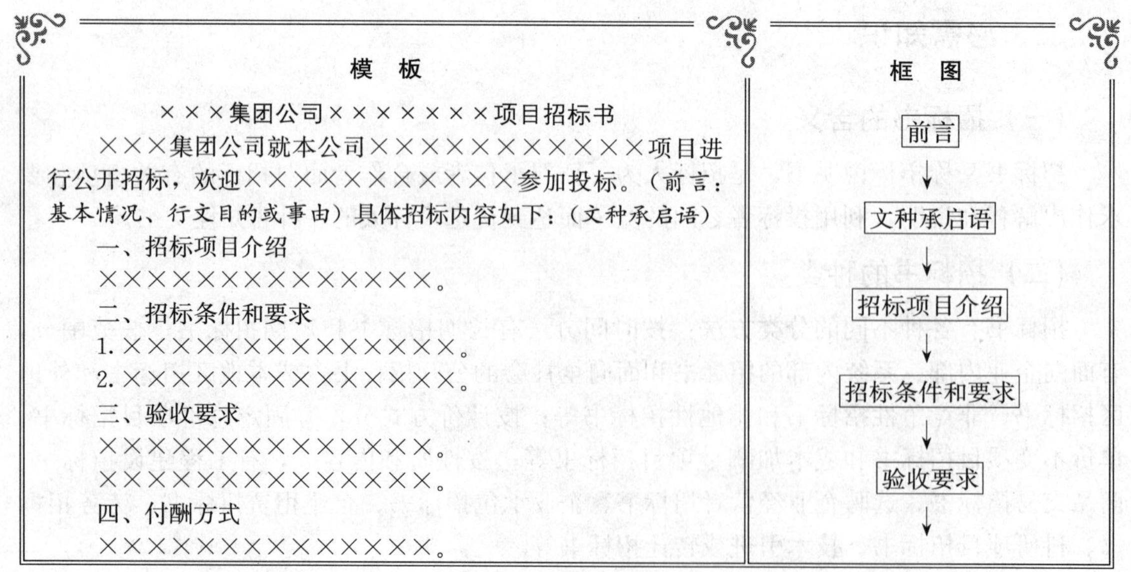

模　板

×××集团公司×××××××项目招标书

×××集团公司就本公司×××××××××××项目进行公开招标，欢迎×××××××××××参加投标。（前言：基本情况、行文目的或事由）具体招标内容如下：（文种承启语）

一、招标项目介绍

×××××××××××××××。

二、招标条件和要求

1.×××××××××××××××。

2.×××××××××××××××。

三、验收要求

×××××××××××××××。

×××××××××××××××。

四、付酬方式

×××××××××××××××。

框　图

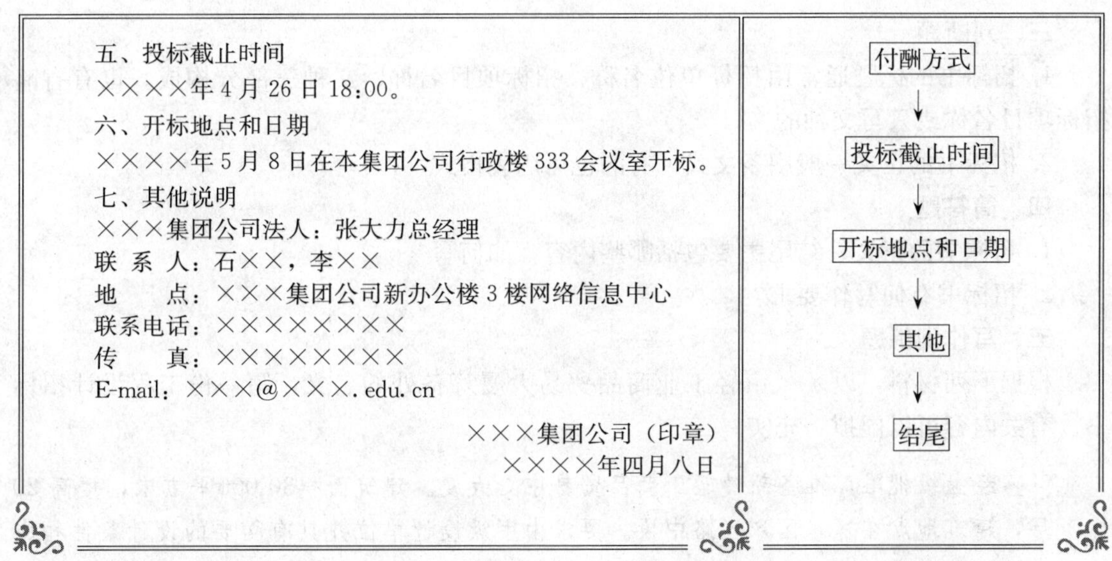

五、投标截止时间

××××年4月26日18:00。

六、开标地点和日期

××××年5月8日在本集团公司行政楼333会议室开标。

七、其他说明

×××集团公司法人：张大力总经理

联 系 人：石××，李××

地　　点：×××集团公司新办公楼3楼网络信息中心

联系电话：×××××××××

传　　真：×××××××××

E-mail：×××@×××.edu.cn

×××集团公司（印章）

××××年四月八日



## 四、写作要求

### （一）内容合法合理，切实可行

招标书的要求和应知事项，要符合国家有关法律、法规、政策规定；技术质量标准要注明国际标准、国家标准、部颁标准或是企业标准；招标方案既要科学、先进，又要适度、可行。

### （二）重点明确，内容周密

招标项目（即标的）是招标书的核心内容，对其有关情况、招标范围、具体要求，都要写清楚。如建设项目，应写明工程名称、数量、技术质量要求、进度要求，甚至建筑材料的要求等。该写的一定要写全，尽可能周到。

### （三）语言表述应简明、准确

无论是定性还是定量说明，都应准确无误，没有歧义，尽可能使用精确语言而少用模糊语言。

## 复习与训练

**一、名词解释**

招标书

**二、填空题**

1. 按________分，可把招标书分为工程建设招标书、科研项目招标书、技术引进或转让招标书等。

2. 招标书的结构一般由________、________和________三部分组成。

**三、判断题**

1. 招标书的标题通常由招标单位名称、招标项目名称、文种三部分构成。也有省略招标项目名称或只写文种的。（　　）

2. 招标书的正文一般用条文式，有的也可用表格式。（　　）

**四、简答题**

1. 招标书的正文、结尾主要包括哪些内容？如何写？

2. 招标书有何写作要求？

**五、写作训练题**

根据下列材料，以××市轻工业商品贸易大厦筹备处的名义，写一份工程设计招标书。有关内容可以虚拟、充实。

经上级批准，准备新建轻工商品贸易中心大厦。建筑面积30 000平方米，楼高20层，建筑地点在××区××路中段。要求由甲级设计单位并具有必要的设计条件和成功地设计过类似项目的设计单位投标设计。有欲设计者请于××××年10月20日前到××市轻工业商品贸易大厦筹备处面洽。联系人：轻工招待所105房间××先生。联系电话：×××××××。

# 第四节　投标书

## 一、阅读与析评

### 例文7

**××经济特区土地使用权投标书**

市政府土地招标小组：

我们审阅了市政府土地招标小组（以下简称招标小组）招标文件，愿意遵照《土地使用规则》的要求和招标文件的有关规定，以×××元人民币获得×××地块的使用权。

1. 本投标书如被采纳，我们愿在接到正式中标通知书后，×××天内动土，并根据投标文件的规定按时按质完成全部工程和按要求合理使用土地。

2. 我们在提交本投标书的同时，提交×××银行开具的资信证明/担保书，本标书如能中标，则该资信证明/担保书即为我们的履约保证书。

3. 我们同意从投标之日起到180天内保留此标，在此期限终止前的任何时间，我们受本投标书的约束并随时接受本标书中列出的所有内容。

4. 在正式合同签订及执行以前，本投标连同由招标小组发出的其他招标文件，将作为政府和我们之间具有法律约束力的合同书。

5. 我们理解招标小组并不限于接受最高价标和可以接受其他任何投标书。

6. 投标书附件：

附件一：本单位注册证书（影印件）

附件二：本单位现状情况简介

附件三：本单位过去三年的年度经营报告与财务报告

附件四：规划设计方案

投标单位名称（盖章）：______________

地址及电话：______________

投标单位负责人姓名、职务：______________

联系人姓名、职务：______________

××××年××月××日

## 析评

这篇投标书针对××经济特区招标小组的招标要求而作，语言简洁明了、礼貌周到，态度明朗。投标书内容包括了投标意愿的表态，投标总金额，对开工时间、工程质量的承诺，对投标有效期、投标保证金的声明以及附件等，内容齐全。标书的标题、称谓、正文、附件和落款五部分结构完整，格式规范，是一篇写得较好的投标书。

## 例文 8

### 培训楼工程施工投标书

根据××铜矿兴建培训楼工程施工招标书和设计图的要求，我公司完全具备承包施工条件，决定对此项工程投标，具体说明如下。

一、综合说明

工程简况：培训楼一幢，建筑面积10 700平方米，主体6层，局部2层。框架结构：楼全长80米，宽40米，主楼高28米，二层部分高9米。基础系打桩水泥浇注，现浇梁柱板。外粉全部，玻璃马赛克贴面，内粉混合砂浆幻彩涂料，个别房间贴壁纸。全部水磨石地面，教室呈阶梯形，个别房间设空调。

二、标价（略）

三、主要材料耗用指标（略）

四、总标价

总标价3 408 395.20元，每平方米造价370.23元。

五、工期

开工日期：××××年2月5日。

竣工日期：××××年8月20日。

施工日历天数：5××天。

六、工程计划进度（略）

七、质量保证

全面加强质量管理，严格操作规程；加强各分项工程的检查验收，上道工序不验收，下道工序决不上马；加强现场领导，认真保管各种设计、施工、试验资料，确保工程质量达到全优。

八、主要施工方法和安全措施

安装塔吊 1 台、机吊 1 台，解决垂直和水平运输；采取平面流水和立体交叉施工；关键工序采取连班作业，坚持文明施工，保障施工安全。

九、对招标单位的要求

招标单位提供临时设施占地及临时设施 40 间，我们将合理使用。

十、坚持勤俭节约原则，尽可能杜绝浪费现象

投标单位：××建筑工程总公司（公章）

负责人：×××（盖章）

电话：××××××××

传真：××××××××

**析评**

这是一篇工程建设项目投标书。正文先介绍了工程简况，然后说明了标价、耗材指标、工期、计划进度等，对招标书作出了明确的回答。这可以说是投标单位的正式报价单，也是招标单位评标决标的依据。该投标书还包括了保证工程质量的措施和达到的等级、主要施工方法、安全措施和对招标单位的要求等。本例文是一份写得较完整、规范的投标书。

## 二、必需知识

### （一）投标书的含义

投标书又称投标说明书，简称标书。它作为一种对招标邀约的承诺，是投标人为了中标而按照招标人的要求，具体地向招标人提出订立合同的建议，即提供给招标人的备选方案。投标和招标是相对应的，先有招标，后有投标。招标书是投标书的引导，议标、评标、定标等各个环节的活动，无不是围绕招标书而进行的；中标和签订合同，也要以招标书为凭据。投标是一个比实力、比技术、比信誉、比价格、比能力、比策略的竞争过程，也是一个限制与反限制的过程。投标是否成功，因素很多，但与投标书撰写得如何有着直接的关系。

### （二）投标书的种类

投标书有很多种类：按投标方人员组成情况，可分为个人投标书、合伙投标书、集体投标书、全员投标书和企业（或企业联合体）投标书等；按性质和内容，可分为工程建设项目投标书、企业租赁投标书、劳务投标书、科研项目投标书、技术引进或转让投标书等。

## 三、结构和写法

### （一）标题

标题一般写上文种“投标书”即可，也可包括投标形式、投标内容和文种，如“租赁××市印刷厂的投标书”。投标的时间可写在标题的右下角，也可写在文末投标人的单位名称下面。

### （二）正文

正文一般可分条列项（也可用表格式）写明投标的愿望、项目名称、数量、技术要求、商品价格和规格、交货日期等。承包经营项目的投标书，其正文一般要阐述对投标项目基本状况的分析，找出优势和存在问题；提出经营方针；说明承包目标、考核指标以及达到目标的可行性分析和拟采取的措施；对招标者提出的要求、条件的认可程度等。正文部分引用的数据要准确、完整；论述要条理清楚，说理透彻；目标要明确可信；措施要切实可行。

### （三）尾部

尾部要写清投标人的单位名称、法人代表以及邮政编码、地址、电话号码、传真号码、电子邮箱等，以便联系。

如果是国际投标，则应将投标书译成外文，写明国别、付款方式以及用什么货币付款等。

有的投标书还要由上级业务主管部门和公证监督机关签名盖章。如有必要，还应附上担保单位的担保书及有关图纸、表格等。

**相关链接**

**投标书的写作模板**

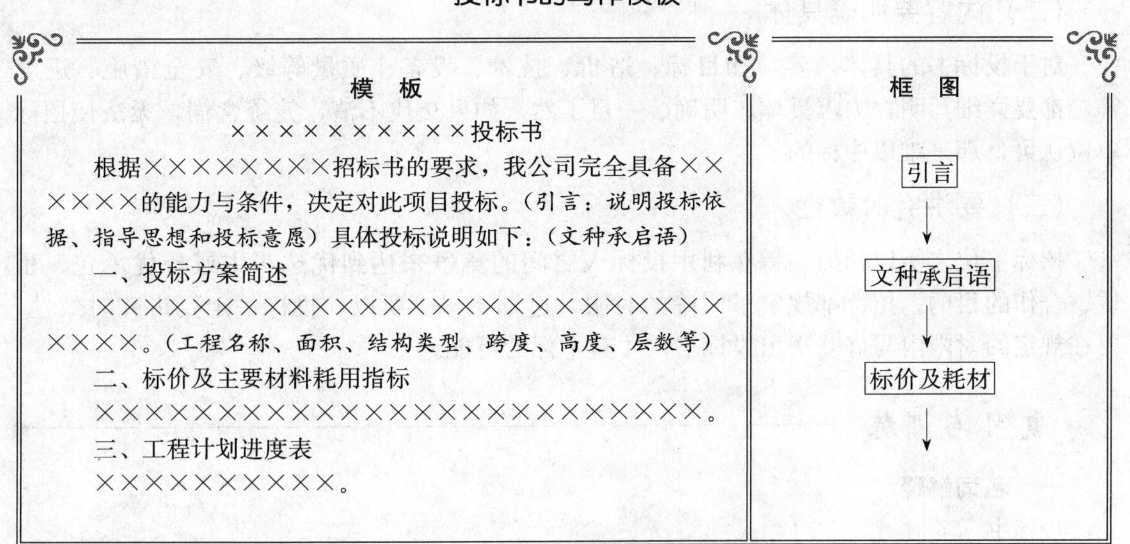

模　板

××××××××××投标书

根据××××××××招标书的要求，我公司完全具备××××××的能力与条件，决定对此项目投标。（引言：说明投标依据、指导思想和投标意愿）具体投标说明如下：（文种承启语）

一、投标方案简述

××××××××××××××××××××××××××××××。（工程名称、面积、结构类型、跨度、高度、层数等）

二、标价及主要材料耗用指标

×××××××××××××××××××××××××。

三、工程计划进度表

××××××××××。

框　图

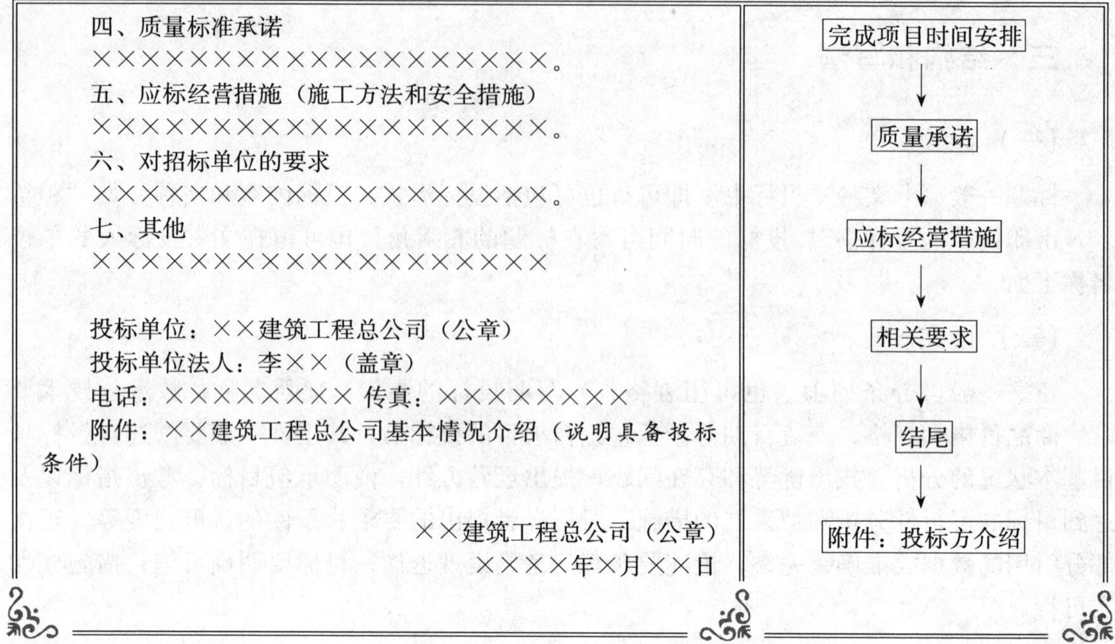

四、质量标准承诺

××××××××××××××××××××。

五、应标经营措施（施工方法和安全措施）

××××××××××××××××××××。

六、对招标单位的要求

××××××××××××××××××××。

七、其他

××××××××××××××××××××

投标单位：××建筑工程总公司（公章）

投标单位法人：李××（盖章）

电话：×××××××× 传真：××××××××

附件：××建筑工程总公司基本情况介绍（说明具备投标条件）

××建筑工程总公司（公章）

××××年×月××日



## 四、写作要求

### （一）要实事求是

投标方必须在认真研究招标书的基础上，客观估计自己的技术、经济实力和相应的赔偿能力，经过专家的充分论证后，再决定是否投标，并实事求是地填写标单和撰写投标书，切不可妄加许诺、徇私舞弊、弄虚作假。因为一旦中标，就要在规定期限内与招标方签订合同，按合同办事。如不实事求是，将给国家、招标单位造成重大的经济损失，或违约或毁约而承担法律责任。

### （二）内容要明确具体

对于投标书的具体内容，如目标、造价、技术、设备、质量等级、安全措施、进度等，都要详细写明，力求具体、明确、一目了然。如果交代不清、笼统含糊，无法使招标单位认可，那是难以中标的。

### （三）要讲究时效性

招标单位之所以招标，旨在利用投标人之间的竞争来达到优选买主或择优承包、租赁、合作的目的。招标都规定了明确的时限，过期不候。所以，投标一定要讲究时效性，要在规定的时限内写好并送出投标书，才有中标的可能。

## 复习与训练

**一、名词解释**

投标书

**二、填空题**

1. ________是投标书的引导，议标、________、________等各个环节的活动，无不是围绕________而进行的。

2. 投标书的结构一般由________、________和________三部分构成。

**三、简答题**

1. 简述投标书标题和正文的写法。

2. 投标书有何写作要求？

**四、病例析改题**

请按照投标书的写作要求，指出下文存在的问题。

**××××公司投标书**

××××总公司

诸位先生：

研究了招标文件 IMLRC—LCB9001 号，对集通铁路项目所需货物我们愿意投标，并授权下述签名人××、×××，代表我们提交下列文件正本一份，副本四份。

(1) 投标报价表。

(2) 货物清单。

(3) 技术差异修订表。

(4) 资格审查文件。

签名人兹宣布同意下列各点：

(1) 所附投标报价表所列拟供货物的投标总价为×××美元。

(2) 投标人将根据招标文件的规定履行合同的责任和义务。

(3) 投标人已详细审查了全部招标文件的内容，包括修改条款和所有供参阅的资料及附件，投标人放弃要求对招标文件作进一步解释的权利。

(4) 本投标书自开标之日起 90 天内有效。

(5) 如果在开标之后的投标有效期撤标，则投标保证金由贵公司没收。

(6) 我们理解你们并不限于接受最低价和你可以接受任何标书。

投标单位名称：中国广州××××总公司（公章）

地　　址：中国广州××区××街××号

电　　话：×××××××××

授权代表：×××

××××年××月××日

# 第十一章 经济仲裁文书

## 第一节　经济仲裁申请书

### 一、阅读与析评

**例文 1**

**仲裁申请书**

申请人：X公司

地址：××省××市××路××号

电话：×××××××××　　　　传真：×××××××××

法定代表人：×××

仲裁代理人：×××律师事务所　×××律师

地址：北京市××路××号

电话：×××××××××　　　　传真：×××××××××

被申请人：Y公司

地址：香港××大道××大厦×××号

电话：（×××）×××××××××　传真：×××××××××

法定代表人：×××

案由：冲印机损坏赔偿争议。

一、仲裁要求

（一）被申请人收回已损坏的冲印机，退还申请人支付的货款及该款利息共计3 175 348.00日元。

（二）被申请人赔偿申请人的经济损失42 395.00元人民币。

（三）被申请人负担仲裁费和申请人为办理本案支出的律师费。

二、事实经过

申请人（买方）X公司和被申请人（卖方）Y公司于××××年7月22日在××省××市签订了关于买卖成套NORTH QSSSYSTEM—501冲印机一套的第85BMR/×××CN号合同（见附件1）。合同价格为CIF上海11 363 680日元。合同包装条款（见附件2）第三条规定："货物须用坚固的木箱或纸箱包装，并适应长途海运和气候变化，能有效地防潮防震；由于不适当的包装而造成货物的任何损害及费用由卖方负责。"上述条款是在最终用户××工厂的参加下签订的，对于货物的最终安装目的地郑州，被申请人是清楚的。

货物于××××年12月2日从日本经海路运至上海，××××年3月26日陆路运至郑州。××××年5月7日，河南省进出口商品检验局、申请人及其用户和被申请人四方代表在用货地郑州开箱检验，发现其中标号为C/NO.1的货箱外观完好无损，无磨损及撞击痕迹，但箱内主机与附件箱零乱、破损、变形，内部磨损严重，主机外壳变形，无法修复。被申请人代表当场拍摄了照片。同日，被申请人和申请人的用户代表共同签署了开箱验收记录（见附件3），载明上述情形。同年5月17日，河南省进出口商品检验局根据现场检验结果，出具了检验证书（见附件4）。该证书上写明：外包装完好；内包装装载不当，致使传动架致残；冲印机支承板强度不足，致使其断裂；机体无防震措施。结论是：冲印机的残损系装载不当、支承固定不良、无适当防震措施所致。

申请人于××××年5月7日写信给被申请人，要求更换新机（见附件5）。被申请人于××××年5月14日发传真给申请人，表示愿意立即更换一台新的冲印机（见附件6）。同年7月14日，被申请人要求把损坏的冲印机运回香港（见附件7）。应被申请人的要求，损坏了的冲印机于9月上旬运交被申请人。但被申请人为了逃避责任，竟出尔反尔，全部推翻在5月14日和7月14日所作的换货承诺，在被申请人收到申请人退回的冲印机三个月之后，又把损坏的冲印机重新发运给申请人，拒绝更换新机。由于被申请人的违约，给申请人造成了重大经济损失。申请人曾试图通过协商解决此争议，但被申请人不予合作，多次拒绝申请人提出的和解方案。为此，申请人只好提请仲裁。

三、法律依据

（一）造成冲印机损坏的责任在被申请人。

经调查，被申请人所交付的冲印机在运输途中没有遇到意外事故。货到后经河南省进出口商品检验局检验证明，冲印机残损系被申请人内包装装载不当、支承固定不良、无适当防震措施所致。根据双方签订的合同的第三条"由于不适当的包装而造成货物的任何损害及费用由卖方负责"的规定，被申请人应对冲印机的损坏及其产生的后果负全部责任。

（二）被申请人违反自己新的承诺。

在被申请人派代表到郑州会同申请人及其用户代表和商检局共同开箱检验并签署了开

箱验收记录后，申请人及时地向被申请人提出了索赔，要求被申请人更换一台新机。被申请人于××××年5月14日发出“同意更换另外一台新机”的承诺传真，并于××××年7月14日发传真给申请人，要求申请人将坏机运给被申请人所在地香港。申请人于××××年7月21日将损坏了的冲印机按原包装发运给被申请人，被申请人于××××年9月确认收到（见附件8）。但事隔三个月以后，被申请人在未征得申请人同意的情况下擅自将残损冲印机又退回申请人，这是对自己承诺的反悔，是严重违约行为。

（三）由于被申请人一再违约，给申请人造成了严重的经济损失。根据《中华人民共和国合同法》第107条的规定，当事人一方不履行合同或者履行合同义务不符合约定条件，即违反合同的，应当承担赔偿损失或采取其他合理的补救措施等违约责任。申请人要求被申请人赔偿因其违约给申请人造成的损失是合理合法的。

申请人索赔要求的计算依据是：

1. 退回冲印机应返还的价款为2 702 424日元，该货款从付款日××××年11月20日至××××年9月20日按年利率7%计算的利息计472 924日元，共计3 175 348日元。

2. 被申请人应赔申请人的经济损失为：

申请人为冲印机的运输、检验、储存的花费为人民币4 500元。

申请人应得的利润损失为人民币37 895元，两项共计人民币42 395元。

四、根据《中国国际经济贸易仲裁委员会仲裁规则》第24条的规定，申请人指定×××为仲裁员

此致

中国国际经济贸易仲裁委员会

申请人：×××公司（章）

代理人：×××（签名）

××××年九月二十日

附：附件1～8（略）

这是一篇仲裁申请书。仲裁要求写得明确、简洁。事实经过叙述清楚，援引的法律依据恰当、有力。整篇仲裁申请书理由充分，索赔有理。全文内容的安排条理清晰，结构严谨。不足之处是案由写得简单了些。

## 二、必需知识

### （一）经济仲裁申请书的含义和作用

经济仲裁申请书，是经济纠纷当事人的一方（即申请人或申诉人）为维护自己的合法权益，向仲裁机构提交的请求仲裁与他方当事人（即被申请人或被申诉人）的经济纠纷的

申请文书。

经济仲裁机构，为各级工商行政管理局设立的经济仲裁委员会。仲裁机构不行使经济审判权，不按司法程序解决争议，而主要采用协商、调解的方式处理经济合同纠纷。

在当今的经济活动中，当经济合同出现当事人无法解决的纠纷时，当事人一般都会选择仲裁方式解决纠纷。仲裁申请书是带有法律特质的文书，是仲裁机构进行仲裁的主要依据之一。

### （二）经济仲裁申请书的特点

（1）申述性。即经济仲裁申请书具有陈述经济纠纷事实、申述理由的特性。

（2）参证性。经济仲裁申请书提供的事实和理由，能为仲裁机构开展协商、调解提供参考依据。

（3）启动仲裁程序性。递交仲裁申请书本身就是对仲裁程序的启动，是产生仲裁程序的条件。

## 三、结构和写法

根据《中华人民共和国仲裁法》第二十三条的规定，仲裁申请书应包括下列事项：（1）当事人的姓名、性别、年龄、职业、工作单位和住所，法人或者其他组织的名称、住所和法定代表人或者主要负责人的姓名、职务；（2）仲裁请求和所根据的事实、理由；（3）证据和证据来源、证人姓名和住所。具体写法如下。

### （一）首部

（1）标题。在文书上端正中写明“仲裁申请书”字样。

（2）当事人的基本情况。当事人的称谓，写“申请人”、“被申请人”，依次写明双方的各项有关情况。如果当事人为法人，则应写明组织的全称、所在地址，法定代表人的姓名、地址、职务、电话。如果当事人是自然人，则应写明其姓名、性别、年龄、民族、籍贯、职业和住址七项。

### （二）正文

包括案由、申请的要求和申请的理由。

（1）案由。案由应写明纠纷的实质，要提纲挈领地写明申请的事情和理由，包括合同签订的时间、编号、内容以及争议内容等。

（2）申请的要求。写明申请人通过仲裁所要求达到的目的，要明确具体地写明要求仲裁解决的具体问题，如要求解除合同、退货还款、赔偿损失、支付违约金等。

（3）申请的理由。这部分一是叙述事实，二是阐述理由。

### （三）尾部

写明呈送机关名称，如“此致×××仲裁委员会”。在正文的右下角署名、签章和写上日期。

### （四）附项

在正文的左下角写附项：（1）本仲裁申请书×份；（2）书证×份；（3）物证×份；

(4) 证人姓名、住址。

**相关链接**

### 经济仲裁申请书的写作模板

**模　板**

仲裁申请书

申诉方：××市××公司

法定代表人：张××，经理（申诉方基本情况）

被诉方：××市××厂，地址：××市××路13号

法定代表人：胡××，厂长（被诉方基本情况）

案由：被诉方单方终止合同。（概述申请仲裁事由）

请求事项：

（一）继续履行协议；

（二）赔偿申诉方经济损失。（仲裁请求：申请仲裁的具体事项、目的）

事实与理由：

×××××××××××××××××（见附件×）。（概述经济纠纷的事实经过）。

××××××××××××××××××××××××××××××××××××××××××××××××××。（指出法律依据，指出有关证据、证据来源、证人姓名和住所等）

此致

×市工商行政管理局经济仲裁委员会（呈送仲裁机构名称）

申诉方：××市××公司（印）

××××年×月×日

附件：1. 本申请书副本一份。

2. 协议书一份（复印件）。

3. 被诉方擅自终止合同的函件一份。

（附件包括：本仲裁申请书、书证物证、证人姓名及住址）

**框　图**

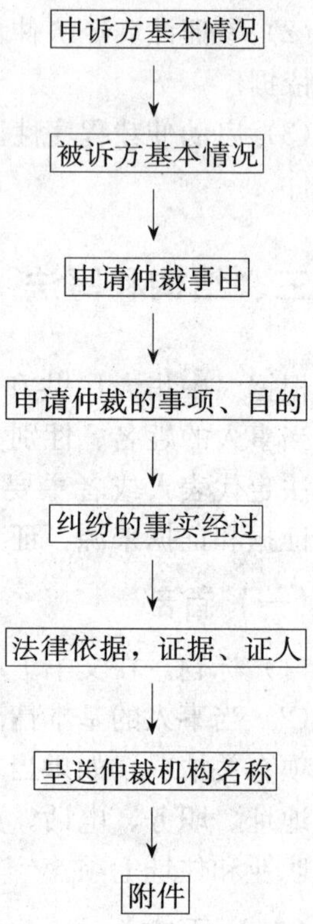

申诉方基本情况
↓
被诉方基本情况
↓
申请仲裁事由
↓
申请仲裁的事项、目的
↓
纠纷的事实经过
↓
法律依据，证据、证人
↓
呈送仲裁机构名称
↓
附件

## 四、写作要求

(1) 必须在仲裁的时效期限内呈交申请书，如逾期，仲裁机构不予受理。

(2) 事实是申请人提出索赔的基础和根据，对争议事实必须客观叙述，查对清楚，证据充分确定。在写作时注意突出主要争议，叙述事实明确清晰，语言力求准确、简洁。

(3) 申请理由必须以事实为根据，每一个理由都必须在前面的事实部分找到依据。因此，事实和理由必须前后对照，紧密联系，推论判断，恰如其分。

(4) 索赔金额要经过科学推算，合情合理，为对方所接受。

(5) 语言应平缓，措辞讲究分寸。不宜用过激言语，以免破坏良好的贸易伙伴关系。

## 复习与训练

**一、名词解释**

经济仲裁申请书

**二、判断题**

1. 申请人提起经济仲裁申请时，无须征得被申请人的同意。(　　)

2. 提交经济仲裁申请书是直接引起仲裁程序的先决条件。(　　)

3. "事实和理由"是经济仲裁申请书的主要部分。(　　)

**三、简答题**

1. 简述经济仲裁申请书的作用。

2. 《仲裁法》规定仲裁申请书应当载明哪些内容？

3. 经济仲裁申请书正文的结构包括哪些部分？

4. 经济仲裁申请书有哪些写作要求？

**四、病例析改题**

细读下列病文，试指出其遗漏了哪些结构内容。

### 仲裁申请书

申诉方：××市××区新光机械厂。

法定代表人：×××，男，40岁，新光机械厂经济开发部部长。

委托代理人：××市法律顾问处律师×××，女，38岁。

被申诉方：××省××市××区桥梁设备厂。

××××年×月×日，被申诉方与申诉方签订的经济技术联合体合同开始生效。在合同中，明文规定：申诉人应从联合体纯利润中分红百分之四十，此外，合同中对成本摊销、缴纳税收、利润留成、派遣管理人员、技术人员入股等办法都作了详细规定（见附件一）。

在××××年×月×日完成了上年度财务决算，表明纯利额为300万元，申诉人应分利润为120万元（见附件二）。但是，当申诉人要求将这120万元转至自己的开户行时，被申诉人却以发展新项目、对成本管理办法有意见和技术入股不合要求为理由，一再拒绝拨款，致使申诉人应得红利额落空，进而，致使申诉人需用这部分款项的新合作项目无法拨款，经××省××市工商行政管理仲裁，要申诉人赔偿对方损失30万元（见附件三），给申诉人的生产经营造成了很大损失。

鉴于上述情况，被申诉人的违约行为已给申诉人造成了不应有的损失（见附件四、五）。为了维护申诉人的合法权益，以免遭更大损失，特申请仲裁。

申诉人：××市××区新光机械厂<br>法定代表人：×××<br>××××年×月×日

# 第二节　经济仲裁答辩书

## 一、阅读与析评

### 例文 2

**仲裁答辩书**

答辩人：××市××房地产开发公司

地址：××市××路××号

法定代表人：×××　　　　　职务：经理

申请人：××市第一建筑设计院

地址：××市××路××号

法定代表人：×××　　　　　职务：院长

因申请人××市第一建筑设计院向贵会申请仲裁设计合同，追索设计费，赔偿损失一案，我公司根据事实特作如下答辩：

我公司与申请人于××××年×月×日签订了《（××）Ⅰ设—9》设计合同。根据合同条款，我公司向申请人预付定金5万元人民币，即设计费总额的20%。由于我公司是合股经营，鉴于工程建设投资较大，另一合股方要求从设计到施工完全由他们负责。因此，我公司于同年×月×日向申请人说明情况，提出要求终止合同。双方进行了多次磋商，终因申请人索取费用（包括所谓“设计费”和“赔偿费”等）过高，双方未能达成协议。于是申请人向贵会申请仲裁。现就申请人提出的理由答辩如下：

一、申请人要求我公司支付“设计方案意见费”7万元是毫无根据的。

根据××××年计委印发的《工程设计收费标准》总说明中第十七条的规定：“设计费按设计进度分期拨付，设计合同生效后，委托方应向设计单位预付设计费的20%作为定金，初步设计完成后付30%，施工图完成后付50%。”然而申请方向我公司提交的是《设计方案意见书》，并不是初步设计书。根据规定，初步设计书应具有初步说明书，初步设计概算书及设备、结构、电器三个专业图纸。而申请人只交付《设计方案意见书》由我公司审批，我公司认为申请人没有完成初步设计，因此不能按规定支付设计费。

我公司与申请人签订的设计合同第八条第三款规定：“方案设计完成后20天内，甲方即向乙方支付设计费7万元。”该合同规定也是指初步设计书完成后付设计费7万元，并不是指《设计方案意见书》完成后即付7万元。申请人把两个不同的概念及内容混为一谈，向我公司追索7万元，既不符合国家的有关规定，也不符合合同条款规定。因此，我公司拒绝申请人的请求是有理由的。据此，申请人请求我公司支付延期款0.5万元的违约金也是没有根据的。

二、申请人要求我公司赔偿经济损失3.2万元（其中施工图设计费为2.7万元，逾期违约金0.5万元）是没有根据的。

双方签订的设计合同规定："商务写字楼的基础图，是在设计方案认可后两个月及收到勘察资料后一个月内交付施工图。"申请人在我公司对《设计方案意见书》尚未认可的情况下，违反双方签订的设计合同条款规定。这种不履行合同的行为所造成的后果属于无效行为，我公司不承担任何经济损失责任。因此，我公司不承担申请人提出的施工图设计费2.7万元及其他经济损失的责任，这是理所当然的。

三、根据《建设工程勘察设计合同条例》第七条之规定："按规定收取费用的勘察设计合同生效后，委托方应向承包方付给约定金。勘察设计合同履行后，定金抵作勘察、设计费。"又规定："委托方不履行合同的，无权请求返还定金。"根据以上条款，我公司与申请人签订合同后，按规定支付5万元定金，并且申请人也提交了《设计方案意见书》，双方均在履行合同，只是由于客观情况的变化提出终止合同，并不是不履行合同。所以申请人扣我公司的5万元定金毫无理由；另外收取方案设计费7万元，这更没有道理。我公司意见，应该由定金抵作申请人所提供的《设计方案意见书》的设计费用。

综上意见，我公司请求仲裁委员会作出公正裁决。

此致

××市工商行政管理局经济合同仲裁委员会

答辩人：××市××房地产开发公司（公章）

法定代表人：×××（签章）

××××年××月××日

附：

1. 本仲裁答辩书副本2份。

2. 书证4份。

## 析评

该份经济仲裁答辩书，正文虽未使用结构项目标头名称，但依然是一份格式规范的仲裁答辩书。开头按常式写法述明案由。主文部分先陈述纠纷事实经过，申述答辩缘由，为下文反驳对方的无理要求提供一定的背景材料。然后针对申请人在仲裁申请书中所提出的三条无理要求逐一予以反驳，并在反驳中以新的事实、证据和有关法规根据阐述理由，分辨责任，辨明自己的意见和主张。在答辩过程中，答辩人紧紧扣住双方争议的三个焦点问题，有针对性地进行答辩。前两条先说答辩意见后说理由，第三条则是先说理由后说意见。不仅行文灵活变化，层次井然有序，而且所述理由充分，所示意见明确，在针锋相对的论辩中表明了答辩人的态度。

这份经济仲裁答辩书的语言运用也很有特色。文中个别地方虽略有重复之嫌，如案由云，"我公司根据事实特作如下答辩"，主文首段又云，"现就申请人提出的理由答辩如下"，但从整体看，仍是瑕不掩瑜。全文整体语言运用充满论辩色彩，论辩言辞不失分寸，切中要害而不滥加指责，明辨事理而不强词夺理。因此答辩令人信服，收到了较好的表达效果。

## 二、必需知识

### (一) 经济仲裁答辩书的含义和作用

经济仲裁答辩书是被申诉人（被申请人）为了维护自己的经济权益，针对申诉人（申请人）在仲裁申请书中提出的要求及所依据的事实和理由，向仲裁机构作出答复和辩解的文书。

被申诉人在收到仲裁申请书后，应在仲裁规则规定的期限内向仲裁机构提交仲裁答辩书。仲裁机构收到被申诉人的答辩书后，可以审理仲裁，若被申诉人不按期提交答辩书，仲裁程序也可以照常进行。

### (二) 经济仲裁答辩书的特点

(1) 使用对象的特定性。经济仲裁答辩书只能由被申诉人或委托代理人提出。

(2) 答辩内容的针对性。经济仲裁答辩书答复和辩解的问题，皆是申诉人在经济仲裁申请书中所提出的事项和要求。

## 三、结构和写法

### (一) 标题

首页居中写“仲裁答辩书”。

### (二) 当事人基本情况

内容包括答辩人（被申请人）和申请人的单位名称、法人代表姓名和地址。

### (三) 前言

说明答辩事由，即写明对何人提出的何仲裁案件进行答辩，阐明答辩的主要观点。

### (四) 答辩意见

这部分是答辩的主体，要明确地回答申请人提出的仲裁要求，表明自己的观点，提出自己的意见。

如有反诉，应具体写明反诉的各项要求，并说明要求所依据的事实、论据和理由。

### (五) 尾部

写明呈送机关名称，如“此致×××仲裁委员会”。在正文的右下角写明答辩人的名称并盖章和注明日期。

### (六) 附件

在全文的左下角写明附件名称和份数。格式与经济仲裁申请书相同。

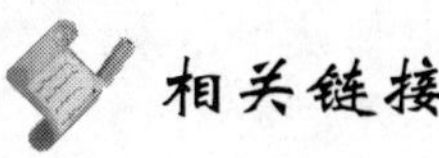

## 相关链接

### 经济仲裁答辩书的写作模板

**模板**

仲裁答辩书

答辩人：××市×××××公司

地址：××市××路××号

法定代表人：××× 职务：经理（答辩人基本情况）

申请人：××市第三建筑设计院

地址：××市××路××号

法定代表人：××× 职务：院长（申请人基本情况）

因申请人××××××××××××××××××一案，我公司根据事实特作如下答辩：（导言：说明答辩的事由及表态）

我公司与申请人于××××年×月×日签订了《××××合同》，×××××××。双方经多次协商，终因×××××，于是申请人向贵会申请仲裁。

一、申请人要求×××××××××是毫无根据的。

×××××××××××××××××××××。

二、申请人要求×××××××××××××××××××××××××也是毫无根据的。

×××××××××××××××××××××××××：（针对申诉人在仲裁申请书中提出的事实、证据、理由，据理答复和辩解）

三、根据《×××××××××》第×条之规定："×××××××××××××"，我公司认为：××××××××××××××××××××。（据理答复和辩解，发表有利己方的观点或结论）

综合上述意见，我公司请求仲裁委员会做出公正裁决。

此致

××市工商行政管理局经济合同仲裁委员会（呈送仲裁机构名称）

答辩人：××公司（公章）

法定代表人：×××（签章）

××××年×月×日

附件：

1. 本仲裁答辩书副本×份。

2. 书证×份：《××××合同》×份、《×××××》×份、《关于××××的函》×份。

（附件包括：本仲裁答辩书、书证物证等）

**框图**

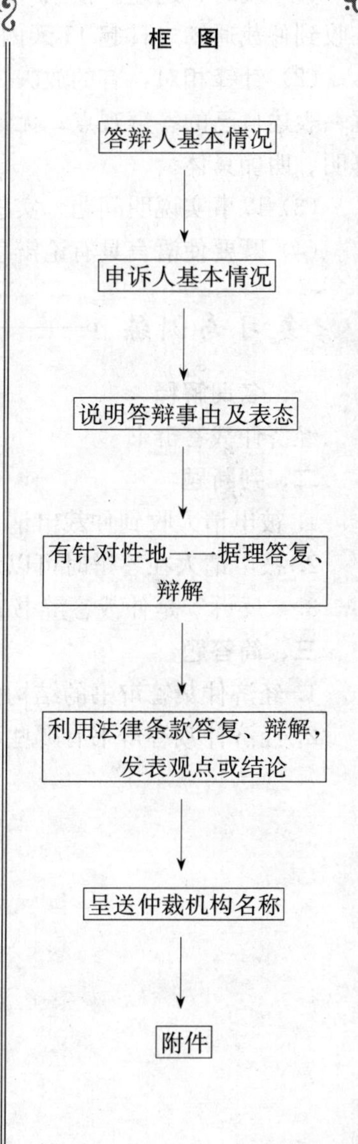

## 四、写作要求

（1）及时、迅速。根据《中国国际经济贸易仲裁委员会仲裁规则》的规定，被诉人应在收到仲裁通知之日起 45 天内向仲裁委员会秘书局提交答辩书及有关证明文件。

（2）针锋相对，有的放矢。必须针对申诉人提出的问题、所依据的事实证据及理由，逐一表述自己的答辩观点；无论是认同还是反对，是部分认同还是部分反对，都必须旗帜鲜明、明确具体。

（3）以事实说明问题，实事求是，以便仲裁机构作出公正的裁决。

（4）既要使语言具有论辩色彩，又要掌握好措辞分寸，避免言辞过激而使关系恶化。

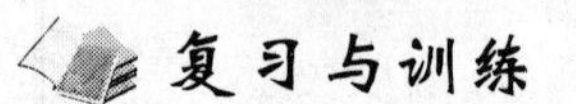

**一、名词解释**

经济仲裁答辩书

**二、判断题**

1. 被申请人收到仲裁申请书后，应当在两个月内向仲裁委员会提交答辩书。（　　）
2. 被申请人在答辩时可以承认或反驳仲裁申请书，甚至提出反诉。（　　）
3. “反诉”是仲裁答辩书的主体部分。（　　）

**三、简答题**

1. 经济仲裁答辩书的结构由哪几部分组成？简述其写法。
2. 经济仲裁答辩书有哪些写作要求？

# 第十二章 经济诉讼文书

## 第一节 经济纠纷起诉状

### 一、阅读与析评

**例文 1**

**起诉状**

原告：××××工业研究院

地址：××市××西路××号

法定代表人：×××，院长

委托代理人：×××，开发处处长

被告：××第×制药厂

地址：××市××路××号

法定代表人：×××，厂长

案由：经济合同纠纷。

诉讼请求：

一、被告应履行合同，交付原告实验技术转让费用 25 万元。

二、按照《合同法》第×××条的规定，被告应承担违约责任，赔偿原告的经济损失。

三、诉讼费用由被告承担。

事实和理由：

××××工业研究院（下称原告）与××第×制药厂（下称被告）于××××年×月就“丁胺卡那霉素”实验室技术成果转让达成协议，并于同年×月×日在××市正式签订科技转让合同。按照合同规定，被告应向原告支付实验室技术转让费用30万元。协议生效后，被告先付原告5万元，实验开始时支付原告5万元，实验结束后，给原告5万元。以后每个月支付5万元，3个月内付清。合同生效后，被告依照规定支付了5万元。原告也依照规定，交给被告技术资料和“丁胺卡那霉素”实验室技术。后来，被告来原告处进行实验复核，按照规定应交付5万元，但被告未交。当时，原告顾及双方的友好关系，未提出先交钱后实验的要求。被告派人进入实验，连续进行了三次实验验收工作。三次实验结果超过合同规定的要求，被告经办人员×××对此表示满意，并函谢。可是被告方实验开始不付钱，实验结束后按规定应交的5万元也未交付，还提出了合同未曾列入的要求，进而指责原告未执行合同，以此达到不履行合同的目的。为妥善解决问题，原告特派有关处、室负责人赴京与被告方磋商，希望双方良好关系不要因此而受到伤害。要求被告按照合同办事，其结果未得到解决。之后，原告委托××法律顾问处致函被告，要求其法定代表人或有关人员前来××协商解决，而被告毫无诚意，采取拖延搪塞的方法。为此，原告不得不向人民法院起诉，要求维护合法权益，望依法裁决。

此致

×××××人民法院

具状人：××××工业研究院（盖章）

法定代表人：×××（盖章）

××××年××月××日

附件：

1. 起诉状副本×份。

2. 书证×份。

**析 评**

这是一篇关于经济合同纠纷的起诉状。例文提供了起诉状规范的格式。首部写作规范，诉讼请求具体明确，事实和理由表达简洁明了。不足之处是理由部分写得不够充分，应援引法律条文作论据，以论证被告知法违法和应承担的责任。

## 二、必需知识

### （一）经济纠纷起诉状的含义和作用

经济纠纷是指法人之间、法人与公民个人之间、公民个人之间，在经济活动中所发生的有关经济方面相互权利与义务上的争议。

诉状是指机关、团体、企事业单位及公民个人在诉讼活动中，按照法律的规定和要求，向人民法院递交的书面请求。

经济纠纷起诉状是指原告或其法定代理人为维护其经济权益依法向人民法院提出诉讼请求的书状。

经济纠纷起诉的作用体现在以下两个方面：

(1) 经济纠纷起诉状是原告用以陈述产生经济纠纷的事实，表明诉讼的请求和理由，以维护其合法权益的重要手段。

(2) 经济纠纷起诉状是人民法院审理经济纠纷案件的依据和基础。没有起诉状，一审程序就无从开始。

### (二) 经济纠纷起诉状的特点

1. 提起诉讼的直接性

任何国家机关、社会团体、企事业单位和公民个人，在认为自己的经济权益受到侵犯或与他人发生经济纠纷时，都依法享有起诉权，当事人或其法定代理人都可以直接向人民法院递交经济纠纷起诉状。

2. 适用范围的特定性

经济纠纷起诉状主要适用于归人民法院管辖而未被法院审理的案件。

3. 处理案件的参证性

使用经济纠纷起诉状来维护国家、集体或公民自身的权益，体现了我国社会主义法制的民主原则，能够引起诉讼程序的开始；同时有利于人民法院了解案件原告一方的情况、原告的请求事项和诉讼目的，也就是说，诉状本身就是处理案件时的一种证据。

## 三、结构和写法

经济纠纷起诉状的结构包括首部、正文、尾部和附项四个部分。

### (一) 首部

应依次写明下列各项：

(1) 文书名称（或称标题）。在第一行正中写明“（经济纠纷）起诉状”即可。

(2) 原告的身份事项。有以下两种情况：

原告是具有民事行为能力的公民，应依次写明姓名、性别、年龄、民族、职业、工作单位和住所；原告是未成年人的，应在原告身份事项的下一行写明其法定代理人的姓名及与原告的关系。

原告是法人或其他组织，则依次写明单位名称，所在地，邮编，法定代表人（或代表人）姓名、职务、电话，企业性质、工商登记核准号、经营范围和方式、开户银行和账号等。

(3) 被告的身份事项。与“原告的身份事项”写法相同，不要求书写“企业性质”等项（见起诉状格式）。

### (二) 正文

正文是经济纠纷的核心部分，包括如下内容：

（1）诉讼请求。诉讼请求又叫请求事项。写明请求人民法院依法解决经济纠纷权益的具体事项，或要求赔偿损失，或要求归还产权，或要求履行合同，或要求清偿债务等。请求事项要求写得合理、合法、明确、具体、相对固定。

（2）事实。事实是指提出诉讼请求的事实根据。人民法院对经济纠纷案件的审理和判决，是以事实为依据的。因此，事实部分应写清以下几点：

1）当事人之间经济纠纷的由来、发生、发展的经过；

2）当事人之间争执的焦点、具体内容及与案件有直接关联的客观情况；

3）当事人各自应承担的责任等。

（3）证据。证据是人民法院审理案件时认定事实的基础。原告对自己所提起诉讼的案件，负有举证责任。对于自己在诉讼中提出的请求，必须提供足够的证据，以资证明。证据包括：

1）提交书证、物证、证人证言；

2）说明书证、物证的来源及证实其可靠程度的有关材料；

3）证人的姓名、职业、住址等。

（4）理由。由所叙事实及所列证据概括分析当事人之间经济纠纷的性质、危害、责任，同时提出诉讼请求所依据的法律条文，以论证请求事项的合理、合法。

### （三）尾部

经济纠纷起诉状的尾部包括：

（1）所提交的人民法院名称；

（2）具状人签名（单位名称或个人姓名）并盖章，具状时间（年、月、日）。

### （四）附项

应写明随起诉状向人民法院提交的诉状副本多少份、书证及物证多少份（件）等。

**相关链接**

**经济纠纷起诉状的写作模板**

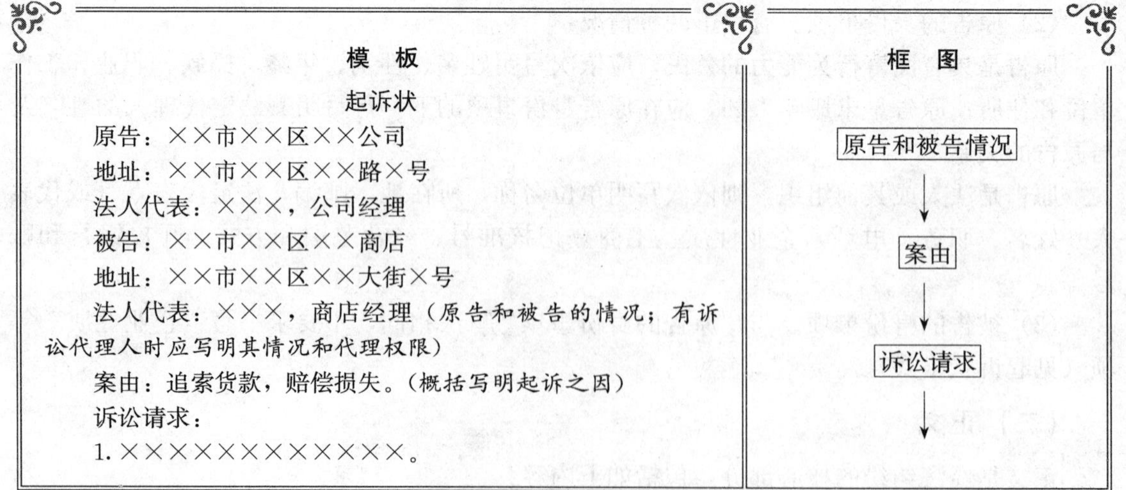

| 模 板 | 框 图 |
| --- | --- |
| 起诉状<br>原告：××市××区××公司<br>地址：××市××区××路×号<br>法人代表：×××，公司经理<br>被告：××市××区××商店<br>地址：××市××区××大街×号<br>法人代表：×××，商店经理（原告和被告的情况；有诉讼代理人时应写明其情况和代理权限）<br>案由：追索货款，赔偿损失。（概括写明起诉之因）<br>诉讼请求：<br>1.××××××××××××××。 | 原告和被告情况<br>↓<br>案由<br>↓<br>诉讼请求<br>↓ |

2. 责令被告赔偿原告提起诉讼而产生××××损失，包括诉讼费、请律师费等。（诉讼请求：概括写请求人民法院依法裁决的具体事项）

诉讼事实和理由：

××××××××××××××××××××××。

根据《×××××××××××》第××条的规定，被告应当承担××××××××××××××××。（事实和理由：包括事实经过、证据、理由和法律依据）

证据和证据来源：

1. ×××××××××××××××。

2. ×××××××××××××。

此致

××区人民法院

起诉人：××市××区××公司（公章）

××××年×月×日

（结尾：要求按信函格式）

附：1. 本状副本1份；

2. 书证×份。

（附项：本状副本、物证、书证及件数）

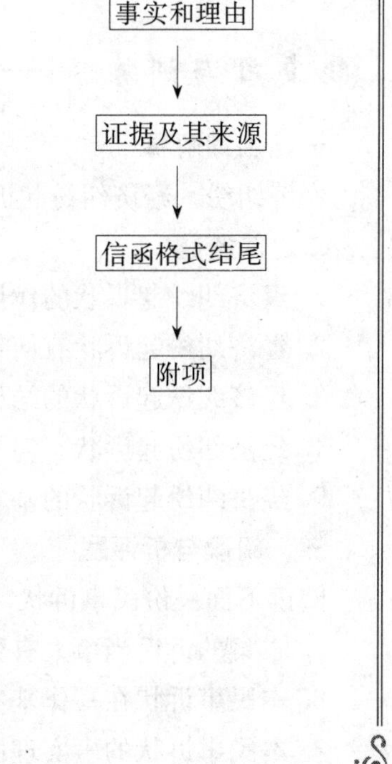


## 四、写作要求

### （一）真实、准确、合法

所谓真实，是指在起诉状的写作中，必须重视事实真相和全过程，不允许伪造或推测。所谓准确，是指起诉状中所涉及的证据、数据要做到精确可靠，万无一失，经得起核实、查对。所谓合法，包括两层含义：一是指所援引的法律、政策根据要恰当，而不是牵强附会；二是指起诉状的书写要按规定的格式要求表述内容，不能随心所欲。

### （二）条理清楚

起诉状中重要的一项是要阐明起诉的理由和法律依据，要求在写作时做到条理清楚、线索分明，以利于法院工作和自己的诉讼。其条理性表现在以下三个方面：

（1）按照规定的程式结构依序写作，该是哪项就写入哪项，不能串换错位。

（2）表述要讲究逻辑性，通常是按时间、空间、矛盾冲突的线索进行。如果是叙述多件事实，则应照顾彼此的关系分类进行，或依事实的重轻分量一次写明。事实与理由同请求事项之间要有因果关系，或说明与被说明的关系。

（3）层次、段落要明晰，要有逻辑联系。每项都有文字标志，成为相对独立的层次，内容纷繁的层次还要分段书写，每段说明一个内容，使人一目了然。

### （三）书写工整

起诉状应用钢笔或毛笔书写在16开纸上，字迹要清楚、端正，卷面要干净、无误；

如果条件允许，最好将手稿转为打字件。

## 复习与训练

**一、名词解释**

经济纠纷　经济纠纷起诉状

**二、简答题**

1. 经济纠纷起诉状的作用体现在哪些方面？
2. 经济纠纷起诉状有何特点？
3. 经济纠纷起诉状的结构包括哪几个部分？各部分应如何写？
4. 经济纠纷起诉状有何写作要求？
5. 经济纠纷起诉状的基本格式是怎样的？

**三、阅读与析评题**

阅读下面一份民事诉状，回答下列的问题：

1. 本案的诉讼当事人有哪些？
2. 本民事诉状在写作基本格式上是否正确？为什么？
3. 本民事诉状的事实理由是否清楚？是否符合写作要求？
4. 如果本民事诉状有不尽完善的地方，请提出修改意见。

### 民事诉讼状

原告：李××，女，32 岁，汉族，住××市××路××号。

被告：××房地产开发公司　地址：××市××路××号。

法定代表人：秦××总经理。

请示事项：

一、判令被告向原告交付房屋及产权证。

二、判令被告向原告支付违约金 190 080 元（大写：壹拾玖万零捌拾元整）。

事实和理由：

原被告双方于××××年四月一日订立《合同书》一份，确定由原告向被告付款 384 000 元（大写：叁拾捌万肆仟元整），购买被告所承建开发的住宅一套。双方对住宅地点、位置及面积、单价及付款方式、责任及费用、房屋标准、验收和工期、违约金等进行约定。原告依约向被告支付了定金及购房款共计 288 000 元（大写：贰拾捌万捌仟元整），履行了约定义务。被告却屡屡违约，其房屋未能依约竣工和交付使用，房屋质量也不符合合同规定。经原告多次交涉，被告仍不履行其办理产权证和交付房屋之义务，更拒绝承担违约金。至今，该房屋都未能通电和燃气，连水电等设施都未能保证。

原告为维护自身合法权益，在与被告多次交涉未果的情况下，被迫诉至贵院立案受理，明确责任，依法判决被告承担相应的民事责任，以维护消费者的正当权利，确保民事合同法律的严肃性。

此致

××市××区人民法院

具状人：李××

××××年五月十日

## 第二节 经济纠纷上诉状

### 一、阅读与析评

**例文2**

**上诉状**

上诉人：刘××，男，33岁，汉族，××市人，××市×厂工人，住本市××街××号。

被上诉人：王××，男，41岁，汉族，××市人，个体户，住本市××街××号。

上诉人因王××诉刘××赔偿经济损失一案，不服××市××区人民法院××年×月×日××经字第38号判决，现提出上诉，上诉的请求和理由如下：

（一）原判决认定我是共同被告人是无事实和法律依据的。根据《民事诉讼法》第52条第1款之规定，当事人一方或双方为二人以上，其诉讼标的是共同的，或者诉讼标的是同一种类、人民法院认为可以合并审理并经当事人同意的，为共同诉讼。而在王××与张××的合同纠纷中，我并不是当事人。因为，王、张二人订立成衣供销合同时，我并未参加，只是他们订立合同后，张因时间紧迫，怕到期拿不出成衣，才叫我帮忙为他做100件成衣。而我当时也是当着王、张二人的面声称，只是帮王一个忙而已。这些，王、张二人也承认，只要审阅我递交给××法院的答辩状及有关证明材料就一目了然。因此，我认为，原审人民法院将我列为被告是不符合事实的。

（二）原判决我赔偿王××经济损失500元也是不符合事实和没有法律根据的。第一，我没有参与合同的订立，不是合同的当事人；第二，我当初答应帮忙，帮助张做成衣100件，15天交货，第11天我就将100件成衣交给了张，我履行了我自己的义务。原审人民法院却忽视了这一点，判我赔偿王经济损失是违背事实和法律的。

（三）原审程序不合法。原审的合议庭组成人员之一，审判员李××是王的妻弟，属于《民事诉讼法》第44条规定的情况，李本应提出回避，但李没有。审理前，我多次提出申请要李回避，但没有被合议庭采纳。这明显地违反了《民事诉讼法》的规定，影响了案件的公正处理。

综上所述，原判决在认定事实和适用法律上均有不当之处，因此，特上诉你院，请求依法办事，撤销原判，给予公正判决，以维护上诉人的合法权益。

此致

××市中级人民法院

具上诉状人：刘××

××××年××月××日

附：本上诉状副本2份。

析 评

该上诉状针对一审判决中的关键问题，即认定的事实有误以及没有法律依据而提出上诉。在上诉状中，上诉人提出极其有力又确凿的证据，为其不应列为被告和赔偿经济损失提供了依据，同时，就原审程序的不合法性陈述了充分的理由，证明一审判决认定事实和适用法律不当，导致作出错误判决。

## 二、必需知识

### （一）经济纠纷上诉状的含义和作用

经济纠纷上诉状是指经济纠纷诉讼当事人或其法定代理人不服人民法院的第一审判决或裁定，依照法定期限和程序，向上一级人民法院提起上诉，请求撤销、变更原审裁判或重新审判而提出的诉状。

经济纠纷上诉状的作用体现在以下两个方面：

（1）有利于提高办案质量。

（2）有利于保护一审案件败诉一方当事人的合法权益。

### （二）经济纠纷上诉状的特点

1. 提起上诉的直接性

有权提出经济纠纷上诉状的必须是当事人或其诉讼权利承担人、法定代表人、特别授权委托代理人。

2. 针对性

经济纠纷上诉状是针对法院第一审判决和裁定而写的，因此要直接指出原判认定事实的错误、原判理由的不充足或适用法律的错误，并有针对性地写出不服一审判决意见、看法以及自己的请求。

3. 时限性

上诉有时间限制。上诉人必须在法院规定的有效时间内进行上诉，超过了规定时间则会被视作服从一审判决。

## 三、结构和写法

经济纠纷上诉状由首部、正文、尾部和附项四个部分组成。

### （一）首部

应依次写明下列各项：

（1）文书名称（或称标题）。在第一行正中写明“（经济纠纷）上诉状”即可。

（2）当事人的身份事项。经济纠纷上诉状与经济纠纷起诉状的写法基本相同，只需在上诉人与被上诉人之后，用括号注明是原审原告还是原审被告。如“上诉人（原审原告），被上诉人（原审被告）”。

### （二）正文

正文是经济纠纷上诉状的核心部分，包括如下内容：

（1）提起上诉的案由。写明上诉人因何案、不服人民法院于何时、以何字号（×字第×号）发出的判决或裁定而提出上诉的。

（2）上诉请求。上诉请求即请求第二审人民法院撤销或变更原审的判决或裁定，或者请求重新审理。

（3）上诉理由。这是上诉状最重要的部分。上诉理由可从以下三个方面提出：

1）在认定事实方面，上诉人对于原审裁判所认定的事实，如果认为不实、不清、不准确，甚至无中生有，可以提出纠正或否定的事实和证据。

2）在适用法律方面，如果原判所适用的法律有不当之处，理由不充足，上诉人可以提出自己的理由和应当适用的法律根据。

3）在运用程序方面，上诉人如认为原审的诉讼程序不合法，也可作为上诉理由提出来。

### （三）尾部

经济纠纷上诉状的尾部包括：

（1）所提交的人民法院名称。

（2）上诉人签名（单位名称或个人姓名）并盖章、具状时间（年、月、日）。

### （四）附项

应写明随上诉状向人民法院提交的副本多少份、书证及物证多少份（件）等。

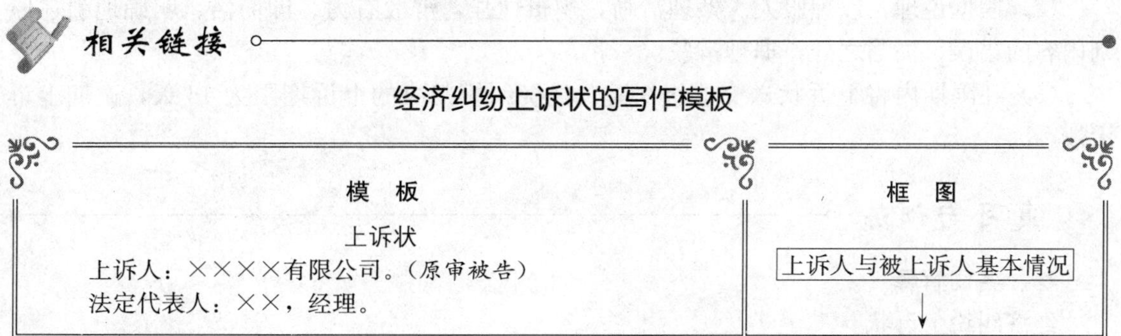

相关链接

经济纠纷上诉状的写作模板

| 模　板 | 框　图 |
| --- | --- |
| 上诉状<br>上诉人：××××有限公司。（原审被告）<br>法定代表人：××，经理。 | 上诉人与被上诉人基本情况<br>↓ |

被上诉人：×××××培训中心。（原审原告）

法定代表人：×××，主任。（上诉人与被上诉人基本情况）

案由：

上诉人因合同纠纷一案，不服×市×区人民法院××××判决书判决，请上级法院重新审理改判。（概括写明因何事上诉）

上诉请求：

1. ××××××××××××××；

2. ××××××××××××××。（概括写明上诉目的）

上诉事实及理由如下。

一、原判决第一款："××××××××。"不符合《××××××》第×条"××××××××"规定，应改为××××××××。

二、原判决第二款："××××××××××。"不符合事实。应改为×××××××××××××。

…………

（上诉理由：针对原审判决和裁定，从或事实，或定性或援引法律条文不准，或法定程序不符，而提出纠正的依据）

此致

××省××市中级人民法院

上诉人：××××有限公司

法定代表：××

××××年×月××日

（结尾：按信函格式）

附：1. 本上诉状副本×份

2. 书证 ×份

（附项：本状副本、物证、书证及其件数）

因何事上诉 → 上诉目的 → 上诉理由 → 信函格式结尾 → 附项

## 四、写作要求

（1）针锋相对，有的放矢。即上诉请求和理由必须针对第一审裁定不当而提出。

（2）摆据说理，以理服人。条理清晰，逻辑性强，辩驳有力。即简洁、明确地引述原判内容的错误、失当之处，据理辩驳。

（3）在限期内将上诉状送交上级法院。经济纠纷判决的上诉期限为 15 天，逾期上诉无效。

## 复习与训练

### 一、名词解释

经济纠纷上诉状

## 二、简答题

1. 经济纠纷上诉状体现怎样的作用？

2. 经济纠纷上诉状具有什么特点？

3. 经济纠纷上诉状的结构包括哪几个部分？各部分如何写作？

4. 经济纠纷上诉状有何写作要求？

5. 经济纠纷上诉状的基本格式是怎样的？

## 三、阅读与析评题

请仔细阅读下文，指出其缺少了什么内容，并为之写一则类似教材例文的析评文字。

### 民事上诉状

上诉人（原审被告）：××市运输站长王××。

被上诉人（原审原告）：史××，男，28岁，汉族，本市第一中学教师，住本市×路×号。

上诉人因车祸一案，不服××市××区人民法院××××年×月×日×字×号民事判决，特提起上诉。

现将上诉理由和请求陈述如下：

原审判决认定：史××之子，8岁，因扒乘市运输站4吨解放牌汽车，司机姜××明明知晓，却不停车予以制止，而是照开快车，致使史××之子摔断肋骨，判令被告人赔偿其全部医疗费用。

上诉人认为上述认定与事实真相不符。

一、史××之子在×日×时×分确曾扒乘原审被告的4吨解放牌汽车。司机姜××发现后，曾停车劝其不要扒车，其当场下车。后当车子开动，其又偷偷地在后车厢铁杆上吊爬汽车。司机姜××发现后准备刹车，严令其不要吊爬汽车。不料史××之子害怕受斥，急从车上跳下，摔在地上。此时正逢一男青年骑自行车急驰而过，来不及刹车，撞在其身上，致使其肋骨折断。而该青年因害怕追究事故责任，骑车飞快逃逸。此事有现场目击者居民施××老太太可以证明。出事时，施××老太太曾喊过："脚踏车撞人！脚踏车撞人了！"

二、根据市第××人民医院检查证明，史××之子的肋骨折断，是外物严重撞击所致，而非从车上摔到地上所致。

三、为顾惜被上诉人遭此不幸，在史××之子住院期间，上诉人一方司机姜××曾携带价值伍拾元的营养品去医院慰问。上诉人也派员到医院捐助人民币贰佰元，帮助被上诉人减轻医药费负担。但被上诉人竟将此认定为上诉人做贼心虚，投诉到××市××区人民法院，控告上诉人，请求法院判令上诉人赔偿全部医药费用。上诉人认为原审原告的请求和原审法院判决是无理的。基于上述事实和理由，恳请××市中级人民法院深入调查，弄清事实真相，作出公正而合理的判决。

此致

××市××区人民法院

转致

××市中级人民法院

上诉人：××市运输站<br>法定代表人：<br>王××（盖章）<br>××××年××月××日

［附］人证：施××，女，55岁，居民，住本市××路×号

# 第三节　经济纠纷申诉状

## 一、阅读与析评

### 例文3

**申诉状**

申诉人：××市××食品商店　地址：××市××路××号

法定代表人：×××　职务：经理

被申诉人：××市××贸易公司　地址：××市××路××号

法定代表人：×××　职务：经理

申诉人因经济合同纠纷一案，不服××市××区人民法院××××年×月×日×法经字〔××××〕第×号判决，特依法提出申诉。

申诉请求：请求××市人民法院依法受理申诉人诉××市××贸易公司因经济合同纠纷致使申诉人遭受经济损失一案，要求撤销原判，重新审理，作出合法、合理之判决。

申诉事实和理由：

申诉人与被申诉人之间因经济合同纠纷一案，经××市××区人民法院审理，该院于××××年×月×日给当事人送达了×法经字〔××××〕第×号民事调解书，该调解书裁定如下：

1. 原告（即本案被申诉人）××市××贸易公司，将6 560千克的工业奶粉退还给被告（即本案申诉人）××市××食品商店；被告于××××年×月×日前，将35 250元货款返还原告。

2. 被告赔偿原告差旅费185元、鉴定费480元的经济损失（与上项同时给付）。诉讼费430元由被告全部负担。

申诉人认为，以上裁定是有悖于事理的，是不公正的。因为上述调解书中载有这样一段关键的事实："原告在拿到被告提供的化验单后，又经××市卫生防疫部门的检验允许，将此工业奶粉售给××饮品厂。"调解书中这段记载与一审原告提出的"经济起诉状"记载完全相同。由此可见，本案中申诉人发到被申诉人处的工业奶粉是经过××市卫生防疫

站检验认定为“作为工业奶粉可以使用”的合格奶粉，而不是不合格奶粉。据被申诉人自称：被申诉人收到发货的时间是××××年×月×日（见起诉状第×页第×行），于同年×月×日（见起诉状第×页第×行）送样品到××市卫生防疫站检验，检验结果：“作为工业奶粉可以使用。”（见起诉状第×页第×行）以上事实充分证明，申诉方售给被申诉方的工业奶粉是完全合格的。

××××年×月，被申诉方则根据××市卫生防疫站提供的检验报告单，以检验合格为证据，又将这一批工业奶粉顺利转售给××冷饮厂。但是，当该冷饮厂将此工业奶粉用于加工生产冷饮食品并且在已经使用670千克后，于××××年×月×日再次送样于××市卫生防疫站进行检验时，此次的检验结果却为“不合格”。于是，××市××贸易公司便于××××年×月×日起诉于××市××区人民法院。

对此，申诉人认为，我方售出的同样商品，经过同一检验单位（××市卫生防疫站）的科学检验，前两次的检验结果都是合格奶粉。但转入××冷饮厂并且已经使用了部分奶粉之后再行检验，却成了不合格奶粉。其中造成这一批工业奶粉出现质量问题的责任方究竟是谁，岂不是不言而自明？更何况我方售出的工业奶粉是××××年×月，在此期间被申诉人取样进行检验，结果证明是合格奶粉，被申诉人才将这一批工业奶粉转售给××冷饮厂。至于转到××冷饮厂之后出现什么问题，这与申诉方又有什么关系呢？

因此，申诉人特要求人民法院在查明事实真相的情况下，撤销原判，对本案重新审理，作出公正的裁决；并要求通过人民法院追回××市××贸易公司无理纠缠给我方带来的一切经济损失。

此致

××市人民法院

申诉人：××市××食品商店（公章）

法定代表人：×××（签章）

××××年××月××日

附：

1. 本申诉状副本2份。
2. 原审民事调解书复印件1份。
3. 书证4份。

**析评**

这是一份格式规范的经济纠纷申诉状。标题直接标明了这一诉讼文书的性质，在正文的“事实和理由”中，用“以子之矛攻子之盾”的论辩方法，举以实证，层层深入，写得尤具力量。其最大特点是侧重于客观事实的陈述，在陈述事实时，又能注重抓关键环节，再辅以必要的事理分析，使得这份申诉状更显得理清事明，不容置辩。

## 二、必需知识

### （一）经济纠纷申诉状的含义和作用

经济纠纷申诉状又称经济纠纷再审申请书，是当事人或其法定代理人对已经发生法律效力的判决或裁定认为有错误而不服，请求人民法院重新审理的书状。

经济纠纷申诉状的作用体现在以下两个方面：

(1) 维护法律的尊严。人民法院根据申诉状实事求是地纠正判决和裁定中的错误，这就坚持了我国审判活动中有错必纠的原则，有利于维护人民法院判决或裁定的严肃性，更能提高法院裁判在人民群众中的威信。

(2) 维护申诉人的合法权益。通过递交申诉状，可以使有权引起审判监督程序的机关或人员引起这一程序，进行重新审判或裁定，纠正已经发生效力的错误裁判，从而维护申诉人的合法权益。

### (二) 经济纠纷申诉状的特点

1. 不受限制性

申诉人不论裁判是否经过上诉，也不论这些裁判是否已执行完毕，都可以不受时间限制而提交申诉状。提交申诉状不影响判决、裁定的执行。

2. 效应难测性

申诉状只能被视作决定是否引起重新审判程序的参考材料，其不一定就能引发重判程序的发生。

## 三、结构和写法

经济纠纷申诉状包括首部、正文、尾部和附项四个部分。

### (一) 首部

应依次写明下列各项：

(1) 文书名称（或称标题），在第一行正中写明“（经济纠纷）申诉状（书）”即可。

(2) 申诉人基本情况，即姓名、性别、年龄、民族、职业、工作单位、住址。

(3) 对方当事人基本情况，即姓名、性别、年龄、民族、职业、工作单位、住址。

### (二) 正文

正文是经济纠纷申诉状的核心部分，包括如下内容：

(1) 案由和不服原判决或裁定的情况。应写清“申诉人因×××一案，不服××人民法院×字第×号判决（裁定），提出申诉”。

(2) 申诉的事实与理由。摆事实、讲道理是申诉状的重要部分。在这一部分，一要摆出事实，二要列示证据（人证、物证和书证），三要说明法律的适用情况（原裁判适用法律的错误及应正确适用的法律条款，原裁判严重违反诉讼程序的问题及正确执行诉讼程序的做法），四是陈述申诉的理由。

(3) 申诉请求。申诉人应简明扼要地把请求人民法院解决的问题、所要达到的目的表示出来，明确提出要求撤销原判、变更原判，或重新审判，以纠正原判中的不当之处。

### (三) 尾部

经济纠纷申诉状的尾部包括：

(1) 所提交的人民法院名称。

(2) 具状人签名并盖章，具状时间（年、月、日）。

### (四) 附项

应写明随申诉状向人民法院递交的副本多少份、书证及物证多少份（件）等。

相关链接

经济纠纷申诉状的写作模板

| 模板 | 框图 |
| --- | --- |
| 申诉状<br>申诉人：××××有限公司<br>地　址：××县××街××号<br>法定代表人：×××主任（申诉人基本情况）<br>案由：<br>申诉人因对××省高级人民法院×××第×号经济纠纷判决不服，现提出申诉。（概括申诉之因）<br>申诉请求：<br>请求重新审理×××××××一案，纠正××省高级人民法院×××第×号经济纠纷判决。（概括请求重新审理的具体事项）<br>申诉理由：<br>一、××××××××××××××××××××××××××××。<br>…………<br>四、××××××××××××××××××××××××××。（申诉理由：包括事实经过、证据、理由和法律依据）<br>证据和证据来源：<br>1.××××××××××××××××。<br>2.××××××××××××××。<br>此致<br>××省高级人民法院<br>申诉人：××××有限公司（盖章）<br>××××年×月×日<br>（结尾：按信函格式）<br>附：1. 本状副本1份；<br>2. 原审判决书原件复印件；<br>3. 裁定书的原件复印件。<br>（附项：本状副本、书证及其件数） | 申诉人基本情况<br>↓<br>概括申诉之因<br>↓<br>请求重新审理事项<br>↓<br>申诉事实、理由和法律依据<br>↓<br>证据及其来源<br>↓<br>信函格式结尾<br>↓<br>附项 |

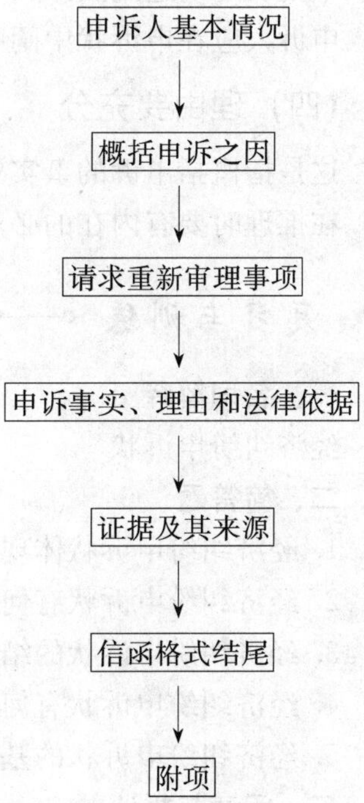

## 四、写作要求

### (一) 对申诉的事实求全、求实、求准

在事实上求全，是指所申诉的事实应是全面的，主要事实情节俱全，次要事实对原裁

判有影响的也应列出，以使受理的法院对案情事实有全面了解。在事实上求实，也就是实事求是，原裁判认定恰当之处，应承认其恰当而不应反驳；原裁判事实确实不恰当，应用事实来说明。在事实上求准，是指所申诉的事实在内容和文字上准确无误。

### (二) 应列示证据

为说明申诉事实确实，申诉人应把与请求目的相符的人证、物证、书证明确列出，具体说明。

### (三) 应说明法律适用情况

在申诉状中对法律适用情况可作两方面说明：一是如果原裁判适用法律不当，应在申诉状中阐明正确适用法律和应当援引的法律条、款、项；二是如果原裁判严重违反诉讼程序，申诉人应在申诉状中阐明正确执行诉讼程序的意见。

### (四) 理由要充分

这是指概括申诉的事实要准确精要，推理的前提应是真实的，理由和结论（即请求目的）在推理时要有内在的必然联系，不应是孤立和脱节的。

## 复习与训练

**一、名词解释**

经济纠纷申诉状

**二、简答题**

1. 经济纠纷申诉状体现怎样的作用?
2. 经济纠纷申诉状有何特点?
3. 经济纠纷申诉状的结构包括哪几个部分？各部分应如何写作?
4. 经济纠纷申诉状有何写作要求?
5. 经济纠纷申诉状的基本格式是怎样的?

**三、阅读与析评题**

请仔细阅读下文，指出其缺少了什么内容，并为之写一则类似教材例文的析评文字。要求：注重分析本文的申诉理由和不足之处。

**申诉状**

申诉人：××省A县××银行×信用社

地址：A县××街××号

法定代表人：×××主任

申诉理由：

一、你院终审判决认为，我方并不是与借贷人个体户于某串通，骗取B县银行的贷款，也不是明知个体户于某拿B县××银行的贷款来抵贷，因而收贷时并没有过错。但事后知道此还贷之款系B县××银行的贷款，就应该退还B县××银行，而保留向个体户于某追收贷款的权利。我方认为，既然收贷时没有过错，就应该保护我方合法的收贷行为，保护我方的合法权益。

二、B县××银行在向个体户于某放贷时，没有进行资信调查，也没有令其提供贷款担保单位，就将大笔款项借贷给他，事后又不监督其用贷，有很大过错。依照法律规定，有过错的一方对造成的经济损失也应承担一定的经济责任。而终审法院令我方全数归还B县××银行贷款，没有体现B县××银行因过错而负经济责任的法律要求，这样，使得早一步积极清贷，控制不法分子于某行为的我方反而大受损失，在国家已经收紧银根的时候仍毫无顾忌地向不法分子于某贷款的B县××银行，反而不承担丝毫经济损失，违反了有过错则有责任的基本法律原则。

根据上述理由，请求再审此案，重新作出公正合法的裁判。

此致

××省高级人民法院

申诉人：A县××银行×信用社（盖章）

××××年××月××日

# 第四节 经济纠纷答辩状

## 一、阅读与析评

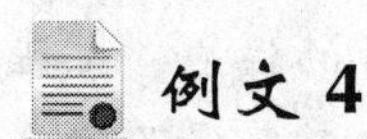

### 例文4

**答辩状**

答辩人：××市××建筑工程公司 地址：××市××路××号

法定代表人：××× 职务：经理

因原告××市××科技开发公司起诉我方在履行建筑工程承包合同的过程中“有弄虚作假、转包渔利等违法行为”，进而要求我方退还预付工程款50万元及利息一案，现依法答辩如下：

一、起诉状所谓“被诉方采用欺诈手段签订此合同应属无效”纯属诬陷。我方曾于××××年×月至×月担负了××餐厅3 600平方米的建筑工程，××科技开发公司作为该餐厅的股东，其领导人亲眼看到了我公司的施工力量、速度和质量水平，因而主动要求我方承建××科技开发公司2号楼。我公司无论是技术力量还是设备力量（见设备清单）都是完全胜任的。可是，原告竟诬陷我公司“故意制造自己技术力量如何雄厚、设备如何先进齐全的假象，隐瞒掩盖了它技术力量薄弱、基本上没有什么设备的真相”。其实，这种不实之词纯粹是原告方为达到单方撕毁协议的目的而编造出来的一种借口。

二、起诉状称我方在履行合同的过程中“转包渔利……”云云，这也是自欺欺人之谈。其实原告对这样一个事实十分清楚，即原告只发包给我公司 3 536 平方米的一座六层楼的工程项目。可是，这座六层楼的工程项目发包后不久，原告却更改图纸，增加了地下室工程；而且不与我方协商，便单方撕毁协议，擅自更换了新的施工队。在这种情况下，原告非但未能及时向我方作出解释，反而制造谎言，混淆视听，诬陷我方将此项工程转包他方，以求“从中渔利”。原告妄图以上述自欺欺人之谈作为确认合同无效的事实依据，哪里还有一点实事求是的态度！

三、原告在起诉状中还无端地指责我方“签订此协议未按章办事，违反法律程序”。其证据是“我方与被告方签订的施工协议，被告方未报其主管业务部门、工商行政管理机关和经办银行备案，这说明了被告方本身就没有真正的履约能力，只能从中渔利”。原告把是否备案和有无履约能力这样两个毫不相干的问题硬拉扯在一起，无非是想论证“此合同也无法成立”。然而事实并非如此。众所周知，合同签订后，按规定交有关部门备案，必须材料齐全。但就本案涉及的这份合同而言，由于原告中途更改资料，致使我方未能按规定及时备案。这也许就是原告所谓“未按章办事”的实际内容。且不说这“未按章办事”与“违反法律程序”毫不相干；即使两者相干，“违反了法律程序”、“未按章办事”，这责任也不在我方。因为造成“未按章办事”的直接原因在于原告“材料不全”，致使合同未能按规定备案。因此，这“违反法律程序”、“未按章办事”的法律责任理应由原告来承担。由此不难看出，原告指责我方“未按章办事”，不但不能说明我公司“没有真正的履约能力，只想从中渔利”；相反，这恰恰说明原告在合同签订后毫无履行合同的诚意。事实上，原告在签订合同不久即改弦更张，擅自更改图纸，增加建筑面积，且于××××年×月底再一次酝酿 2 号楼工程招标事宜。这一切只能说明原告确实是为撕毁协议在做积极准备。

四、原告在起诉状中又称“协议基本没有主要条款，根本无法执行”，这更是无稽之谈。事实是，原协议不仅工程项目、施工准备、工程质量、建筑材料和设备的供应、工程价款的支付与结算等主要条款一应俱全（见原协议复印件），而且原协议中未来得及规定的条款，后来在协商明确后都作了补充（见补充协议复印件）。比如竣工时间，在补充协议中即清楚地写明“于××××年×月×日竣工验收”，而且这个日期完全是按照原告××市××科技开发公司×基字〔××××〕×号函中的意见确定的。然而原告却不顾上述客观事实，指责协议“基本没有主要条款”，实在是信口胡说！

原告在起诉状中连篇累牍地编造了大量谎言，其终极目的是要把协议打成“无效合同”，以便为原告单方面撕毁协议开脱责任。但事实证明，协议的签订是合法的。原告单方面撕毁协议，应当承担毁约责任。原告毁约的非法行为已经给我公司造成了重大经济损失。答辩人为维护自己的合法权益，在作此答辩的同时还提出了反诉，请求贵院依法裁决原告因单方撕毁协议给我公司造成的直接经济损失（详见损失清单）。

此致

××市中级人民法院

答辩人：××市××建筑工程公司（印章）

法定代表人：×××（签章）

××××年××月××日

附：

1. 本答辩状副本3份。

2. 证据材料5份。

3. 反诉证据材料2份。

**析 评**

这份答辩状针对起诉状的内容主要用事实进行反驳，比较有力。其反驳共分四个问题，都能抓住要害，逐一进行辩驳。在辩驳过程中，对于每一个问题都是首先摘引起诉状中原告的观点和主张，然后针锋相对地进行反驳。反驳时，有的是先叙述客观事实，然后再指明原告所持观点的错误；有的则是先指明原告在起诉状中无端指责对方的企图，然后再列举事实反证对方指责的错误。在反驳原告观点错误的同时，答辩人的答辩理由自然显现，不言而自明。

总之，这份答辩状事实证据清楚，答辩理由充分，答辩意见明确，反驳有力，而且合情、合理、合法。

## 二、必需知识

### (一) 经济纠纷答辩状的含义和作用

经济纠纷答辩状是指被告针对原告的起诉状或被上诉人针对上诉人的上诉状向人民法院递交的进行答复和辩驳的书状。

经济纠纷答辩状的作用体现在以下两个方面：

(1) 可保证当事人平等地行使诉讼权利。答辩是一种应诉行为，是被告和被上诉人依法享有的一种诉讼权利。为让被告和被上诉人行使这种权利，法律要求被告和被上诉人应当提出答辩状。

(2) 有助于人民法院正确地审理案件。

### (二) 经济纠纷答辩状的特点

1. 使用对象的特定性

经济纠纷答辩状只能由被告或被上诉人提出。

2. 答辩内容的针对性

经济纠纷答辩状必须针对起诉状或上诉状的内容进行答辩。

3. 诉状目的的明确性

提交经济纠纷答辩状，是以引起诉讼程序为目的，使一审程序或二审程序的诉讼活动得以正常开展。

## 三、结构和写法

经济纠纷答辩状由首部、正文、尾部和附项四个部分组成。

## (一) 首部

应依次写明下列各项：

(1) 文书名称（或称标题）。在第一行正中写明“（经济纠纷）答辩状”。

(2) 答辩人的身份事项。与经济纠纷起诉状相同。

## (二) 正文

正文是经济纠纷答辩状的核心部分，包括如下内容：

1. 案由

写明因何人（或单位）上告的何案提出答辩。一审答辩状写“为×××诉×××（姓名）××（案由）一案，现就起诉状所列各点提出答辩如下”。二审答辩状写“为×××诉×××（姓名）××（案由）一案，现就上诉状所列各点提出答辩如下”。

2. 理由

这是答辩状最关键的部分。在这一部分中，答辩人要明确地回答原告或上诉人所提出的诉讼请求，清楚地阐明自己对案件的主张和理由。答辩的内容必须有针对性。一审答辩状应当针对原告的起诉状所列的事实、证据和理由，逐条进行答辩。二审答辩状应当针对上诉状所列各点逐一进行答辩。

3. 意见

在充分阐明答辩理由的基础上，答辩人提出自己的答辩意见。答辩意见的内容一般包括：

(1) 根据有关法律文件说明自己答辩理由的正确性。

(2) 根据确凿的事实说明自己答辩的合理性。

(3) 根据答辩提出的事实，说明对方当事人提出起诉或上诉的不合理性。

根据以上答辩意见的内容，最后提出请求人民法院依法公开、合理地裁决。

## (三) 尾部

经济纠纷答辩状的尾部包括：

(1) 所提交的人民法院名称。

(2) 答辩人签名并盖章，具状时间（年、月、日）。

## (四) 附项

应写明随答辩状向人民法院递交的副本多少份、书证及物证多少份（件）等。

### 相关链接

**经济纠纷答辩状的写作模板**

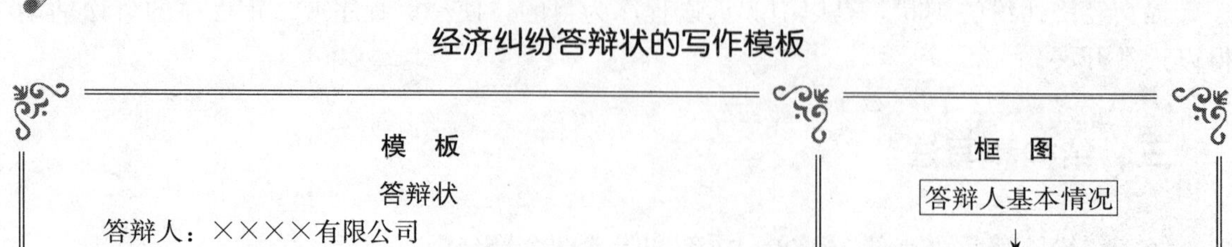

| 模　板 | 框　图 |
| --- | --- |
| 答辩状<br>答辩人：××××有限公司 | 答辩人基本情况<br>↓ |

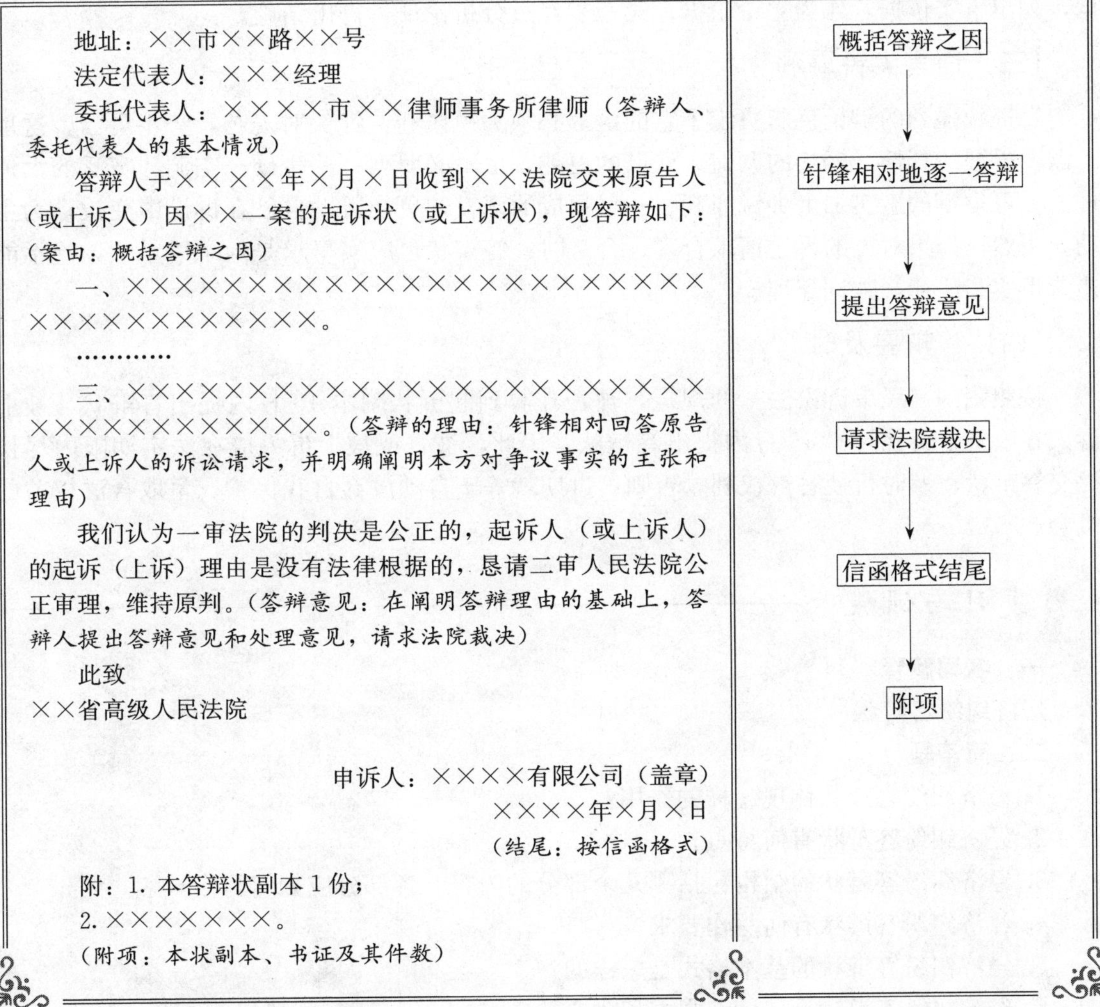

地址：××市××路××号

法定代表人：×××经理

委托代表人：××××市××律师事务所律师（答辩人、委托代表人的基本情况）

答辩人于××××年×月×日收到××法院交来原告人（或上诉人）因××一案的起诉状（或上诉状），现答辩如下：（案由：概括答辩之因）

一、××××××××××××××××××××××××××××××××。

…………

三、××××××××××××××××××××××××××××××××。（答辩的理由：针锋相对回答原告人或上诉人的诉讼请求，并明确阐明本方对争议事实的主张和理由）

我们认为一审法院的判决是公正的，起诉人（或上诉人）的起诉（上诉）理由是没有法律根据的，恳请二审人民法院公正审理，维持原判。（答辩意见：在阐明答辩理由的基础上，答辩人提出答辩意见和处理意见，请求法院裁决）

此致

××省高级人民法院

申诉人：××××有限公司（盖章）

××××年×月×日

（结尾：按信函格式）

附：1. 本答辩状副本1份；

2. ×××××××。

（附项：本状副本、书证及其件数）



## 四、写作要求

### (一) 论述答辩理由要运用反驳的方法

经济纠纷答辩状是一种辩驳性文体，主要用反驳的方法使对方败诉。因此，在写作上要注意运用反驳方法。答辩时应根据案情需要，牢牢抓住争执的关键之处，针对问题的要害，从多方面予以有理、有力、有据的反驳。反驳一般分为三个步骤：第一步抓住对方在起诉状或上诉状中所述的错误事实、所引用的法律上的错误，作为反驳的论点；第二步列举出客观真实的事实、恰当的证据，作为反驳的论据；第三步运用逻辑推理进行论证。

### (二) 使用立论的方法，阐明答辩意见

答辩除了要驳倒对方以外，还必须清楚地阐明自己对案件的观点，并让法院接受自己的意见和主张。因此，在写作答辩状时也要使用立论的方法，阐明答辩意见。这种写法也分为三个步骤：第一步从整个事实中归纳出答辩意见；第二步提出法律依据，举出客观证

据，列出事实依据，作为立论论据；第三步经过分析论证，得出结论。

### （三）语言尖锐犀利

答辩状强烈的辩论色彩决定了它的语言必须尖锐犀利，针尖对麦芒，势不可当。这里不需要柔缓的抒情、轻松的调侃、诙谐的逗趣，也不必罗列一些生硬、空洞、宽泛的大道理。无可争辩的事实加上尖锐犀利、一气呵成的语言，更能帮助自己在诉讼中变被动为主动。当然，如果对方的诉讼请求合理、合法时，答辩状也应实事求是地予以承认，绝不能违背事实和法律，强词夺理。

### （四）答辩要及时

按照我国《民事诉讼法》的规定，被告在收到起诉状副本 10 日内提出答辩状，被上诉人在收到上诉状副本 15 日内提出答辩状。因此，被告或被上诉人应在法定期限内尽快提交答辩状，及时行使答辩权利。否则，过期就等于自动放弃自我保护、争取合法权益的机会。

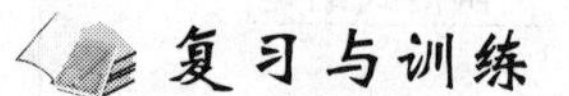

## 复习与训练

**一、名词解释**

经济纠纷答辩状

**二、简答题**

1. 经济纠纷答辩状体现怎样的作用？
2. 经济纠纷答辩状有何特点？
3. 经济纠纷答辩状的结构包括哪几个部分的内容？各部分应如何写作？
4. 经济纠纷答辩状有何写作要求？
5. 经济纠纷答辩状的基本格式是怎样的？
6. 经济纠纷答辩状是与什么文书相对应的文书？

**三、阅读与析评题**

阅读下面的民事答辩状，回答下列问题：

1. 该答辩状在格式上由哪几部分组成？
2. 该答辩状在事实理由的阐述上用了什么议论方法？
3. 该文体现了答辩状的哪些特点？
4. 该文的语言有哪些不严密之处？

**民事答辩状**

答辩人：赵××，女，27 岁，××市第×幼儿园教师。

答辩人于××××年 4 月 5 日收到××市××区人民法院的应诉通知，现对于××起诉我伤害赔偿一案依法提出答辩意见如下：

一、原告所诉完全不是事实。

诉状称：××××年 1 月 15 日上午，原告与被告因工作产生了一些小矛盾，被告顿生歹念，在原告走进被告任教的幼儿班教室与其交代工作时，被告突然冲上前去，用手卡住原告的脖子破口大骂，当原告试图挣扎摆脱时，被告竟以锋利的指甲抓原告的脸部，后经本单位同事劝阻，被告方才被迫停止了对原告的伤害行为。

客观事实是：××××年1月15日上午10时左右，我（答辩人）一人在本班教室当班，正坐在风琴旁看报纸，没注意王××走进我班教室，她是否喊了我我也不知道，突然走上前来的王××用劲地推了我一掌，并对我说："你干啥子?"我当时所坐的位置距离窗台约80厘米。她这一掌将我从椅子上推了下来，摔向地面，头碰在窗台边，同时将窗台上放的一小塑料桶碰翻（当时在我班上玩耍的本园女职工杨××之女陈××——10岁，系××小学四年级学生，以及全班幼儿均可证明）。王××将我推倒在地后并没有向我表示歉意，也未前来扶我，我心里很生气，便爬起来大声责怪了她几句。王××听后就上前来抓住我的衣服辱骂我、打我。为了保护我自己不被高出我许多的王××伤害（王××身高约1.7米，我身高1.6米），不得已而举手抵挡，幸亏有同事们及时前来劝阻，我才幸免于难。但我的脸右侧已被王××抓伤六处。

上述事实，有全班小朋友目睹，10岁的陈××也在场。原告的伤害行为刚被制止，原告就将经过向我园老师讲得清清楚楚，事后幼儿园派行政老师李××、张××二位同志进行了调查。

需特别强调的是：原告与答辩人一样，都是幼儿园教师，原告竟在诉状上称，到我（答辩人）任教的幼儿班教室与我交代工作，可见其本身陈述是不真实的。

二、因原告过错引发本纠纷后，致使答辩人脸部也受到六处伤害，伤情经××省法医学技术鉴定委员会损伤鉴定所鉴定为轻微伤，而原告诉请赔偿的医疗费，据幼儿园调查所知，原告仅花去人民币26元，且是在本园公费医疗指定医院就诊，何来那么多的医疗费、交通费、护理费，且事因原告而起，答辩人为此所花费用600元也应由其承担。

三、原告无须整容，不存在整容费的问题。

如前所述，原告只有一点轻微伤，且是由于自己寻衅滋事造成的，为什么向答辩人要整容手续费？答辩人脸上亦有伤害，也需整容，请法庭判令责任人王××支付后续医疗费、整容费、营养费2万元。

四、原告自己到答辩人处滋事，当着全班幼儿园侮辱答辩人人格，答辩人没有伤害原告，不应承担任何抚慰费，反而是原告先侮辱答辩人，应承担精神损害赔偿费1万元。

五、答辩人脸部右侧被原告伤害六处，至今仍有明显痕迹，答辩人将在适当时候提起反诉。

六、本案原告无理缠诉，应自行承担本案诉讼费。

总之，原告无理起诉，请法院查明事实，依法驳回原告的诉讼请求。

此致

××市××区人民法院

答辩人：赵××

××××年四月十八日

# 第十三章 经济学术文书

## 第一节 经济论文

### 一、阅读与析评

**例文 1**

**建立现代企业制度的难题与对策**

××

目前，我国的企业改革已进入以产权制度改革为核心，建立现代企业制度的新阶段。而建立现代企业制度，从企业内部看，我认为，有几个政策上和操作上的难点，需要认真解决。

重组企业内部的产权结构

建立现代企业制度，首先就要把我国的大中型企业国有独资企业，除极少数保留国有独资形式外，大部分都要改组成为多元资产的有限责任公司和股份有限公司。改组的方法：一是在国有企业中吸纳非国有和非公有经济成分；二是将一部分国有企业的资产或股份有偿转让给其他国有法人和各类非国有、非公有的法人和个人。通过上述改组，把国有独资企业改变为混合所有制企业。国有股在其中的地位，将视企业在国民经济中的地位而定，有的控投，有的参股。

在改组过程中，企业需要进行清产核资、资产评估、产权界定、股份制改造等一系列复杂细致的工作，解决一系列难题。

难题之一，企业的固定资产投资由拨款改为贷款后，不少企业背上了沉重的债务包袱，而形成的固定资产又归国家所有。

这种由企业负债形成的国有资产如不落到实处，企业的产权结构重组就很难进行。解决的办法可考虑有两种：一是把贷款全部转为国有股份，欠债由财政还给银行；二是把贷款全部改为银行对企业的投资，使银行成为企业的股东，让金融资本介入产业，实现金融资本与产业资本的结合。从社会主义市场经济发展的需要看，后者可能是一个方向。

难题之二，政府对企业的减免税，在进行产权界定时，有些地方把减免税部分界定为国有股份，因而引起不少纠纷。

我认为，减免税是国家为了扶持某些产业和企业的发展，为了吸引外资、内资以及培养税源所实行的政策，而不是政府对企业的投资。把减免税界定为国有股份，实际上是对减免税政策的否定，不仅阻碍了企业产权结构的重组，而且对整个经济的发展都是不利的。

## 改革企业内部的领导体制和组织架构

国有独资企业内部实行的是厂长负责制，现代企业制度下的有限责任公司和股份有限公司实行的是董事会领导下的总经理负责制。这就要求对企业内部的领导体制和组织架构进行改革。两种领导体制的不同之处是：

(1) 厂长负责制是建立在所有权与经营权在企业外部分离基础之上的；董事会领导下的总经理负责制，是建立在所有权与经营权在企业内部分离基础之上的。所有者进入企业内部，形成一个集所有者、经营者、劳动者为一身的命运共同体。

(2) 在原体制下，企业的所有者是国家，具体代表是企业的上级主管部门，企业内的最高权力机构实际是党委会，职工代表大会起监督作用；在新体制下，董事会将取代企业上级主管部门、企业党委会，成为企业的最高权力机构，董事会对股东代表大会负责，只受监事会的监督，而不受职工代表大会的监督。

(3) 在原体制下，经营者代表是厂长，是代表全体职工来经营国有资产的，因此，我们主张厂长要由职工代表大会推荐、政府任命。在新体制下，总经理是经营者代表，是由董事会聘任的，政府不再介入其间；同时职工与总经理的关系还是经营者与经营者代表的关系，所改变的是所经营的资产是本企业股东所共有的资产，而不再是单一的国有资产，因此，我们又主张总经理应当是董事会聘任与职工代表大会推荐相结合。

(4) 新体制下，职工不但是劳动者和经营者，而且是本企业股票的持有者。职工有权以股东身份参加股东大会或股东代表大会；有权组织职工代表大会，但只能对总经理的工作起监督作用，无权干预董事会的工作。

由于领导体制和组织架构发生这样大的变化，新旧体制之间必然发生种种矛盾和冲突。在厂长负责制下，党委会、工会、职代会所谓“老三会”的矛盾就经常发生；在新体制下又增加了股东代表大会、董事会、监事会“新三会”，其矛盾的复杂性是可想而知的。除这“六会”的问题外，党委和政府管理干部的制度仍沿袭未变，更加剧了矛盾。

现在看来，“六个会”哪一个都不能取消，但必须以“新三会”作主线。党委不能代替董事会进行决策，不能代替监事会进行监督，而只能通过董事会和监事会中的党员发挥作用。工会和职代会只能代表本企业职工的权利和利益进行工作。对董事长、总经理的人选，党委和政府只能推荐，是否接受是董事会的权力。

国有企业进行产权制度改革、建立现代企业制度，政府必须进行一系列改革：

(1) 政府实行社会经济管理职能与国有资产管理职能的分离，设立专司国有资产管理和经营的职能机构，而不能再像过去那样，任何条条块块都可以以国有资产代表的身份插手企业。

(2) 作为国有资产的代表必须进入企业内部，成为与其他投资者平等的董事会的成员，而不能再像过去那样，以一种企业外部的政治力量来控制企业。

(3) 政府依法界定企业的产权关系，维持企业的法人财产权，而不能再像过去那样，不分产权关系，不分你我界限，任意平调和处分企业的财产。

(4) 政府应该尊重董事会对企业重大问题的决策权、高级经营管理人员的选聘权、收益分配权，而不能再像过去那样，随意侵犯企业的经营自主权。

(5) 政府必须促进企业在拥有法人财产权的基础上自负盈亏，对资不抵债、无法挽救者实行破产，再不能像过去那样，承担无限责任，大包大揽。

(6) 政府必须按照现代企业制度的组织形式来管理和评价企业，而不能再像过去那样，按所有制形式来管理和评价企业。

以上几个方面，对企业来说，是建立现代企业制度的基本条件；对政府来说，是转变职能的主要举措。没有这些举措，现代企业制度就难以推进。从这个意义上说，政府的改革是建立现代企业制度的关键。

逐步分离企业的生产经营职能与社会职能

在传统体制下，国有大中型企业长期担负与其性质相背离的社会职能，不堪重负。实行现代企业制度，就必须逐步把这些社会职能从企业中分离出去，让企业集中精力从事生产经营活动。需要分离出来的职能大体有三类：一是社会福利职能，主要是社会保险、医疗保险和住宅；二是教育职能，主要是职工子弟高中以下的教育；三是就业职能，主要是本企业职工子弟的就业和富余人员的安置。此外，有些企业还担负司法职能。

这些问题既涉及职工的切身利益，又涉及政府的职能转变和国家财政的承受能力，分离起来难度是很大的。解决这个问题的根本途径是，政府主动承担起不该由企业承担的社会职能，而不能再像过去那样，把该由政府办的事情推给企业。根据我国的实际情况，分离工作应坚持以下几项原则：第一，正确界定哪些是完全应该由政府和社会举办的事业，哪些是与生产经营密切相关，必须由企业举办的事业。不要一讲分离，就把什么都推给政府和社会。第二，把应该分离出来的事业，先分离出来，面向社会。有的独立经营，自负盈亏；有的交政府有关部门管理，在一定期限内，企业照常拨付经费，不增加政府财政负担，将职工应享受的福利从福利基金中直接补给职工，不损害职工利益。待条件成熟后，这类事业再从经济上与企业脱钩。第三，企业应积极与政府有关部门协调，开辟更多的生产经营门路，首先就应把职工子女的就业职能、富余职工的再就业职能转向政府。

## 析评

这是一篇现实性很强的经济论文，它所研究的问题是当时企业改革迫切需要解决的问题。标题说明了文章研究的问题，点明是一种“难题”。序论着重说明文章研究的主要内容。论文从三个方面来说明当前企业改革必须解决的三大问题。每一部分先提出企业改革在政策上和操作上的难题，接着边分析边提出解决的途径、原则和办法。

论文三大部分总体上呈并列结构，对每个难题都作出了较全面具体的分析、论述，论证也较实在、有力。

本篇论文注重以事实说理，而少有抽象的论辩。这也是经济论文本身的特点之一。

论文对每个难题的分析和论述，都注重从具体情况出发。全文没有单独写结论的部分，但每一部分实际上都包含了结论的内容。这说明论文的写作不能拘泥于固定的格式，而应服从内容的需要。

本文以例证法作为主要的论证方式，这是由内容决定的。文章语言简明、准确、庄重。由于本文是发表在报纸上的，故省略了摘要、关键词等。

## 二、必需知识

### （一）经济论文的含义和特点

经济论文是作者对经济领域里的各种问题进行专门的探讨、研究之后，以议论的方式提出独到性的见解、反映客观经济规律、描述经济科研成果、发展经济学科理论、指导经济工作实践的学术性文章。

经济论文所表述的内容必须是经济领域里的理论问题和实践问题，必须是作者通过刻苦钻研和深入探讨之后提出的独到性见解。经济论文既是进行经济领域科学研究的手段，又是反映经济科研成果、进行学术交流的工具。写作经济论文的过程，实质上就是进行科学研究的过程，也是作者提高学术水平、科研能力的过程。经济论文是学术论文的一种。

经济论文具有一般经济文章的共性：一是必须符合客观规律的要求，正确表述经济活动的一般规律和特殊规律；二是必须与党和国家的路线、方针、法规相一致；三是能够指导经济工作实践，可以产生实际的经济效益；四是语言文字力求简洁、明了。

经济论文还具有如下特点。

1. 学术性

经济论文的学术性表现为其写作目的与建设、发展经济学科紧密联系；表现为其理论思考或对经济事实作出的理性的升华，能够丰富原有的理论体系乃至建立新的理论体系。因此，经济论文的学术性不只表现为它的应用价值，而且还表现出理论价值。

经济论文的学术性，决定了在立论上要从实际出发，不带个人好恶，不凭空臆造；在论据上，要充分占有真实、可靠的材料；在论证上，要有严谨、周密的逻辑性。这样，文章才能得出科学的、实事求是的结论。

2. 揭示经济规律性

经济论文必须尊重客观事实，充分揭示经济规律性，从事经济研究和撰写论文，如果把握不住这种客观的经济规律，甚至违背或者超越了客观经济规律，就不仅得不到正确的、科学的结论，而且在指导工作时还会受到经济规律的惩罚。

经济论文揭示经济规律性，还由于它与客观实际紧紧相连。经济规律存在于客观实际之中。论文的论题和材料总是来自经济活动的客观实际。论文的结论或提出的对策，总要直接或间接推动实际经济工作，接受实际检验。我们在研究和写作时，只要凭客观存在的事实，详细地占有材料，反复接受实践的检验，就有可能得出正确的结论。

3. 独创性

独创性是经济论文区别于其他经济类文章的根本特征，也是衡量其学术价值的基本尺度。所谓独创性，就是在论文中提出新的见解，展开有理有据的论证，自成一家之言或一得之见，具有学术价值。独创并非抛开前人成果，而是在已有的学术基础上的创新。

### （二）经济论文的种类

经济论文可从不同角度进行分类：按写作目的分，有学位论文（其中又分学士论文、硕士论文、博士论文三种）和报刊经济论文两大类；按研究对象分，有宏观经济论文和微观经济论文两大类；按论证方式分，有立论型经济论文、驳论型经济论文和综合型经济论文三大类；按论文内容和写作方法分，有论证型经济论文、考证型经济论文、诠释型经济论文、调研型经济论文、述评型经济论文和争辩型经济论文六大类。

## 三、写作步骤

### （一）经济论文的选题

经济论文的价值首先取决于某项经济研究课题本身的价值，其次才是研究的水平和质量，如果没有这些最根本的条件作保证，纵有生花妙笔也是徒劳的。

经济论文有价值的选题类型一般可分为三种：一是开创性的，即前人没研究过、没解决过的课题；二是延伸性的，或叫发展性的，即前人虽已做过研究，但还大有发展、补充或修正余地的课题；三是综合归纳性的，或把别人研究的成果，加以综合评析，指出尚需深入研究之处，或在广泛吸取别人成果的基础上，取得更新的成果。

经济论文的选题，大致有如下的方法和途径：

（1）从经济活动的实践中选题。作为人类生存方式的一部分，经济实践活动中蕴藏着无限丰富的研究课题。经济论文既可以根据经济发展的实际需要，瞄准应用方面的选题；也可以从某些特殊经济领域中普遍存在的现象探求普遍规律，选择基础研究的课题；还可以根据科学和社会日新月异的变化、发展，挑选经济方面新兴的、边缘的、交叉的课题。当然，从经济工作的问题、困难及教训中，从经济活动成功的经验中选题也不失为一种好方法。总之，以实践为母，选取经济方面亟待解决的课题是最有意义的选题方式，这样的课题即便难以深刻、透彻，也无论如何要强于那些拾人牙慧的选题。

（2）以作者的优势和专长来选题。人各有所长，即使是从事经济研究的专家，他的学识也无法包容所有的经济问题，这就需要在选题时扬长避短，尽可能选择能发挥自己业务专长的、自己有足够的知识支撑的课题，只有这样，论文的选题和论文的作者才能很好地统一起来。当然，这样说，并不意味着人只能在原有知识背景里打转转。因为研究和写作的过程本身就是一个学习和积累的过程，每个经济论文的写作者应该通过每一项研究、每一篇论文的写作提高自己。科研不但有益于研究对象，无疑也有益于研究者本身。因此，经济论文的选题要考虑课题是否适合自己的能力，自己是否对那个课题有兴趣，即做到既能量力而行又颇具挑战性。

(3) 从经济研究成果中选题。人的生命和经历有限，不可能在有生之年穷尽一门学科的整个过程。在经济论文的写作中要尽可能地、充分地利用前人的研究成果。具体地说，就是要注重在间接材料中寻找选题，充分利用现有的图书资料、科技手段，尽可能获取各种信息。就经济论文的写作来说，可以通过阅读前人的成果获得新的启示，包括从这些成果的选题中获得分析问题的启示，寻找观察问题角度的启示等。

### (二) 经济论文提纲的编拟

论文提纲是论文的设计蓝图，是作者构思的文字记录。它可以使论文具有一个框架，明确论文的基本层次和论述要点，可以使材料与观点建立有机联系，显示出论文的逻辑关系。

论文的提纲，一般应包括以下内容：文章标题；中心论点及其提出方式；各分论点及其序列；各论点配备的论据及其使用的位置；各论点之间的衔接；各层次的主次及其详略；收束每一部分及总结全文的方式。

编拟提纲一般可用标题法或句子法。

(1) 标题法，即以标题形式把论文所要阐述的内容概括出来。用标题法写出的提纲简洁、扼要，但它只是一个粗略的提纲。

(2) 句子法，即以句子形式概括各部分的内容。一个句子概括一个部分的内容。句子法具体、明确，能够勾勒出论文的大体结构。

编拟提纲以详尽为好，以明确为要，特别是对重大理论问题的研究，涉及的知识面广，要求有一定的深度，因此，在编拟提纲时，设想得越周密越好，写起来才不致有大的反复。提纲编拟后，还要反复推敲，加以修改。

### (三) 经济论文的撰写

1. 确定标题

经济论文的标题在选题、搜集整理材料的过程中已反复酝酿，正式写作时应正式确定下来。确立标题，要努力做到确切、简明、新颖。所谓确切，就是要求文题一致，大小切当；所谓简明，即言简意赅，要求文字的简练与内容的概括高度统一；所谓新颖，即要求标题新鲜，不落俗套。

2. 安排结构

经济论文的结构就是论文材料的组织安排。论文是依据事物的逻辑联系来论证问题，以论为主的文章。安排论文结构，必须从观点的表达要求和材料的具体情况出发，按照客观事物的内在联系和读者的认识规律布局谋篇，做到缜密恰当。

经济论文的篇章结构形式基本上由序论、本论、结论组成。有的论文提出几个相对独立的问题，用数码标明次序，整篇论文就不按序论、本论、结论划分。

(1) 序论，又叫引论、绪论，这是论文的开头。这一部分一般是提出本文研究的论题、范围、目标，说明研究这一论题的意义，有的还提出中心论点。篇幅较长的论文，开头可把本论部分作扼要介绍，或揭示所论述问题的结论。序论部分必须写得简明扼要，在整篇论文中只能占较少的篇幅。

（2）本论，又叫正论，这是经济论文的主体部分。要求详细阐述作者研究的成果，特别是提出新思想、新理论、新做法。它在层次段落之前，或是使用小标题，或是使用数码标明。通常采用的结构形式有以下三种：

一是并列式：亦称横式结构，即围绕总论点并列排出几个分论点，从不同角度、不同侧面对总论点进行阐释、论证。

二是递进式：亦称纵式结构，即由浅入深，一层一层地对总论点进行阐释、论证，后一个层次是前一个层次的深化，后一部分是前一部分的发展。

三是混合式：亦称纵横式或综合式结构，即并列式与递进式同时使用。或者大层次为并列式，而一个层次中又采用递进式结构；或者大层次为递进式，而一个层次中又采用并列式结构；或者并列式和递进式分别用在本论的不同部分。

（3）结论，又叫结尾。结论是全文的归结，一般是对本论中的论点作一个归纳，表明总的看法和意见，或者强调某些要点。此外，还可对问题的进一步深入研究指明方向、提出建议等。不管写些什么，结论都应写得简明扼要。

序论、本论、结论这种常见的结构程序，并非每篇论文都需完全具备。有的一上来就展开本论，而不要序论；有的本论一完，全文也就结束，不需要结论。

## 相关链接

### 经济论文的写作模板

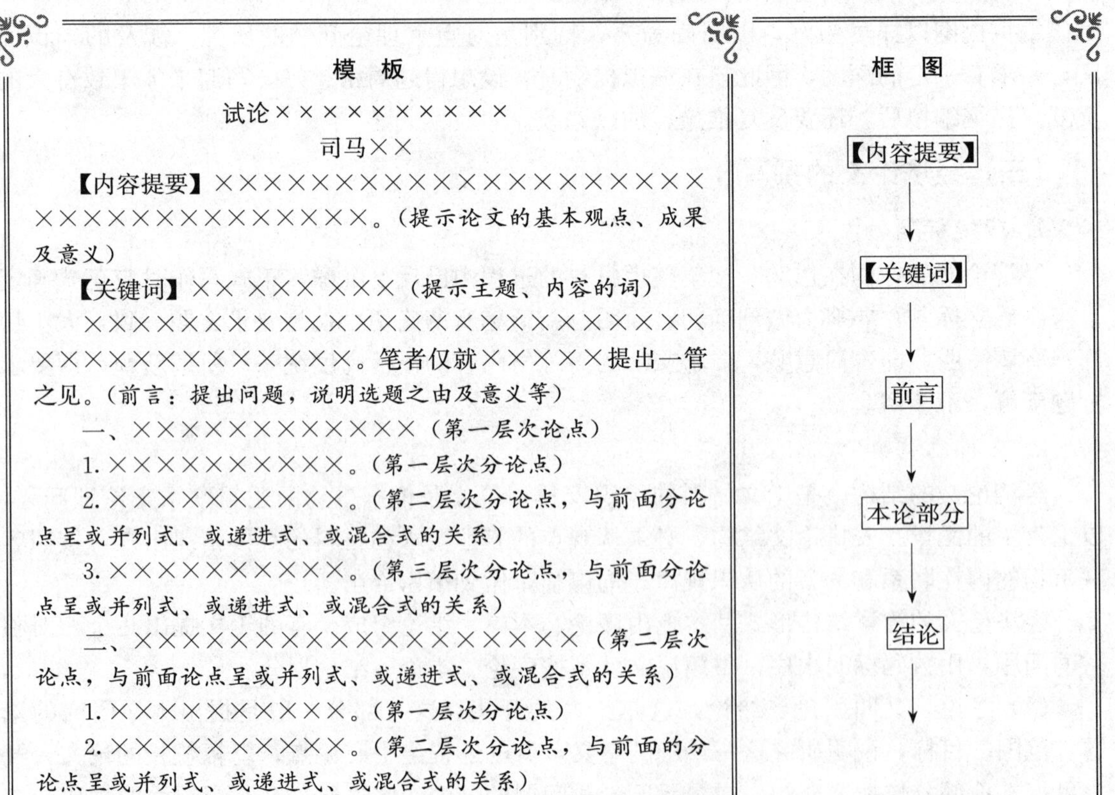

模板

试论××××××××××

司马××

【内容提要】××××××××××××××××××××××××××××××××××××××。（提示论文的基本观点、成果及意义）

【关键词】×× ××× ×××（提示主题、内容的词）

××××××××××××××××××××××××××××××××××××××。笔者仅就×××××提出一管之见。（前言：提出问题，说明选题之由及意义等）

一、×××××××××××××（第一层次论点）

1.××××××××××。（第一层次分论点）

2.××××××××××。（第二层次分论点，与前面分论点呈或并列式、或递进式、或混合式的关系）

3.××××××××××。（第三层次分论点，与前面分论点呈或并列式、或递进式、或混合式的关系）

二、×××××××××××××××××××××（第二层次论点，与前面论点呈或并列式、或递进式、或混合式的关系）

1.××××××××××。（第一层次分论点）

2.××××××××××。（第二层次分论点，与前面的分论点呈或并列式、或递进式、或混合式的关系）

框图

| | |
|---|---|
| 3.××××××××××××。（第三层次分论点，与前面的分论点呈或并列式、或递进式、或混合式的关系）<br>三、×××××××××××××××（第三层次论点，与前面论点呈或并列式、或递进式、或混合式的关系）<br>四、×××××××××××××××（第四层次论点，与前面论点呈或并列式、或递进式、或混合式的关系）<br>…………<br>六、××××××××××××××××××（第六层次论点，与前面论点呈或并列式、或递进式、或混合式的关系）<br>（以上为充分"摆事实，讲道理"的本论部分：得对问题深入展开分析，对观点加以严密证明。论证方法有例证法、引证法、比较法和因果法等） | 【注释】<br>↓<br>【主要参考文献】 |

## 四、写作要求

### （一）讲究论证的形式和方法

本书第一章第三节所介绍的财经文书写作的常用思路，对经济论文的论证形式和方法同样具有适用性。此处结合财经文书写作的常用思路，介绍经济论文的论证形式和方法。

经济论文是议论文的一种，议论文由论点、论据和论证三个要素组成。议论文的论述，就是根据论证的范围、需要，将论据与论点结合起来，运用论据来说明、证明论点。经济论文论述展开的过程，也就是运用论据来说明、证明论点的过程。除了论点必须正确，论据必须充分、可靠和具有说服力外，还应讲究论证的形式和方法。

从形式逻辑来说，论证就是运用论据证实论点的全部逻辑推理过程，论证的形式也就是推理的形式。推理的形式包括两种：一种是归纳，另一种是演绎。这两种推理形式常常结合在一起使用。除此之外，还有类比推理等形式。类比推理，就是用同类事物进行比较，作出论断，证明它们具有某种共同的特性。

论证的方法，就是揭示论据和论点之间的逻辑关系的方法。通俗地说，就是摆事实、讲道理的方法。经济论文常用的论证方法有以下几种：

（1）例证法，又叫举例法。即运用归纳推理进行论证的一种方法，就是用典型的事例作论据来证明论点。这是一般论文特别是经济论文常用的论证方法。常言道："事实胜于雄辩。"用这种方法来论证是最富于说服力的。

（2）引证法，又叫引用法。它是运用演绎推理进行论证的一种方法，就是用一些权威性的理论作论据来证明论点。必须注意的是：1）引用要正确，不能违背原意，更不能断章取义；2）不要引用得太多，以别人的观点来代替自己的论述。

（3）反证法，又叫排他法。即不从正面而从反面间接地证明论点的方法。就是先不说论点的正确，而是假设采取与这个论点相反的看法就必然会得到错误的结论，这样也就从反面证明了原来论点的正确。在驳论中运用反证法，过程恰恰相反，就是说，先不批驳对方论点错误，而先说明与其相矛盾的论点是正确的，这也就自然证明了对方的论点是错误的。

(4) 比较法。它是通过事物之间的比较来证明论点的方法。这种方法又可分为两种：一是类比，就是把这一事物与那一事物的某些相同的方面拿来比较，以那一事物的正确或谬误，来证明这一事物的正确或谬误。二是对比，就是从两种相反情况的比较中得出结论的方法。这种比较又可分为横比和纵比两种：横比，是把发生在同一时间、不同区域的两种性质相反或有差异的事物拿来比较，辨明正确与错误；纵比，就是把同一事物或不同事物在不同时间、地点的情况拿来比较。

(5) 喻证法，又叫比喻法。它是用容易理解的、浅显的、具体的事物、道理作比喻，来说明不易理解的、深奥的抽象事物或道理。

(6) 因果法，也叫因果互证法。它是通过分析、揭示论点和论据之间的因果关系来证明论点正确的方法。既可以用原因作论据证明结果，也可以用结果作论据证明原因。

(7) 归谬法。就是先假定对方的论点是正确的，接着就以此为前提，进行推理，引出一个荒谬的结论，从而证明对方论点的错误。

论证的方法还可以举出一些，比如演绎法、归纳法也可以作为论证的方法。“以子之矛，攻子之盾”，在反驳中也是经常使用的一种方法。总之，要使论证充分、有力、缜密、完整，就必须运用恰当的论证方法，而且必须把各种方法结合起来灵活地加以运用。

### (二) 语言必须体现科学语体的特征

经济论文表述的是一种科学研究的成果，它运用的语言必须体现科学语体的特征。所谓科学语体，就是各种科学文献使用的一种有别于文学语体、生活语体的语言。

对科学语体的要求大体上可以归纳成以下几点：

(1) 概括、严密。经济论文是以说理为主要内容的文章，是用逻辑思维来表达思想感情的，不像文学作品以形象思维来表达感情。因此，它的语言必须具备各种逻辑因素，必须具有逻辑性。这种逻辑性表现在语言的表达上就是概括和严密。

概括，就是从大量同类事物中抽象出共同的东西，而不像文学作品那样着重对事物具体情况的描绘。

严密，不单是个遣词造句的问题，更主要的是思考的周密，辩证地看待事物，而不能片面地、绝对化地看问题。严密要求概念要准确，判断要恰当，推理要合乎逻辑规则。

(2) 精确。科学研究就是要精确反映事物的真实面貌和本质。精确的内容必须用精确的语言才能反映出来。所谓精确，包含了这样几层意思：

1) 确切。同一种意思，可以用不同的词句来表达，必须从中挑选最能恰如其分地把原意表达出来的那种词句。

2) 简练。即用最少的话表达出丰富的内容。

3) 有条理。即说话是经过组织的，能按照思路和事物发展的顺序，有秩序地把意思表达出来，而不是颠三倒四或丢三落四。

(3) 平易。就是平实自然，通俗易懂的意思。科学研究是实实在在的工作，处处都要实事求是，而不能装腔作势，故弄玄虚。经济论文的语言也必须体现这种特点。经济论文免不了要涉及许多专门知识、运用一些专门术语，但为了解决实际问题，让人一看就懂，而又不致产生歧义，就必须力求通俗易懂。

(4) 庄重。科学研究是一件严肃的事，经济论文的写作也必须用严肃的态度对待，说出的话必须庄重、得体。绝不要把生活口语中那些土语、歇后语以及不符合规范的“新潮”流行语等也塞进论文中。这就要求经济论文的作者使用规范化的书面语言，恰当地使用专用语或经济专业用语，如实地表达思想观点。

### (三) 采用规范的经济论文格式和技术处理

根据国家标准局 1987 年发布的《科学技术报告，学位论文和学术论文的编写格式》(GB/T 7713—1987) 的规定，凡是学术论文，通常应包括题名、作者姓名及其所在单位、目录和摘要、关键词、引言（序论）、正文（本论）、结论、致谢、参考文献、附录等项。目前报刊上发表的经济论文，项目大大精简了，或删去了某些项目，或几个项目合在一起，以缩短论文的篇幅。具体到一篇经济论文，在内容和格式上通常有以下一些项目：

(1) 标题（题目）与作者署名。多人合作论文署名限为三人，其余姓名和团体作者的执笔人都标注在首页下脚处，排 6 号宋体字。如“本文的其他作者：朱××、石×、赵×”，或“本文执笔：林××”。

(2) 摘要和关键词。摘要要尽量反映包括研究目的、方法、结论和意义等论文的主要信息，一般不超过 200 字。关键词是反映论文主要内容的名词性术语，尽可能从《汉语主题词表》中选用，每篇用 3～8 个词，用黑体字印出。如：

摘要：我国对外贸易环境主要表现为：1) 制度背景，它具有转轨经济、发展中经济和特有的思想文化背景三项典型特征；2) 国际环境，其中世界经济基本格局、世贸组织和发达国家对华政策的影响最为重要；3) 内部条件，包括国内的经济增长、技术进步、发展周期以及本币汇率变动等。它们都对我国的外贸活动产生了明显的推动和制约作用。

关键词：外贸　制度背景　国际环境　内部条件

(3) 正文。正文内大段落的标题居中，其余靠左空两格或顶格标题，加不加序号都可以。序号层次不超过 5 级，即“一、”、“(一)”、“1.”、“(1)”、“①”。注号为阿拉伯数字加圈，如“①”。

(4) 注释与参考文献。

注释亦称注解或附注，它是对文章中的引文出处、语汇、内容等所作的说明。注释的形式和方法有：脚注（在本页的正文页脚处加注）、篇末注（亦称附注，写在全篇论文或一章一节的末尾）、夹注（写在正文中间，用圆括号括起来）。注释要准确、完全，作者、书名、出版地点、出版单位、日期、页数都应写出，注释的序码款式也应统一。

参考文献集中排在文末，可以参考文献的贡献大小或作者姓名汉语拼音字母的先后为序。一般格式如：

杨文丰．现代应用文书写作．北京：中国人民大学出版社，2011.

(5) 数字的运用。经济论文中运用数字，要符合国家语言文字工作委员会和国家出版局等七家单位于 1987 年发布的《关于出版物上数字用法的试行规定》。论文的段落、部分的顺序也要用不同类型的序数标明，或选汉语序数字、阿拉伯序数字、罗马数字、英文字母等组合编排，有时加上括号、圈号；或单用一种序数字或英文字母大小写配合使用，如“1.1”、“2.2”。

(6) 图表的使用。图表直观简明，一目了然，能清楚地表达用许多文字都难以表达清楚的内容，提高信息传递效率。

经济论文常用的表多为统计表。根据内容的不同，统计表有单项表、分组表、复合表三种形式。不管哪种表，都要力求简洁、清晰、明白，一个表集中说明一个问题。经济论文常用的图有统计图、示意图和网络图等。选择图形，要以其能充分表达论文的意图为前提。使用图表要坚持两点：一是需要；二是简便。

(7) 计量单位的使用。计量单位主要指货币计量单位和实物计量单位。国务院 1984 年发布了《关于在我国统一实行法定计量单位的命令》，自 1986 年起，所有的公开报刊、图书、公文、宣传出版物等都按规定使用计量单位。

(8) 引文。经济论文写作时，为阐明观点，需要引用文献资料。引用有直接引用和间接引用。直接引用是引用原文，头尾加引号；间接引用为意引，是转述大意，不加引号。引文必须准确无误，并注明出处，不能断章取义、牵强附会。

(9) 译文。经济论文中，引用或借用外文，一般应译成中文。翻译方法要参照科学出版社的规定译法。如在规定译法中找不到相应的名词，可以创译，但第一次出现时应加括号注明原文词句。

## 复习与训练

**一、名词解释**

经济论文　例证法　引证法　反证法　比较法　喻证法　因果法　归谬法

**二、填空题**

1. 经济论文的特点有________、________和________。

2. 按经济论文的内容和写作方法分，有________、________、________、________、________和________六大类经济论文。

3. 有价值的经济论文选题一般可分为________、________和________三种类型。

**三、简答题**

1. 经济论文的选题一般有哪些方法和途径？
2. 何以要编拟经济论文提纲？经济论文的提纲主要包括哪些基本内容？
3. 怎样写经济论文的序论？
4. 经济论文本论的结构形式一般有哪几种？
5. 怎样写经济论文的结论？是否每一篇经济论文皆要有结论？
6. 经济论文中对科学语体有哪些基本要求？
7. 经济论文的基本格式是怎样的？
8. 对经济论文中数字、图表、计量单位、引文、译文和注释，应作怎样的技术处理？

**四、阅读与析评题**

请仔细阅读下面这篇学术论文，为之写一则析评文字。

要求析评文字能指出各部分的写作内容、结构形式和论证方法，并指出本文的不足。字数控制在600字左右。

## 浅论企业核心竞争力

吴××　杨××

**【提要】**企业核心竞争力是企业经营的根本依托，是企业竞争优势的决定力量，同时核心竞争力又是一个复杂和多元的系统。企业核心竞争力的形成和培育必是一个长期的战略过程。

**【关键词】**企业核心竞争力；学习型组织；企业文化

中图分类号：F270 文献标识码：A 文章编号：1008—2751（2002）04—0040—02

随着市场经济的发展，企业核心竞争力已经成为企业竞争优势的决定性力量。从短期看，企业产品质量、性能和服务质量决定了企业的竞争能力；从长期看，以企业资源为基础的核心能力则是企业保持竞争优势的决定性源泉。在本文中，笔者仅就企业核心竞争力谈一点浅见。

一、核心竞争力的含义

1991年，普拉汉拉德和哈默在《哈佛商业评论》上发表“*The Core Competence of the Corporation*”一文，标志着企业核心竞争力理论的正式提出，他们认为，核心竞争力是企业组织中的集合性知识（collective learning），特别是如何协调多样化生产经营技术和有机结合多种技术流的知识。随着产品生命周期的日益缩短和企业经营的日益国际化，一个企业的差异化竞争优势，来源于企业管理层如何比竞争对手既快速又低成本地将遍布于企业内的各种技术和生产技巧有机结合起来形成核心竞争力的能力。企业的核心竞争力是指企业以开发独特产品、发展独特技术能力为基础，通过企业战略决策、生产制造、市场营销、内部组织协调管理的交互作用而获得使企业保持持续竞争优势的能力，是企业在其发展过程中建立与发展起来的一种资产与知识的互补体系，同时企业核心竞争力的强弱在很大程度上受企业所面临的产业技术与市场动态性的影响。

通俗地讲，企业的核心竞争力就是企业在那些关系到自身生存和发展的关键环节上所独有的、比竞争对手更强的、持久的某种优势、能力或知识体系。“企业文化”是企业生存和发展的“元气”，是企业核心竞争力的活力主根和动力之源。“创新”是一个企业生存、发展的内在要求和基本形式，也是一个企业不断适应环境、实现自我超越的必然过程。“人才”是企业的核心战略资源，企业之间的较量，归根结底是人才及其综合素质的较量。“能力”作为企业核心竞争力的转换要素，特指企业动员、协调和开发企业内外资源的生产力，这种组合提供了企业潜在的竞争优势。一般来说，核心能力存在于企业中人的身上，而不是存在于企业资产负债本身，核心能力深深地植根于技巧、知识和人的能力之中。

二、核心竞争力的构成

核心竞争力是一个复杂和多元的系统，包含多个层面。归纳起来主要包括以下几个方面：

1. 创新能力。一个企业要保持发展和竞争优势，就必须善于总结和提高，永远追求卓越，不断超越自我，不断进取和创新。所谓创新，就是根据市场和社会的不断变化，在原基础上重新整合人才、资本等资源，进行新产品开发和更有效组织生产，不断创造并适应市场，实现企业的更大发展，它包括技术创新、产品和工艺创新、管理创新。在以技术快速更新和产品周期不断缩短为主要特征的现代企业竞争中，创新是保持长久竞争优势的动力源泉。创新能力是一个企业具有核心能力和旺盛生命力的体现。

2. 形象力。这是通过塑造和传播优秀企业形象而形成的一种对企业内外公众的凝聚力、吸引力、感召力和竞争力，是隐含在企业生产经营活动背后的一种巨大的潜在力，是企业新的生产力资源，它包括产品形象、服务形象、品牌形象和管理形象。我们知道，塑造企业形象不是一朝一夕的事，形象力资源要求企业从长远发展角度来审视和制定企业的战略规划，从企业的发展趋势和运行的前景着眼，它能对企业的发展产生长远的、战略性的推动力，带有战略性思考与制度安排的特征。

3. 服务增值能力。现代市场发展的一个重要趋势，就是服务竞争在现代市场竞争中的地位和作用越来越突出。质量概念，不仅包括产品质量，也包括服务质量。国外企业文化研究中首先使用的“服务增值”的概念，值得重视。因为同样质量的产品，可以因服务好而“增值”，也可以因服务差而“减值”。企业形象从根本上说表现为产品质量和服务质量。服务的永恒主题是企业同客户、用户、消费者的关系问题。这里包括如何使抱怨用户转变成满意用户、忠诚用户进而成为传代用户，包括如何开发忠诚的顾客群，包括不丢失一个老客户而不断开发新客户的问题，包括如何使营销服务成为情感式劳动，真正让用户、顾客引导决策，进而引导产品开发的问题。

4. 管理能力。总理在去年的政府工作报告中指出今年是管理年，要向管理要效益。据统计，生产中有50%的效益来自管理，技术管理中的80%来自管理，可见管理能力的重要性。企业的管理也是生产力，它涉及企业结构组合、信息传递、沟通协调、激励奖惩以及各种生产要素的优化组合，通过高效优势的动作，保障技术优势的发挥，也保障了将生产优势转化为市场优势。

三、核心能力的培育

企业核心竞争力的形成不是一种短期行为，而在于要把企业建设成为一种创新型的学习型组织，在不断学习和积累中形成特有的竞争力，并通过机制来保障这种竞争力的发展。因此，形成并保持企业核心竞争力是一项长期的根本性战略。为此，必须做好以下工作：

1. 建立学习型组织。企业核心竞争力的出现是系统整合的结果，尤其面对日益复杂多变的环境，企业需要比以往任何时候应更重视持续地、更快地获取信息和知识，而且这种学习必须是全体的、主动的、积极的和有创造性的。彼得·圣吉认为，企业是一个系统，可以通过不断学习来提高发展的能力，《第五项修炼》即在组织中实行共同愿景、自我超越、团队学习、改善心智模式和系统思考，在企业中建立一个相互关照、彼此通融的“学习型组织”，使组织形成“学习—持续改进—建立持续性竞争优势”的良性循环。

2. 建立良好的企业文化。从企业文化力的功能来说，它有5个方面：第一，凝聚力。企业文化搞好了是一种“黏合剂”。可以把上下左右、广大员工紧紧地黏合、团结在一起，这是一种凝聚功能和向心功能。第二，导向力。包括价值导向与行为导向。在企业行为中该怎么想、怎么做？企业价值观与企业精神，发挥着无形的导向功能。第三，激励力。企业文化所形成的文化氛围和价值导向是一种精神激励，能够调动与激发职工的积极性、主动性和创造性，把人们的潜在智慧诱发出来。第四，约束力。在企业行为中哪些不该做、不能做，企业文化、企业精神常常发挥着一种“软”约束的作用，是一种免疫功能。第五，纽带力。企业，特别是大企业集团，维系发展要有两种纽带：一个是产权、物质利益的纽带；另一个是文化、精神道德的纽带。这两种纽带相辅相成，缺一不可。

3. 建立良好的管理队伍。企业核心竞争力是企业综合实力的表现，是人的主观能动性得以发挥的成果。要产生这样的效果，必须使企业有良好的领导者和良好的运行体系。拿破仑说过“世界上没有无用的士兵，只有无用的将军”。没有良好的领导者和运行体系，就难以建立起人力资源的集群和激励人力资源发挥的力量，而没有知识结构合理、能力结构互补、规模相当、人才队伍稳定的集群，是很难发挥出主观能动性的，也很难保持持久的核心竞争力的优势。

4. 坚持技术创新与技术领先。技术能力是企业赖以生存的关键。邓小平曾说，科学技术是第一生产力。产品与服务领先的支柱是科技。像英特尔不断推出高性能的微处理器的能力，诺基亚不断推出新功能手机的能力，微软不断推出新的计算机软件的能力等都是保持领先、形成垄断的基础能力。

综上所述，企业核心竞争力是企业综合实力的象征，是决定企业生死存亡的关键。企业应把核心能力的管理放到战略的高度来考虑，在企业的发展过程中逐渐积累、培育领先于对手的核心能力。

# 第二节　经济类毕业论文

## 一、阅读与析评

### 例文2

#### 评析企业潜亏的因与果

××× 

企业经营成果的好与差，人们习惯于从会计报表上反映的利润或亏损来评价，只重视账面的明亏，而忽视潜在的隐亏。企业存在隐性亏损，危害性极大，这是一种只顾眼前利益，坐吃山空的败家行径。本文试对企业出现潜亏现象的因与果进行浅析。

笔者最近参加了企业潜亏情况的调查，从中发现在被调查的企业中，存在的潜亏高者达900多万元，最低的潜亏额也有100万元。仅据七户企业潜亏情况统计，潜亏总额高达2 700万元。企业的潜亏主要表现为以下几种形式：

1. 固定资产账实不符。在技术改造项目中，尤其是引进设备方面更为突出。有些企业不讲条件、不作调研，盲目引进、缺乏可行性分析，引进之后即搁置无用，从而造成许多“胡子工程”，无法竣工，天长日久，生锈毁损，有账无物，形成潜亏。例如某企业从国外引进高档伞梗机，投资50多万元，由于前后工序不配套，致使机器不能运转，日晒夜露，变成了一堆废铁，有账无物，造成企业潜亏。

2. 费用变成资产，成本计算不实。不少企业把应计入成本的加工费用、材料差异、提取折旧、利息支出等长期宕在待摊费用账户上，以达到少列成本、虚增利润的目的。例如某企业仅银行借款利息一项，一年即达220万元，长期宕在待摊费用账上变成企业潜亏。

3. 虚开销售发票，虚增销售利润。例如某企业年末虚开销售发票40多张，计250万元，虚增利润23万元。到年初再开红字发票冲销。造成当年利润虚增，周而复始，形成巨额潜亏。

4. 流动资产损失长期挂账。例如某企业生产成品盘亏45万元，原材料盘亏130万元，原因已查明，企业仍长期挂在待处理财产损失账上，不申报、不处理，形成虚盈实亏。

5. 产品成本高于销售价格。例如某企业库存商品中有17个型号产品，成本高于售价，造成潜亏损失110万元。又如某厂由于受压库指标制约，将成本高于售价的123万元产品，挂在基本生产账户上造成隐性亏损。

6. 结算资金长期不清理，存在明显的坏账损失。在笔者参加调查的企业中家家都存在不同程度的坏账损失，未作及时处理，存在潜在亏损。

企业潜亏表现当然不止上述六种，还可以举出不少实例，如企业内部管理混乱、生产车间浪费严重、库存材料霉烂变质等问题。这些企业为什么会存在如此严重的潜亏情况？原因很多。笔者认为，由下列因素造成：

1. 企业承包经营机制不完善。现在企业承包经营普遍存在承包经营机制不完善、承包基础不科学、承包考核指标不配套等问题，从而使企业的承包经营者重指标、轻管理，只顾眼前利益，不顾长远利益；只顾局部利益，不顾整体利益。国有资产的完整和增值，成本、利润的合法和真实等许多方面，在承包协议、承包政策中都未作出明确规定，以致承包经营者在承包期内，为获取目前利益，采取竭泽而渔的短期行为。例如某企业承包基数为58.1万元，而账面利润达194万元，为承包基数三倍以上，按理完全可以消化部分挂账，消除若干隐性亏损。但承包经营者考虑任期已满，为求得突出政绩和拿到承包奖金的实惠，故意把许多按财政制度规定，理应属于当年成本列支的费用，如折旧费用、材料差异、外加工费等都记在待摊费用账上，把费用转为资产，致使企业潜亏金额达350多万元。

2. 企业对市场经济、市场调节缺乏应变能力。在市场变化、品种老化、商品寿命周期加速、产品面临淘汰的关键时刻，企业不搞新产品开发、不搞结构调整，却仍片面追求产值，盲目组织生产，导致库存积压，成本上升，资金搁死。为了应付上级和职工情绪，就采取虚列利润，导致企业隐亏。

3. 企业经营管理不善和经营管理者素质不高。这是造成各种潜亏的根本原因。一些企业经营者不能正确处理好国家、集体、个人三者利益关系；只考虑完成承包指标，个人可以拿到好处，而不顾国家政策法令、财政纪律，任意调节产品成本和企业利润，指使财会人员做“技术处理”，造成企业账目失真，利润失实。

企业潜亏危害极大。从国家经济发展来看，企业潜亏造成企业资产失实、盈亏失实，给宏观决策提供失真的经济信息，直接影响国家经济决策。从企业经济发展来看，潜亏导致企业生产经营萎缩。企业虚盈实亏，既将部分流动资金当作税赋上缴国家财政，又将另一部分流动资金作为消费基金，用于经营者和职工的工资、奖金、福利支出，超前分配。如此周而复始，形成恶性循环，使企业的再生产能力越来越小，最后导致破产。

解决企业潜亏问题已迫在眉睫。首先，各级领导要高度重视潜亏问题，采取有力措施，加强行政监督，对弄虚作假导致人为潜亏的责任者坚决查处，敢动真格；其次，要完善企业承包经营责任制内容，完善承包经营责任考核指标，对承包完成情况，必须先经过审计，才能确认、考核，以制约承包者的短期行为；再次，指导和帮助企业转换经营机制，调整产品结构，引导企业从计划经济走向市场经济，增强适应市场经济能力，增强企业生产经营活力，逐步消除潜亏隐患；最后，强化企业内部管理，《企业财务通则》、《企业会计准则》已经颁布实施。据此，必须健全制度，强化管理，增强自强自律意识，增强自我约束能力，真实反映企业经济效益，加强会计监督，从根本上杜绝潜亏病灶。

**析 评**

这是一篇经济类毕业论文。序论首先指出人们习惯重视账面的明亏，而忽视潜在的隐亏，从而使本文提出的研究企业潜亏问题具有背景和价值。本论部分，先提出潜亏的主要形式有六种，这些潜亏形式即为论题中的“果”，继而提出潜亏之三个“因”，接着从多方面提出潜亏的危害。文章末两段写解决企业潜亏问题的若干办法和急迫性，对于论题而言属不必要的内容。末两段内容如果保留，则将论题改为“企业潜亏的因与果及对策”较好。文章主要采用例证法和因果法展开论述。观点鲜明，结构分明，语言概括、精确、明晰。

## 二、必需知识

### (一) 经济类毕业论文的含义和特点

毕业论文是学术论文的一种，它具有一般学术论文的特点。撰写毕业论文是高等学校的毕业生在校学习阶段的最后一个学习环节，旨在通过综合运用所学的理论、知识和方法对所选的课题进行研究，独立地把研究成果通过毕业论文显示出来。包括经济类学科在内的文科类大学生的毕业论文，毕业以前的课题研究大多与毕业论文的撰写同步进行。

经济类毕业论文是经济类专业应届毕业生在专业教师指导下，以所学专业领域某一课题为研究和阐述对象，发表自己创造性的见解，表述研究成果的议论文。

除了高水平的学位论文，一般来说，毕业论文是学术论文的“初级阶段”。

经济类毕业论文除具有经济论文所具有的学术性、揭示经济规律性和独创性特点外，还具有如下特点：

(1) 它是应届毕业生必须独立完成的总结性作业，是对在学校多年学习质量和水平的综合性检验。

(2) 毕业论文应该在教师的指导下完成。教师的指导包括：确定课题、指定参考书、制定研究计划、选择研究方法、审定论文提纲、解答疑难问题，直到最后评定论文成绩。

(3) 毕业论文必须是学生自己所学经济类专业领域里的某一课题。

### (二) 经济类毕业论文的种类

根据学生的层次及申请学位的高低，可把经济类毕业论文分为以下几种。

#### 1. 普通毕业论文

即由大专生撰写的毕业论文。论文一般不要求答辩，也不给作者授予学位。

#### 2. 学士论文

即由大学本科生撰写的毕业论文。经评定论文成绩及格、答辩合格及其他成绩合格者，可授予学士学位。

#### 3. 硕士论文

即由攻读硕士学位的研究生撰写的毕业论文。其学术水平比学士论文要高，它要求对所研究的课题有较多的独创性，作者的知识积累有一定的广度和深度，能充分反映出作者独立从事科学研究的能力。经评定论文成绩及格、答辩合格及其他成绩合格者，可授予硕士学位。

#### 4. 博士论文

即由攻读博士学位的研究生所撰写的毕业论文。它要求作者研究的课题是某一学科或专门技术方面的尖端问题，对问题的探讨有明显的启发性和引导性，在该学科领域起先导、开拓作用。经评定论文成绩及格、答辩合格及其他成绩合格者，可授予博士学位。

### (三) 经济类毕业论文的选题

经济类毕业论文的选题与上一节经济论文的选题方法基本类似。这里只强调经济类毕业论文在选题的方法和途径上应注重的几个问题。

#### 1. 论题宜小不宜大

以选择经济领域里的微观课题为主。如某一具体经济现象、某一财政经营问题。

#### 2. 论题宜易不宜难

对大学生毕业论文来说，不应要求太高，尤其在理论深度上应该切合缺少实践经验的大学生的实际情况。可选择一些相对容易把握的综述性选题，对经济领域里某一方面的现有成果进行总结和分析，这是一种对他人研究成果的研究，比选择和寻找一个新的论题稍显容易。

#### 3. 根据兴趣和爱好来选题

在所学经济专业的大框架下，选择自己感兴趣的课题，是大学生毕业论文选题的可行方法。兴趣是最好的老师，没有兴趣，或兴趣不高，对初涉学术论文领域的大学生的影响非同一般，与其达不到预期效果，不如因势利导。

**相关链接**

经济类毕业论文的写作步骤和写作模板，可参阅上一节经济论文的内容。

## 三、写作要求

经济类毕业论文撰写前同样需编拟好论文提纲。经济类毕业论文提纲的基本内容与上一节经济论文类同。

经济类毕业论文的撰写应自始至终主动与指导教师配合，将自己的想法、思路多与教师交流，彼此反复商讨，以免浪费时间，出现不必要的差错和纰漏。

除此以外，经济类毕业论文的写作步骤、方法、基本格式、对语言的要求，以及对数字、图表、计量单位、引文、译文等的要求，均与上一节经济论文类同，可从经济论文写作要求中借鉴。

**复习与训练**

**一、名词解释**

经济类毕业论文

**二、简答题**

1. 可否说学习了经济论文写作就基本上等于学习了经济类毕业论文的写作？
2. 经济类毕业论文除具有经济论文的一般特点外，还具有哪些特点？
3. 经济类毕业论文的选题，应该注意哪些问题？

**三、阅读与析评题**

阅读《评析企业潜亏的因与果》一文（例文 2），试编拟该文的写作提纲。

**四、写作训练题**

结合所学专业，通过查阅文献资料，了解学术动态，初选一道自己感兴趣的毕业论文论题，拟出写作提纲，并写出初稿。

# 附录一

# 公文常用特定用语简表

| 类别 | 用语名称 | 作用 | 常用特定用语 |
|---|---|---|---|
| 1 | 开端用语 | 主要用于文章开头，表示发语、引据 | 为、为了、为着、查、接、顷接、根据、据、遵照、依照、按照、按、鉴于、关于、兹、兹定于、今、随着、由于 |
| 2 | 称谓用语 | 用于表示人称或对单位的称谓 | 第一人称：我、我单位、本人、本公司、我们、敝单位<br>第二人称：你、你局、贵公司、贵方<br>第三人称：他、该公司、该项目 |
| 3 | 递送用语 | 用于表示文、物递送方向 | 上行：报、呈<br>平行：送<br>下行：发、颁发、颁布、发布、印发、下达 |
| 4 | 引叙用语 | 用于复文引据 | 悉、接、顷接、据、收悉 |
| 5 | 拟办用语 | 用于拟办 | 责成、交办、试办、办理、执行 |
| 6 | 经办用语 | 用于表明进程 | 经、业经、已经、兹经 |
| 7 | 过渡用语 | 用于承上启下 | 鉴于、为此、对此、为使、对于、关于、如下 |
| 8 | 期请用语 | 用于表示期望、请求 | 上行：请、恳请、拟请、特请、报请<br>平行：请、拟请、特请、务请、如蒙、即请、切盼<br>下行：希、望、尚望、切望、请、希予、勿误 |
| 9 | 结尾用语 | 用于结尾表示收束 | 上行：当否，请批示；可否，请指示；如无不当，请批转；如无不妥，请批准；特此报告；以上报告，请批转；以上报告，请审核<br>平行：此致敬礼；为盼；为荷；特此函达；特此证明；尚望函复<br>下行：为要；为宜；为妥；希遵照执行；特此通知；此复；为……而努力；……现予公布 |
| 10 | 谦敬用语 | 用于表示谦敬 | 承蒙惠允、不胜感激、鼎力相助、蒙、承蒙 |
| 11 | 批转用语 | 用于上级对下级来文的批转处理 | 批转、转发 |
| 12 | 征询用语 | 用于征请、询问对有关事项的意见、态度 | 当否、妥否、可否、是否妥当、是否同意、如无不当、如无不妥、如果可行 |

# 附录二 文章修改符号及其用法

| 编号 | 符号名称 | 符号形态 | 符号说明 | 用法示例 |
|---|---|---|---|---|
| 1 | 改正号 | | 表明需要改正错误，把错误之处圈起来，再用引线引到空白处改正。 | 出<br>提高水口物质量 |
| 2 | 删除号 | | 表明删除掉。文字少时加圈，文字多时可加框打叉。 | 提高出口物物质量<br>结构完整，语文较通畅，但错别字较多。 |
| 3 | 增补号 | | 表明增补。文字少时加圈，文字多时可用线画清增补的范围。 | 要搞好校工作。对<br>注意错误。<br>语法修辞方面的。 |
| 4 | 对调号 | | 表明调整颠倒的字、句位置。三曲线的中间部分不调整。 | 认真经验总结<br>认真经结总验 |
| 5 | 转移号 | | 表明词语位置的转移。将要转移的部分圈起，并画出引线指向转移部位。 | 校对工作，提高出版物质量重视 |

续前表

| 编号 | 符号名称 | 符号形态 | 符号说明 | 用法示例 |
|---|---|---|---|---|
| 6 | 接排号 |  | 表明两行文字之间应接排，不需另起一行。 | 本应用文书，语言 通畅，但个别之处…… |
| 7 | 另起号 | 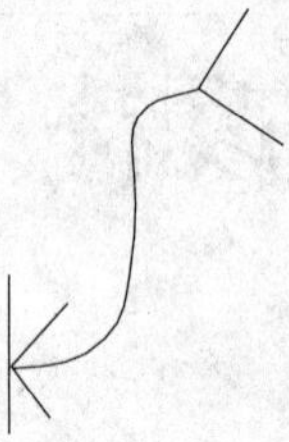 | 表明要另起一段。需要另起一段的地方，用引线向左延伸到起段的位置。 | 我们今年完成了任务。明年…… |
| 8 | 移位号 |  或 或 | 表明移位的方向。用箭头或凸曲线表示。使用箭头，是表示移至箭头前直线位置；使用凸曲线是表示把符号内的文字移至开口处两短直线位置。 | 锦州印刷厂<br>锦州 印刷厂 |
| 9 | 排齐号 | | 表明应排列整齐。在行列中不齐的字句上下或左右画出直线。 | 认真提高<br>提 高 质 量印刷质量，<br>缩短出版周期 |
| 10 | 保留号 | △ | 表明改错、删错后需保留原状。在改错、删错处的上方或下方画出三角符号，并在原删除符号上画两根短线。 | 认真搞好校对工作<br>△ |

# 主要参考文献

[1] 杨文丰．实用经济文书写作（第四版）．北京：中国人民大学出版社，2010.

[2] 杨文丰．现代应用文书写作（第四版）．北京：中国人民大学出版社，2010.

[3] 杨文丰．高职应用写作（第三版）．北京：高等教育出版社，2014.

[4] 曾昭乐．现代公文写作．广州：中山大学出版社，2005.

[5] 叶黔达．应用文写作技巧．成都：四川人民出版社，2007.

[6] 陈子典．写作大要新编．广州：中山大学出版社，2011.

[7] 孙玲，秦万山．财经应用文．北京：对外经济贸易大学出版社，2001.

[8] 赵子文．商务文书．北京：民主与建设出版社，2000.

[9] 费思编．现代经济写作．兰州：兰州大学出版社，2000.

[10] 范兰德，向春．现代商务文书大全．广州：广东人民出版社，2000.

[11] 盛明华．常用经济应用文书．上海：立信会计出版社，2000.

[12] 欧阳周，彭小平．现代实用经济写作．长沙：中南工业大学出版社，1998.

[13] 文天谷．新编财经应用文教程．上海：立信会计出版社，2001.

[14] 欧阳周．实用文秘写作教程．长沙：中南工业大学出版社，2000.

[15] 王珠珍，萧国颖，任玉梅．财经文书写作新编．广州：华南理工大学出版社，1998.

[16] 郑孝敏．商务应用文．大连：东北财经大学出版社，2000.

[17] 郭小红．财经文书写作．珠海：珠海出版社，2000.

[18] 黄巨龙，何劲耘．企业应用写作．广州：暨南大学出版社，2009.

[19] 李道荣．社交应用文写作大全．武汉：湖北人民出版社，1999.

[20] 柳新华．行政机关公文写作．北京：经济科学出版社，2001.

[21] 诸孝正，陈妙云．应用写作．广州：广东高等教育出版社，2007.

［22］杨文丰．公文正文内容显性隐性结构模式及教学意义．秘书，2002（2）．

［23］杨文丰．“写作思维场”论．学术研究，1998（6）．

［24］杨文丰．论创造性写作思维的特质．学术研究，2001（12）．

［25］杨文丰．写作直觉论．写作，2003（3）．

［26］杨文丰主持应用写作“国家精品课程”．http：//222.200.11.4/kean/e/index.htm 或 http：//61.145.231.44．

［27］杨文丰主持应用写作“国家精品资源共享课程”．http：//www.icourses.cn/coursestatic/course_3995.html．

## 教师信息反馈表

为了更好地为您服务，提高教学质量，中国人民大学出版社愿意为您提供全面的教学支持，期望与您建立更广泛的合作关系。请您填好下表后以电子邮件或信件的形式反馈给我们。

<table>
<tr><td>您使用过或正在使用的我社教材名称</td><td></td><td>版次</td><td></td></tr>
<tr><td>您希望获得哪些相关教学资料</td><td colspan="3"></td></tr>
<tr><td>您对本书的建议（可附页）</td><td colspan="3"></td></tr>
<tr><td>您的姓名</td><td colspan="3"></td></tr>
<tr><td>您所在的学校、院系</td><td colspan="3"></td></tr>
<tr><td>您所讲授课程名称</td><td colspan="3"></td></tr>
<tr><td>学生人数</td><td colspan="3"></td></tr>
<tr><td>您的联系地址</td><td colspan="3"></td></tr>
<tr><td>邮政编码</td><td></td><td>联系电话</td><td></td></tr>
<tr><td>电子邮件（必填）</td><td colspan="3"></td></tr>
<tr><td>您是否为人大社教研网会员</td><td colspan="3">□ 是　会员卡号：________<br>□ 不是，现在申请</td></tr>
<tr><td>您在相关专业是否有主编或参编教材意向</td><td colspan="3">□ 是　　□ 否<br>□ 不一定</td></tr>
<tr><td>您所希望参编或主编的教材的基本情况（包括内容、框架结构、特色等，可附页）</td><td colspan="3"></td></tr>
</table>

**我们的联系方式：北京市海淀区中关村大街甲 59 号**
**文化大厦 1508 室**
**中国人民大学出版社教育分社**
邮政编码：100080
电话：010-62515910
网址：http：//www. crup. com. cn/jiaoyu
E-mail：neokitty@126. com

图书在版编目（CIP）数据

财经写作/杨文丰主编．—北京：中国人民大学出版社，2014.1
21世纪高职高专规划教材．公共课系列
ISBN 978-7-300-18508-8

Ⅰ.①财… Ⅱ.①杨… Ⅲ.①经济-应用文-写作-高等职业教育-教材 Ⅳ.①H152.3

中国版本图书馆CIP数据核字（2013）第307598号

"十二五"职业教育国家规划立项教材
21世纪高职高专规划教材·公共课系列
财经写作
主　编　杨文丰
副主编　阳　慧　李　裘

出版发行　中国人民大学出版社
社　　址　北京中关村大街31号　　邮政编码　100080
电　　话　010－62511242（总编室）　　010－62511770（质管部）
　　　　　010－82501766（邮购部）　　010－62514148（门市部）
　　　　　010－62515195（发行公司）　　010－62515275（盗版举报）
网　　址　http://www.crup.com.cn
　　　　　http://www.ttrnet.com(人大教研网)
经　　销　新华书店
印　　刷　中煤涿州制图印刷厂北京分厂
规　　格　185 mm×260 mm　16开本　　版　　次　2014年3月第1版
印　　张　18.5　　印　　次　2014年3月第1次印刷
字　　数　396 000　　定　　价　35.00元